社会学丛书

我国教师伦理规范的制度属性及其建构

沈 璿 著

中国社会科学出版社

图书在版编目(CIP)数据

我国教师伦理规范的制度属性及其建构／沈璿著．—北京：中国社会科学出版社，2015.9
ISBN 978-7-5161-7036-6

Ⅰ.①我… Ⅱ.①沈… Ⅲ.①师德—研究—中国 Ⅳ.①G451.6

中国版本图书馆 CIP 数据核字(2015)第 268451 号

出 版 人	赵剑英
责任编辑	冯春凤
责任校对	张爱华
责任印制	张雪娇

出　　版	中国社会科学出版社
社　　址	北京鼓楼西大街甲 158 号
邮　　编	100720
网　　址	http：//www.csspw.cn
发 行 部	010-84083685
门 市 部	010-84029450
经　　销	新华书店及其他书店
印　　刷	北京君升印刷有限公司
装　　订	廊坊市广阳区广增装订厂
版　　次	2015 年 9 月第 1 版
印　　次	2015 年 9 月第 1 次印刷
开　　本	710×1000　1/16
印　　张	19.5
插　　页	2
字　　数	320 千字
定　　价	75.00 元

凡购买中国社会科学出版社图书，如有质量问题请与本社营销中心联系调换
电话：010-84083683
版权所有　侵权必究

自　序

自古中国教育就注重人学，"君子尊德性而道学问"，德性教育常常作为教育的核心内容，甚至是唯一教学目的而凌驾于知识获得和能力培养之上。为师的标准即是"其师则应为一具有德性之通才"，而目前恰恰是教师道德出现了问题，诸如教学管理失当、教师权力寻租、学术腐败，甚至性侵学生等不良行为时有发生，教师的伦理底线一低再低，一时间师道师德因备受社会关注而成为热议的话题。什么是教师独特职业处境中的善或恶？如何衡量和评价教师职业行为？已有教育法律法规的效力能否激励教师行使其职业道德？作为教师专业发展诸多标准中唯一的制度标准，教师伦理规范已引起学界的广泛关注，已成为教师专业发展进程中国内外学者竞相研究的重点问题之一。

教师伦理规范建设之必要，既是出于当前作为特殊制度的我国教师伦理规范缺位、教育制度体系急待完备的需求，更是教育专业化发展的趋势使然。何以建立一个良善的教师伦理规范以匹配和衡量教师合理的道德价值，并以此为参照实现教育文化中教师的典范作用，使之成为能够完美地满足职业要求的人，这就是本研究的初衷和目的。

每种职业既有技艺性的一面，也有道德性的一面。职业知识、职业能力和职业道德是职业胜任的三要素。几乎没有人会轻易怀疑教师的专业知识和能力，但相比较而言，教师的伦理规范作为职业胜任的一个组成因素就显得尤为重要。因为教育的对象是人，教育的特殊性在于引领年轻人追求美好的社会生活，整个教育过程自始至终都蕴含着一定的价值取舍。教师的工作需要以自身为职业工具，其品德、其行为都是影响学生价值取舍及世界观形成的重要因素，积极的教师智慧使人朝向正直；如若不然，教师言行失范则可能导致害人害己的至深后果。即使是教师传授其掌握的专业知识和专业技能，也往往取决于其自身具备的职业道德，取决于教师的责任意识；就像教师只能教授他们所拥有的知识和技能那样，他们不可能传授自己并不拥有的道德信仰和生活态度。教师只有在道德上是可信的，教育方能够算得上真正的成功。因此，符合时代的教师职业道德不可或缺，本研究将凭借三个理论范畴对教师伦理规范进行探本溯源：

第一是可以称为"他山之石"的学理理据。西方制度学理论认为，制度可划分为正式制度与非正式制度：通过在建制层面上的权威性所产生的强制约束力是正式制度，而把一定的道德要求和社会伦理原则提升并规定为理性道德法的伦理规范则是非正式制度。正式制度代表国家意志，而非正式制度仅表达一种文化。在法理学范畴内，作为正式制度的法律有一般法和特别法的对应。同理，作为非正式制度规范也应该有一般的社会公德和特殊的道德规范之间的对应。在社会交往和公共生活中，人们应该普遍遵守的行为准则是一般的社会公德；而针对特定事件、特定公民、特殊活动而生效的道德规范是特殊的道德规范。教师伦理规范作为合理的应然存在，只能借以具有特殊制度性质的职业道德规范来表达，究其实质是一种"遵从的邀请"，属于特殊的非正式制度。这是一种"移植"，解决的是教师伦理规范的属性问题。

第二是可以称为"一脉相承"的传统理据。中国古代已有"礼者禁于将然之前，而法者禁于已然之后"的"礼""法"之别。礼是古代社会生活的行为准则和道德规范。"治之经，礼与刑"，荀子的"礼法"概念已然造就出一种将道德与法律纳入同一个制度框架中贯通如一的模式。"礼"就其作用而言可以理解为本身就是中国古代道德法。回顾中国古代"礼"的遗风，传承在我国制度发展过程中"礼"的规范特征，以及"礼""法"有别的制度架构、引"礼"入"法"的相辅相成、"礼法统一"的道德自觉等优秀文化传统，使我们认识到古代社会不仅有礼法并行，还有对"礼"的分类：既有作为社会一般行为规范的"纲常"之说，也有专门针对特定身份或地位而定的特殊要求，如女子"四德"就是专门针对女性的规范；而专门适用于教师的规范非"儒行"莫属，如《礼记·儒行》篇中列举了君子应具备的言行与品格，展现了儒者应有的风范，这在规范儒者道德、行为上有一定的系统性和代表性，使后世常以"儒行"标榜"师道"。如果把现代教师比作儒者，那么今天所探讨的教师伦理规范实际上就是"现代儒行"。

第三是可以称为"道德共识"的实践理据。作为一种制度性道德，教师伦理规范的目的是试图把道德态度解释为一套非常明确的行为细则，是对所有教师的合理而具体的要求；作为一种角色制度，教师伦理规范所规定的是一整套对教师个体的行为期望，使之加强适合角色的行为，制裁不适合角色的行为，凸显教师工作的特殊性与专业性。古今中外，对教师应保持的仪态举止都有明细规定的先例，如我国古代著名的《儒行篇》和近代堪称走在世界前列的常道直拟定的《教师公约》等，开创了教师伦理规约之先河。为此，本研究通过厘清教师道德规范的伦理性质之本，针对现行教师道德规范的行政法律性质进行分辨，指出尽管当前我国教育法规较为齐备，但还没有属于特殊的非正式制度性质教师伦理规范，所以很有必要探讨并试行教师伦理的制度建设问题。由于教师伦理规范这一特殊的非正式制度的缺位，使其不能与教育法规等正式制度并驾同存，无法实现功能互补，这也是造成社会对教师形象评价不佳的原因之一。因此，要实现对教师由"能力"要求向具体"标准"要求的转变，其必要条件是使凝结了传统习俗道德的非正式制度的教师伦理规范得以扬弃和延续，并能够发挥应有的作用。

反思当前教师群体内在价值追求丧失、外在行为规范失效的状况，倒逼必须同时从两条迷失的道路上找回教师往日的荣光，这是两条我们并不陌生的道路，那就是"师道"与"师德"。《诗经·小雅》云"赫赫师尹，民具而瞻"。《论语·述而》中也说："志于道，据于德"。在伦理学意义上，"道"通常指事物运动变化必须遵循的普遍规律，亦指世界万物的本原或本体，是人们所共同遵循的普遍原则；"德"是得之于"道"的特殊性质，特指合乎"道"的行为和品德。"师道"乃社会发展的自然使然，是一种隐形存在，意味着教师职业的本然存在方式，是教师精神内涵层面的；而"师德"为人定之事，是师道本然的最好表达方式，呈规范性的显性表达，它规定了教师职业道德规范，提出该如何去做的要求。在教师"伦理价值——规范"体系中，前者指向教师的价值倾向，后者则是作为表象的制度层面的。

以上述"三个理据"为支撑，借"师道""师德"二者共举，最终指向本研究的目的——教师伦理规范的建构。

首先，教师伦理规范是教师专业发展的必然。今天的学校不仅仅是教育机构，同时也是管理中心。今天社会对教师提出的要求，既有合理的也有过高的和不现实的要求，我国以往由国家行政机关制定的教师道德规范，只注重将教师视为道德行为者，强调教师作为道德规范的运用者和实现者的一面；而忽略了他们同时也是道德的承受者，是应该被道德地对待或应该得到道德关怀的对象。教师不仅被按照道德规范来要求，更应该得到道德关怀。而要做到这一点，仅有国家立法是不够的。我们需要一个深思熟虑的职业伦理规范作为判断标准，来对合理的和不合理的要求加以区分，并且只有当教师职业道德与伦理规范内化到每一位教师，并且只有教师群体支持和赞成这种职业道德规范时，职业道德法规才能发挥效用。当前教师道德的滑坡、行为的失范、形象的褪色等问题的出现，引发教师群体对职业威望的思虑以及教师个体对自身职责的思考。反思的结果是：无论是追随教师行业发展的足迹而探究教师角色变化的规律，还是追求自身的精神价值，都会聚焦到教师伦理规范建设问题上来。

其次，教师伦理规范是教师内在自律的道德法则。教师是道德规范的观照者：既是道德行为主体，又是道德行为客体；既包含对学生、对教育工作应尽义务，更是自己对自身所尽义务；这种义务是关怀义务，也是教师自身的良心义务和实现理想之我的义务。教师在履行职业责任时其自身也是最重要的教育手段，他们必须把自己作为职业工具，只有赢得学生的尊敬和喜爱才能实现其教育职责，而实现这一目的的前提是教师本人值得尊敬和信任。因此，教师伦理规范作为一种道德要求或自主命令，是由道德行为者自身——教师——提出来的，是出于自身的理性和情感的内发，因而是一种内在的规范。教师必须展示出足以赢得学生积极评价的人格特征，不仅包括善意、耐心、公平之类的特定的职业美德，还应包括符合社会期许和传统认知的普遍能力和品质。教师对于自身行动的自我意识反思的能力，赋予他们对自身的权威，正是这种权威给予道德要求以规范性。

最后，教师伦理规范是师道与师德合一的结果。教师不仅被按照道德规范来要求，更应该得到道德关怀。要做到这一点，仅有国家的立法是不够的。现代社会需要一个深思熟虑的职业伦理规范作为判断标准，来对合理的以及不合理的要求加以区分；并且，只有当教师职业道德与伦理规范内化到每一位教师时，只有教师群体支持和赞成这种职业道德时，职业道德法规才能真正发挥效用。在教师德性与行为之间,教师伦理规范是中介。如果把教师德性当作"体",教师行为当作"用",那么规范既不是"体"也不是"用",而是"体"与"用"之间的联系环节。缺乏这个环节,教师德性将无以显现。教师伦理规范既是社会力量对教师要求的映射物,也是教师道德价值的制度表现形式,更是教师道德价值判断的合法依据。显性以弘道,教师的价值追求与敬业精神是"师道";凝道而成德,教师的行为准则或因准则而产生的行为是"师德"。师道与师德是现代教师职业生活中"自然"与"约成"的一对范畴,二者并行,相互给力,合二为一,才是我国教师伦理规范建构的合理内核。

"曾经的师道如光","曾经的师言如命"。每个人的心目中,都住着一位伴随着自己成长的亲师及其"师范",只是希望这种光辉不再是"曾经",而是过去、现在和将来,乃至永远。

2015 年 岁首
作者于长安曲江园

目 录

第一章 伦理规范：教师专业发展的制度诉求 （1）
第一节 教师行业的发展：兼职—职业—专业 （1）
一 能者为师的"兼职" （2）
二 社会需求的"职业" （6）
三 特殊标准的"专业" （12）

第二节 教师角色的发展："圣者化"—"社会化"—"特性化" （21）
一 与道同尊的"圣者化"教师 （21）
二 担当角色的"社会化"教师 （26）
三 符合标准的"专业化"教师 （28）

第三节 教师道德的发展：遵从习惯—规则他律—伦理自律 （31）
一 习俗规范 （32）
二 职业道德 （34）
三 伦理规范 （37）

第二章 本质探源：基于制度视域的理论分析 （46）
第一节 西方制度经济学中的"制度"释义 （46）
一 何谓制度 （47）
二 制度的分类 （51）
三 制度理论对教师伦理规范建设的学理启发 （56）

第二节 中国古代的"制度"意涵 （57）
一 中国古代的"制度"释义 （57）
二 一种古老的"礼"制建立 （58）

第三节　对我国现行教师道德规范的提问 ……………………（67）
一　各国教师法律与伦理制度并行概况 …………………（67）
二　我国教师非正式制度的缺失 …………………………（71）
三　对我国现有教师道德规范制度性质追问 ……………（75）

第三章　现实透析：面对伦理失范的思考 ……………………（86）
第一节　将教师专业规范置于伦理语境的理由 ……………（86）
一　规范的伦理性与道德性的区别 ………………………（86）
二　伦理责任何以超越道德责任 …………………………（89）
第二节　伦理实体语境下的典型案例分析 …………………（91）
一　教学管理案例 …………………………………………（93）
二　师生关系案例 …………………………………………（98）
三　学术腐败案例 …………………………………………（103）
四　同事关系案例 …………………………………………（108）
五　社会影响案例 …………………………………………（113）
第三节　教师道德的认同危机分析 …………………………（118）
一　教师道德危机的表象 …………………………………（118）
二　教师道德危机的境遇 …………………………………（125）
三　两种教师制度的相互作用 ……………………………（133）

第四章　价值取向：回忆曾经的师道如光 ……………………（136）
第一节　中国古代"师道"论 ………………………………（137）
一　"师道"之由来 ………………………………………（137）
二　"师道"之首现 ………………………………………（139）
三　"师道"之标准 ………………………………………（142）
四　"师道"之演进 ………………………………………（146）
五　"师道"之评述 ………………………………………（148）
六　"师道"之内涵 ………………………………………（156）
七　"师道"之尊严 ………………………………………（158）
八　"师道"之重心 ………………………………………（163）
第二节　国外学者说师道 ……………………………………（164）
一　小原国芳论"师道" …………………………………（164）
二　西方传统教师职业观 …………………………………（166）

目 录

第三节　关怀的责任——当代教师责任伦理 …………………（172）
　　一　教师责任的伦理性质 ………………………………（172）
　　二　教师责任伦理性的特征 ……………………………（175）
第五章　实践取向：教师伦理制度变迁 ……………………（179）
　第一节　教师伦理规范的历史渊源 …………………………（179）
　　一　中国古代教师伦理规范 ……………………………（180）
　　二　中国近代教师伦理规范 ……………………………（187）
　　三　外国教师制度伦理的历史发展 ……………………（190）
　第二节　教师伦理规范的构成 ………………………………（198）
　　一　教师伦理规范的构成要素 …………………………（199）
　　二　以《全国教师公约》为代表的范式初探 …………（202）
　第三节　制定教师伦理规范的现实尝试 ……………………（212）
　　一　以教师伦理为对象的机构设置 ……………………（213）
　　二　以教师道德为核心的制度建设 ……………………（214）
　　三　教师伦理规范制定的几点建议 ……………………（217）
第六章　建构理想："师道"与"师德"合一 …………………（221）
　第一节　置于伦理科学语境的思考 …………………………（221）
　　一　以道德推导公式为规范建构脉络 …………………（222）
　　二　以复兴美德伦理为规范建构灵魂 …………………（224）
　第二节　教师伦理规范的文化解构 …………………………（228）
　　一　使命所然谓之"道" …………………………………（228）
　　二　良善之约谓之"德" …………………………………（232）
　第三节　"师道"与"师德"合一 …………………………………（237）
　　一　"个体人格"与"整体人格"的人格合一 …………（238）
　　二　法律"必须"与伦理"应然"的义务合一 …………（246）
　　三　教师三种权威凝结的尊严合一 ……………………（251）
附　录 …………………………………………………………………（260）

第一章 伦理规范:教师专业发展的制度诉求

制度会随着社会的变迁而发生变化,教师制度亦是如此。作为约束、激励和保护教师的一系列制度必然跟随着其他社会制度的变迁而不断改变着。只不过有时候这种变迁是急剧的,有时又只是缓慢地演化或渐进地变迁,当然,甚至在某一个时期又可能相对稳定。这是因为作为文化传承的基本手段,教育是人类社会所必需的基本社会实践活动之一,自原始社会产生之日起,教育就已确定其自身与社会、个体的密切关系。教师是教育活动的主角之一。教师概念既指一种社会角色,又指这一角色的承担者,是人类社会中最古老、最永恒的职业。作为人类文明的重要传递者,教师的社会功能、素质要求、职业特征等均不断发生着变化和发展。

本章从教师的行业变迁、教师的角色变迁及教师道德变迁这三组的横向发展变化描绘教师制度变迁的轨迹。

第一节 教师行业的发展:兼职—职业—专业

"古之时,人之害多矣,有圣人者立,然后教之以相生之道,为之君,为之师。"韩愈在《原道》中准确又简练地描述了最早的教师形成,一个"立"字就道出了教师角色的脱颖而出,并直截了当地给出了与最早教师相关问题的解答:谁可以当教师——圣贤之人,不是指具体的哪一个或者哪一类人,而是泛指有过人之处的人;这些人能做什么——"教",即进行教育活动;教什么——避灾除害的生存之道,这是说最早的教育内容广泛且无类,包括一切有用的本领。

一 能者为师的"兼职"

教师职业经历了一个从笼统模糊到独立专门化的过程。早期的教师之所以成为教师，是因为生活阅历使其具有新生代尚未形成的知识、技能或思想，在漫长的教育发展史上，最早的教师犹如牧师，他所担当的或是正当行为的教导者；或是某种技能的传授者；或是品德、圣训的代言人；或是统治者意志的传扬者……教师往往被视为先知而受人仰慕。

（一）我国古代教师的由来

自有人类存在，就有教育活动，这也是教育史的发端，如我国早期马克思主义教育理论家杨贤江所言："自有人生，便有教育。"只是最早的教育还没有专门的场所和专职人员，也没有从生产和生活中分化出来，多数是分散进行、随时随地开展，负责教育的是有生产生活经验的长者。长者为师，对年幼的人进行知识经验传授，但他们还不是从事教育的专职人员。①那个古老时代的个人，须有赖于团体并在族群成员的互助下才能得以生活，但这个团体的范围也常常仅限于家族邻里，因此多半是由父母对教育负主要责任，其次是族长、乡长，通常以长者、能者为师；教育的内容是与日常生活有直接关系的各种事项；教育的方法是由年长者直接示范，年幼者参与活动的言传身教。基于生存与繁衍的需要，部落氏族中有经验的年长者及其他能干的人，有意识、有步骤地把生产知识、制造和使用劳动工具的方法与技能，以及生活经验、风俗习惯及行为准则等传授给年幼的部族成员。正如先秦杂家著作《尸子》中记载："伏羲之世，天下多兽，故教民以猎。"记载了捕获猎物方面的教育；《周易·系辞》中有"神农氏制耒耕，教民农作"的记录，记载了农业耕种方面的教育；还有燧人氏教人钻木取火，有巢氏教民构木为巢，包牺氏教民以渔，仓颉造字，等等，所有教授的内容涉及的均是生存所需技能及与日常生活有直接关系的种种事项。这些于有意无意间担当教育后代的人们所完成的，正是使整个部族可以延续的教育使命。那时候的人们，处在什么样的环境下、过什么样的社会生活，即有什么样的教育，是名副其实的生活教育。在文字尚未发明之前，一切生活方法均恃长者传授，中国古籍中有许多描述教

---

① 孙培青：《中国教育史》，华东师大出版社2005年版，第10页。

师角色和根据教授内容来区分教师类型的记载。比如，以巫为师，"盖远古之时，除了巫，便别无知识分子，能写字的史当然是巫了"①，以"巫"为职的"师"即宗教师，所教授的是当时社会所需要的宗教仪式和信条。此外，其他类似教师身份的还有"家庭之父母、艺士、官吏学者、贤哲，共五种人"②。在氏族公社向阶级社会转变的西周时期，虽然社会分工有了很大进展，社会存在着阶级对立，劳心者与劳力者的分离也早已成为事实，但教师尚未成为独立的社会职业。

我国最早的教育制度见于《尚书·舜典》。《舜典》曰："帝曰：'契，百姓不亲，五品不逊。汝作司徒，敬敷五教，在宽，……夔！'命汝典乐，教胄子，（胄同育）直而温，宽而栗，刚而无虐，简而无傲。诗言志，歌永言，声依永，律和声。八音克谐，无相夺伦，神人以和。"所谓"五教"，是指"父义、母慈、兄友、弟恭、子孝"。虞夏商时期的教育内容，是伦理和音乐，司徒和典乐便是最早的教育官。当时的教育可分两类：一曰国学，一曰乡学。乡学为小学，为一般平民而设；国学有大学、小学之分，为贵族而设。可见教育亦因阶级存异而有别，也得以佐证古时政教不分的制度。

可见，我国古代教师未独立以前，负责教育职责的，除家庭父母、官吏以外，还有宗教师；有传承某种生活技艺、特长的"能者师"；有具备某种学问有专门修养的学者以及像孔子这样的贤哲，③这一类"授业"之师被称为"常师"，因其弟子相对固定、师与弟子之间的关系为确定的人伦关系，因而具有了狭义的教师身份。我国汉代文字学家许慎在他所著的《说文解字》一书中说："师教人以道者之称也"，意思就是说"师"这个字，就是人们对那些"教人们懂得道理的人"的称呼。"能者"就成为先民择师的条件，基本上是对民族有较大贡献的有一技之长的能者或智者。④之后，这种"能者为师"亦演变为"官师合一"的形式。

"师"之称谓则源于商、西周，原是指军队的组织单位。西周立国之初，为了加强军队统治力量，统治者便开始办学校，培养贵族子弟。这些

---

① 杜维运、黄进兴：《中国史学史论文选集》（Ⅰ），台北华世出版社1976年版，第9页。
② 舒新城：《教育通论》，福建教育出版社2006年版，第4—5页。
③ 同上书，第59—60页。
④ 孙培青：《中国教育史》，华东师大出版社2005年版，第21页。

贵族子弟在学校主要是学习射箭、驾驭战车等军事技能，而后才是学习文化。因此，西周初期的学校教师虽系教育国子之官，实为高级军官。因其职名未变，人们称他们为"师"或"师氏"。又《尚书·大传略》中记载："大夫士七十而致仕，老于乡里，大夫为父师，士为少师。"说的是当时国学或乡学绝大部分学官都是国家现任的职官，还有小部分由退休的官员担任，总体情况均是职官兼任，官师合一，仅有教职之事却未有教师之实。学问全在王官，做君的、做官的均可为当时之师。《尚书》记载："天佑下民，作之君，作之师。"《礼记·学记》曰："能为师然后能为长，能为长然后能为君。"可见君与师，虽名称不同，实则为一。

（二）西方最早的教师

在西方，公元前5—前4世纪古希腊出现的"智者"（sophists）最初泛指聪明并具有某种知识技能的人，后来，自然科学家、诗人、音乐家乃至政治家也都被称为智者，他们以雄辩术著称，被认为是一批收徒取酬的教师。黑格尔在《哲学史讲演录》中记载："智者们就是希腊的教师，通过他们，文化才开始在希腊出现"，"他们是一个特殊的社会阶层，以教育为职业，接受报酬，代行学校的任务，他们周游各个城市，青年跟随他们，受到他们的教导。"[①]梯利和罗素亦分别指认古希腊的"智者"是教师；梯利在其著名的《西方哲学史》中说，"智者这个词原来指聪明而有才能的人，但是，在这个时期它指的是职业教师"[②]。罗素在同名著作中亦持相同观点："智者这个字原来并没有坏意思，它指的差不多就是我们所说的'教授'。"[③]我国学者邓晓芒则直接指认智者普罗泰戈拉是古希腊的"第一个收费教师"[④]。据此，我们有理由认为，智者就是西方最早的"专职教师"。这些职业教师适应社会民主政治活动的需要，在各种公共集会上发表演说，回答人们提出的各种问题；向青年人传授辩论的艺术，即雄辩术，这在雅典的民主政治生活中是很重要的工具。智者们广招门徒，收取高额学费，在教学内容上主要向年轻人传授文法、修辞、辩证法，被称为"前三艺"，还教授数学、自然科学以及音乐等。他们还认为

---

① ［德］黑格尔：《哲学史讲演录》（第2卷），商务印书馆2013年版，第8—9页。
② ［美］梯利：《西方哲学史》，商务印书馆1995年版，第44页。
③ ［英］罗素：《西方哲学史》，商务印书馆1981年版，第107页。
④ 邓晓芒：《古希腊罗马哲学讲演录》，世界图书出版公司2007年版，第56页。

道德是可以控制和培养的，是教育的结果。他们周游各邦，对传播文化、加强交流，以及培养年轻人的思维能力方面都有重要的意义。这种与国家政治生活密切相关的雄辩教育对后来的古罗马教育以及今天西方某些国家的政治、教育等都有深刻的影响。

不过，西方的"智者"并没能像中国古代教师那样享有与天、地、君、亲同等重要的地位，甚至随着罗马人的入侵，希腊文明逐渐衰落，希腊人大都沦落为罗马帝国的奴隶，历史上便出现了仆人式教师，并由此形成了一种特殊身份的人，即"教仆"。在古罗马，教仆（paedagogus）往往是父母委以教育孩子成长重任的第一人，对古罗马儿童的教育与成长起着不容忽视的作用。其主要职责包括监督他们孩子的道德培养，接送他们上学、携带学习用具，保护安全，辅导家庭功课，甚至充当外出求学青少年父母的代理人等。教仆的这些职责被视为是父母权威的延伸与扩展。拉丁语中的教仆（paedagogus）字面意思就是"男孩的教育者或引路人"，[①]当时女孩拥有女教仆（paedagogi）的现象也很普遍，几乎整个希腊地区（除斯巴达以外）的上层家庭都会使用教仆。一个理想的教仆可以包揽孩子日常生活中的一切，其中最主要的任务是培养孩子的美德和接送其上学，还要辅导他的功课，这些充当教仆的人往往是贵族家庭的奴隶或被释奴，不同于真正意义上的家庭教师和学校教师。在孩子年幼时，教仆往往身兼双职，既是家庭教师又是监管人，等到孩子成长到一定年纪，对孩子的教育任务就产生了分工：智力发展和文学教育转交给家庭教师或学校教师，而孩子言行的监督与社交礼仪的培养仍由教仆负责，同时还兼任护送孩子上学以及携带沉重的学习用具等任务。希腊贵族家庭的教仆与家庭教师的关系有两种：第一种情况是教仆不同于家庭教师。教仆专指那些照顾孩子生活、接送上学或外地陪读和监督其道德的奴隶。当然，希腊教仆也有教给孩子希腊语的机会。第二种是在某些情况下，一些教仆身兼双职，既履行着教仆的职责，也起着家庭教师的作用，但有时会发生角色的分离，即教育和智力的发展交由家庭或学校教师负责，教仆只陪孩子上学或到外地求学。在学习上，与家庭教师有所不同的是教仆只负责监督孩子完

---

① 姬庆红：《古罗马教仆与贵族教育》，《上海师范大学学报》（哲学社会科学版）2009年第2期。

成学习任务，而教学任务则由家庭教师承担。教仆虽然是孩子的管理者和教育者，但是从根本上说，他们更是社会的受支配者和受压制者。教仆的境遇及与主人的关系很复杂，既有相同于父母的长幼亲情，同时又地位卑微，爱与恨都交织在教仆这模棱两可的身份中。教仆文化反映了教师在当时极为卑下的社会地位，也体现出教仆的性质实际上是一种宽泛意义上的教师。

西方社会教师发展的另一阶段是在西欧中世纪，在西方教育史上这是一个非常特殊的时期，无论与以前的希腊罗马时期相比，还是与以后的文艺复兴和宗教改革相比，"僧侣们获得了知识教育的垄断地位，因而教育本身也渗透了神学的性质"[①]。"僧教合一"，僧侣教师成为基督教教会学校唯一的教师，承担着传播神学教义、普及神学知识的重要职责，形成了西方社会教师发展史上的又一种特殊形态。中世纪初期还建有教理学校，和教会学校有所不同的是，它没有固定的教学场所，学生都是到老师的私人住宅接受指导，学习的方式则是通过问答进行，教学内容除了学习圣经、研究神学，还包括科学、数学、人文科学和哲学。与教仆文化相反，这一时期的老师具有较高的社会地位和政治权力，但其教育活动依然仅仅停靠个人的经验进行，采用个别方式进行教学，学生入学时间不一，学习内容不同，学习时间的长短也因人而异，教学具有很强的随意性。[②]

无论东方还是西方，在制度化教育形成以前，教育还处于一种相对散漫的状态，教育的内容仅限于对现实生活化的模仿与实践，因此对于承担教学工作的教师没有专门培养的可能与必要，过于简单的教学过程、教学内容使得教育问题并不突出，人们对教师的需求并不强烈，教师们对所教授内容的把握暂不需要借助外在的力量和条件，也很少有人自觉地把教学作为专门活动而终身从业，更谈不上对这个行业的人进行专职培养。

二 社会需求的"职业"

（一）职业的概念

职业（occupation）是社会分工凝固化的产物，是对人谋生手段的分

[①] 中共中央马克思恩格斯列宁斯大林著作编译局编译：《马克思恩格斯全集》（第7卷），人民出社1998年版，第700页。

[②] 张宁娟：《中西教师文化的历史演变》，《教师教育研究》2006年第2期。

类，指个人所从事的作为主要生活来源的工作。"职"指分内应为之事，"业"为所执之业务，其概念与时代、社会经济水平有关。一定的业务只有为社会所需，能够提供社会所需的产品或服务，并成为别的行业无法提供的产品或服务时，才得以维持而成为稳固的职业，进而得到社会认可。一般而言，能称得上职业的，须同时具备下列特征：（1）目的性，即职业以获得现金或实物等报酬为目的；（2）社会性，即职业是从业人员在特定社会生活环境中所从事的一种与其他社会成员相互关联、相互服务的社会活动；（3）稳定性，即职业在一定的历史时期内形成，并具有较长的生命周期；（4）规范性，即职业必须符合国家法律和社会道德规范；（5）群体性，即职业必须具有一定的从业人数。从个人的角度来看，职业是个人参加劳动的社会分工，利用专业知识和技能，创造物质和精神财富，获得合理的补偿以作为物质生活来源，同时满足精神需求的工作。

战国末期《荀子·富国》中已出现"职业"一词："事业所恶也，功利所好也，职业无分，如是，则人有树事之患而有争功之祸矣。"至唐朝杨倞对《荀子》所作注解中的解释是："职业，谓官职及四人之业也。"这里的"四人"指士、农、工、商四种分类，也就是说当时的职业包括官和士农工商这几类，可见我国很早就有职业的划分。不仅如此，中国古代甚至已有职业规范的思想，汉代潘勖《册魏公九锡文》中分析"以君经纬礼律，为民轨仪，使安职业，无或迁志"。意指在细数曹操作为殊勋重臣的功德时，提及他曾以周密的礼律约束百姓，使之安稳于一定的职业并且不改变个人志向，并指出这样做的目的是使社会安定。

在西方社会，据考证，亚当·斯密（Adam Smith）于1776年3月在他的《国富论》中第一次提出了"劳动分工"的观点。斯密说，一个劳动者，如果对于这职业（分工的结果，使扣针的制造成为一种专门职业）没有受过相当训练，又不知怎样使用这职业上的机械（使这种机械有发明的可能的，恐怕也是分工的结果），那么纵使竭力工作，也许一天也制造不出一枚扣针，要做二十枚，当然是决不可能了。斯密认为分工使每个人专门从事某项作业，分工能提高劳动的熟练程度，进而可以提高劳动生产率。法国著名哲学家孔德从分工中看到了社会生活最本质的条件，认为劳动分工并不纯粹是经济现象，而是涵盖了理性的所有范围；并不是被普遍限定在单纯的物质范围里，而是为我们提供了各种活动的全部领域。孔德论证了劳动分工是社会存在的一个重要条件。劳动分工可以维持社会的凝聚性，社会构成的本质也由劳动分工决定。"有了社会分工，个人才会摆脱孤立的状态，形成相互联系；有了社会分工，人们才会同舟共济，不是一意孤行。只有分工才能使人们形成一种联系，牢固地结合在一起"①。法国社会学家埃米尔·涂尔干在他的著作《社会分工论》中进一步指出了劳动分工与职业的关系，认为社会分工导致了职业功能的专门化，职业就是由不同功能而分化了的劳动分工而产生的。他指出，社会分工并不完全是现代的现象，在比较传统的社会形态中，社会分工就已初步形成，通常只限于男女性别之间的分工。社会分工的高度专门化是现代工业化生产的特有产物。

由此看来，职业概念属于社会历史范畴，它既不是从来就有，也不是永恒的一成不变的。一个完整的职业等于"职能+行业"，以工作性质的同一性为基本原则，可以对社会职业进行系统的划分与归类，这种同一性是社会分工及职业分类的依据。在分工体系的每一个环节上，劳动对象、劳动工具以及劳动的支出形式又都各有特殊性，这种特殊性决定了各种职业之间的区别。职业作为一种社会历史现象，是与社会分工和生产内部的劳动分工相联系的。自从有了一定的社会分工和劳动分工以后，人们便长期地从事某种具有专门业务和特定职责的社会活动，并以此作为自己获得生活资料的主要来源。因此，一般来说是指以社会分工和劳动分工为社会前提而形成的社会关系，是一定的人们赖以进行基本社会活动的专门业务，以及人们因此而对社会承担的特定职责。②基于分工理论，可以看出职业与人类的需求以及职业结构具有一定的相关性；由于各种职业内在属性的需求，要使用与其相关的知识或是技能；职业强调精神财富和物质财富的创造，获取合理的、相应的报酬。从个人角度来看，职业强调的不仅仅是物质生活的来源也涉及精神生活的满足。因社会分工而形成的职业群体一旦形成，就应该建立一套相应的机制与规范，使各种人员明确他们对职业群体所应负的责任，以及彼此的权利和义务。所谓规范不仅仅是一种

---

① [法]埃米尔·涂尔干：《社会分工论》，生活·读书·新知三联出版社2008年版，第24页。

② 龚群：《社会伦理十讲》，中国人民大学出版社2008年版，第145页。

职业习惯上的行为模式,同时也是一种职业义务上的行为模式,也就是说,它在某种程度上不允许个人任意行事。为此,因完善组织群体而确立的规范制度其性质应是公共制度。任何情况下它都超出了纯粹经济利益的范围,构成了社会和道德秩序本身。一般而言,正因为分工需要一种秩序、和谐以及社会团结,所以它是道德的。涂尔干早已提出了职业伦理思想,指出社会分工必然存在一种道德属性。

(二) 教师职业的由来

真正作为职业的教师其标志应始于师范教育的形成。专职培养教师的师范教育始于近代。随着社会职业分工越来越细,要求越高,产生了培养教师职业的师范教育。纵观世界教育发展史,师范作为专门培养教师的教育机构,最早起源于十七八世纪的法国和德国,1684年法国拉萨尔(La Salle,1651—1719)于兰斯(Rheims)创办的教师训练机构,1695年德国法兰克(A. H. Francke,1663—1772)于哈雷(Halle)创办的教员养成所是最早的师范教育机构。之后,欧洲其他国家也开始举办这种机构。1794年秋,法国临时议会通过法令,在巴黎设立公立师范学校,1795年1月正式成立。1810年在原巴黎师范学校基础上成立高等师范学校,1845年改为巴黎高等师范学校。

师范教育在其雏形时期,其总体水平较低,更多的是把这种无意识的教育作为日后晋升成为教士的阶梯。之后,在18世纪中下叶,随着众多著名教育理论家的大力推进以及普及初等义务教育的实施,使得师范教育的理论已初显成型,为教师在将来从事职业训练中提供理论依据和实践指导。在此基础上,师范学校在欧洲及各国相继出现。18世纪末到19世纪初,许多国家在颁布了义务教育法令的同时或稍后,陆陆续续地也颁布了师范教育的法规,师范教育开始出现了制度化、系统化等特征。至于师范学院的建立则是在19世纪末20世纪初。日本于1872年建立起第一所师范学校。美国第一所师范学院纽约州立师范学院是于1893年在奥尔巴尼市成立的,以后各州纷纷建立。英国在颁布《1902年教育法》后,才授权地方政府兴办地方公立师范学院。[①]

我国汉代董仲舒开设太学,"置明师","为博士官置弟子五十人",

---

① 顾明远:《师范教育的传统与变迁》,《高等师范教育研究》2003年第5期。

此时的博士,已"从一种朝廷备顾问之官转化为一种以教授为主要职能的学官"①,因此汉代博士可以理解为是中国最早的职业教师。自西汉始,博士的主要职责是对弟子授业传道,同时还要奉使议政,试贤举能。汉代规定博士须熟习经史,"明于古今,温故知新,通达国体"的一代鸿儒巨贤,方能充当博士。"师范"一词最早也是出现在汉朝,扬雄编著的《扬子法言》中有"师者,人之模范也"之言。汉代以后,中央及地方官学中设有博士、祭酒、助教、直讲、典学等专职教师;及至唐代以后,还有学正、学录、监丞、典簿、典籍、掌馔等专职教师;至北齐、唐、宋等朝代的太学,还设有助教协助博士施教。几千年来,我国古代对教师职业的认同主要停留在社会功能上,所谓的"尊师重教",主要只看重这项职业承担的社会功能。②不过,这一时期的"职业"含义仍有别于近代以来的"职业"观。尽管中国早就有私学兴起,后来设学授徒之师越来越多,及至明清之际塾师几乎遍及城乡,而"近代意义上的'教师职业'则是在教育近代化过程中才形成的"③。

在中国,具有近代意义关乎教师职业的师范教育产生于19世纪末20世纪初。1897年盛宣怀在上海首创南洋公学,特设的"师范院"为中国师范教育之始,但由陈景磐编的《中国近代教育史》人民教育出版社1979年版一书中指出:"中国近代公立的师范教育开始于1897年设立的南洋公学的师范院";但真正作为我国独立的第一所师范学校,似应以1902年(清光绪二十八年)张謇创办的通州师范学校为是,当时叫"民立通州师范学校","张謇创立师范学校于南通,这是师范教育专设机关的起点"④。

在中国近代师范教育的发展历程中,京师大学堂师范馆的作用非凡。1902年,张百熙受命筹建京师大学堂,继承和发展了梁启超的师范教育思想,强调"办理学堂首重师范",创设了京师大学堂师范馆,为我国高等师范教育之始,从此推动中国高等师范教育迈出了历史性的第一步。

---

① 孙培青:《中国教育史》,华东师范大学出版社2005年版,第104页。
② 叶澜:《教师角色与教师发展新探》,教育科学出版社2011年版,第4页。
③ 陈桂生:《师道实话》,华东师范大学出版社2009年版,第4页。
④ 陈乃林:《通州师范是我国第一所师范学校》,《涂州师范学院学报》(哲学社会科学版)1980年第4期。

1904年改为优级师范科，1908年又按照张之洞等人建立分科大学的建议，改为京师优级师范学堂，并独立设校，这是我国高等师范学校独立设校的开始。当年京师大学堂师范馆改成京师优级师范学堂，在首次开学典礼上，学部大臣张之洞亲临致辞说："师范教育，是为一切教育发源处，而京师优级师范，为全国教育之标准。"这是一个里程碑式的标志。后来1912年改名北京高等师范学校，1923年更名为国立北京师范大学，成为中国历史上第一所真正的师范大学。师范馆从最初的筹建，到复建，再到改称，乃至最后独立设置的变迁过程，无不与清末师范教育的摸索前进休戚相关，同时也折射出中国近代文化教育兴起时的举步维艰。《总理衙门奏拟京师大学堂章程》中"西国最重师范学堂，盖必教习得人，然后学生易于成就。中国向无此举故省学堂不能收效。今当于堂中别立一师范斋，以养教习人才"的规定，使京师大学堂开近代中国重视高等师范教育的先例。从教育理念看，京师大学堂是近代中国第一所现代意义上的国立大学，师范馆作为一个专业分科，更是京师大学堂的核心和基础。百年来，师范教育作为整个教育工作的母机，已成为国人的共识；从教育体制上看，师范馆的设立，以及脱离大学堂而另立学堂，则标志着近代中国独立设置的高等师范院校系统的确立；从学校课程体系看，师范馆所设计的专业课程与教育课程混编的课程结构与教师养成范式，也从根本上奠定了百年来中国高师办学的基础与模式。由师范馆设立本身所彰显的教师教育的基础性、全局性作用和教师专业化的历史大趋势，却具有恒久的意义。

成立于1902年的京师大学堂师范馆（今北京师范大学前身）、1902年筹建的三江师范学堂（今南京大学、东南大学、南京师范大学等的前身）等一批师范学堂、馆，是中国近代高等师范教育的起点，旨在培养"堪为人师而模范之"的人才。1903年由张百熙、张之洞、荣庆等奏拟的"奏定学堂章程"专门制定了"初级师范学堂章程""优级师范学堂章程"，第一次把师范教育从普通教育中分离，成为独立的师范教育系统。1904年《奏定学堂章程》的颁布实施，标志着我国师范教育制度的正式建立、师范教育体系的形成。

由于政治和教育制度的变化，教师职业的价值在当时中国近代教育的"废科举、兴学校"的历程中发生了一系列相应的变化：首先，教师职业中不再存有政府官职的教职，"官"与"师"的分离对于教师群体职业意识的独立性和民主意识的产生具有基础性意义；其次，由于近代教育在教育内容上的重大革新，分科教学不断加强，故此对教师职业中传授学科的知识意识得到强化，对学科知识的掌握和具有教授这些知识的能力与方法，成为教师能否具有教职的基本条件，"师"与"学科"的关系意识加强，出现了与古代教师"传道"有所不同的学科知识以及作为专业学科教师的意识，教师传授科学文化的职业价值得到突显并被教师群体所认同，不仅如此，教育者的社会价值由为君转向为民、为社会。

时代与社会的进步在对教师职业价值认识上产生了积极作用，这显示着教师职业社会价值的扩展和转向。但是近代社会对教师职业价值依然主要还是强调其对于社会的工具价值，只是这种价值由古代的传道变为近代进步人士提倡的传播科学文化、文化知识和富国强民的技术；由服务于培养官宦和臣民，发展到培养推动社会发展进步、能参与民主政治的新民。至于教师职业对于从业者的内在价值问题，并未被尖锐地提出来，也未经过认真的讨论，教师群体在这方面的职业自我意识也不可能广泛觉醒。

对教师职业工具价值的看重和职业性质属于"传递性"的判断，作为历史的传统深深地烙在我国教师的职业意识和形象中。作为历史的传统，它依然存活在今日的中国，以当代的形式和内容存活着，但不可否认的是，它妨碍了教师及人们对这一职业内在价值和劳动本质的思考和发现，因而也谈不上这一职业的内在的尊严及欢乐的发现和体验。这是社会、时代造成的历史局限。[①]

三　特殊标准的"专业"

目前世界上培养专门教师的机构有两种称谓，我国依然沿用的"师范"一词，最早起源于十七八世纪的法国和德国，由明治初年日本效法之后传入我国。法语中的"师范"（normale）则源于拉丁语（norma），本义为木匠的尺规，有评价事物所依靠的标准之意。[②] 而英美等国则一直使用"教师教育"（teacher education）的说法，是指对教师进行职前培养和职后进修与培训的统称，比传统的师范教育更侧重教师职业精神的提高。

---

① 叶澜：《教师角色与教师发展新探》，教育科学出版社2011年版，第6—9页。
② 顾明远：《师范教育的传统与变迁》，《高等师范教育研究》2003年第3期。

近年来我国有学者提出应以"教师教育"取代"师范教育",这种取代,并不仅仅是简单的概念替换,反映出教师由职业向专业发展的趋势。

(一) 专业的概念

专业,是学科分类与职业分类在社会实践中的称谓。特定的"专业"意蕴始于十八九世纪的西方工业化时期,专业现象在英美系国家也已经被关注了一个多世纪,专业、专业化和专业主义等意识形态是工业文明和西方文化的重要组成部分,已经形成了专业社会学。英国著名社会学家亚历山大·莫里斯·卡尔—桑德斯大概是最早给"专业"(profession)下定义的,他认为专业的形成直接来源于中古世纪以来的行会组织(guilds),是指一群人在从事一种需要专门技术的职业,专业需要特殊之力来培养和完成,其目的在于提供专门性的服务。虽然我国没有专业社会学的系统理论,但专业实践在我国和在其他国家一样也是由来已久。以发达国家为背景的专业社会学的现有理论成果对于中国专业问题研究具有重要的借鉴作用。

"专业"在《现代汉语词典》中的解释有三:产业部门中根据产品生产的不同过程而分成的各业务部门;专门从事某种工作或职业的;高等学校的一个系里或中等专业学校里,根据科学分工或生产部门的分工把学业分成的门类。其中第二个解释就是我们所要讨论的概念。英语中"专业"一词来源于拉丁语,最开始的意思是公开地表达自己的信仰以及观点。专业(profession)在《剑桥英文辞典》中的解释是指任何需要特别训练或一种特殊技能的工作形态,经常是受尊敬的工作,因为它需要高水平的教育。"Beruf"是路德铸造的一个词,暗含着某种由上帝安排的任务的思想,即"天职"观念;韦伯在《学术与政治》演讲中称为"志业",指一种社会职业,它具有学术的、自由的和文明的等特征。

Beaker 的著作 *The Nature of a Profession* 中认为专业有两种含义:一是社会学家所给予的定义,说明专业必须符合社会必要性、利他性、自主性、伦理规范、与服务对象保持距离、行为标准、长期训练和特殊知识八项;二是一般民众所赋予的意思,认为专业具有一种崇高的精神与承诺,对专业是带有敬意的。

日本学者石村善助认为,所谓专门职业,是指"通过特殊的教育或训练掌握了已经证实的认识(科学的或高深的知识),具有一定的基础理论的特殊技能，从而按照来自特定的大多数公民自发表达出来的具体要求，从事具体的服务工作，借以为全社会利益效力的职业"。

英国哲学家道尼（Robert Silcock Downie）认为倘若要给专业寻找定义，那么我们的目标应是对专业群体共同性的宽泛概括，而不是一套严格的充分必要条件。

布朗德士（Brandes, 1933: 2）对专业概念的描述如下："专业是一个正式的职业；为了从事这一职业，必要的上岗前的训练是以智能为特质，卷入知识和某些扩充的学问，它们不同于纯粹的技能；专业主要供人从事于为他人服务而不是从业者单纯的谋生工具，因此，从业者获得经济回报不是衡量他（她）职业成功的主要标准。"在这一描述中强调了三个方面的内容：首先，专业应该是正式的全日制（full - time）职业；其次，专业应该拥有深奥的知识和技能，而这些知识和技能可以通过教育和训练而获得；最后，专业应该向它的客户和公众提供高质量的、无私的服务。以上三点构成了专业三个最基本的属性，并获得了大多数社会学家的首肯。

美国学者豪勒（C. O. Houle）通过对十几种职业的研究，总结出"专门性职业"（profession）与"一般职业"（vacation/occupation/trade）最根本的四点区别：首先，专业区别于一般职业在于它们非同寻常的深奥知识和复杂技能。每一个专业都有一个科学的知识基础，专业必须以一套严格高深的理论为基础。在专业问题范围内，有明显的内行和外行的差异，非专业人员对专业内的事物了解极为浅薄，正如隔行如隔山。而一般职业无须以高度学理作为基础，只按照例规行事，无内行和外行之别。其次，专业需要接受长时间的专业化训练，一般以是否接受过高等专门教育为标志；而职业主要是个人体验与个人经验的总结。再次，专业与职业相比，要更多地提供一种独特、明确、必要的社会服务与奉献，专门职业的从业人员把工作看作是一种事业，在自主的范围内对于自己的行为与判断负责，以高质量的服务取得高报酬，且服务表现要重于报酬高低。因此，专业人员一般具有较高的职业声望，在社会职业声望的排位中处于中上层；而普通职业的从业人员仅仅把工作当作是一种谋生的手段，因而在社会职业声望的排位中处于中下层。最后，职业更多地体现为工匠式的特点，一旦掌握，即可不断重复，无须创新。而专业的一个重要特点在于需要不断地面对变化，需要不断进修，并作出创新。也就是说，专业人员不仅要提供优质的专业服务，同时为了保证服务品质和服务水平的不断提高，还要在服务中不断进行研究，通过研究提高专业水平，并且对专业人员而言，这种研究是一种自觉的行为；而普通职业仅提供一种服务，缺乏研究的意识。"专业领域的特点就是其复杂性。与复杂性相对应的就是不确定性。专业人员就是一些有能力在以下情况下工作的人们：他学会与该领域固有的不确定性打交道，靠专门的知识和勇气以现有的证据为基础作出重大决策。"[1]针对这一点，沃特金斯等（Watkins et al., 1992）作了一个恰当的注释："从历史发展的角度，我们看到了一个专业的序列：传统的专业由于不断分裂在数量上增长，同时，通过一个专门化过程或响应商业、社会价值和技术进步的变化，新的专业出现。"[2]作为一个科学术语，专业（profession）被看成一个富有历史、文化含义而又变化的概念，主要指由知识含量极高的特殊职业而形成的一个有限的职业群落，这一群落中各个个体都有特定的、或多或少类同的制度（institutional）和意识形态（ideological）属性。下面这段华盛顿特区高等法院在1933年对某案件作出的判决较明确地代表了专业的内涵："一个专业的实践不是一部赚钱的机器。专业的业务不存在纯商业化的要素。诚然，专业人员依赖于他（她）挣的钱生活，但是他（她）的主要目的和愿望是服务于那些寻求他（她）帮助的人们和他（她）本人所在的社区。"[3]

（二）教师专业概念的形成

随着社会的变迁，教师专业的建立不能再以传统的权威为基础，教师行业被视为专业（profession）已普遍获得人们的认同，教师的行业是一门专业，它积极扮演某种社会功能的角色，并强调纯熟技术来达到完成社会功能的目的（Hoyle, 1982）。关于教师专业标准，国内外专家学者多有论述。

1904年，杜威（John Dewey）在《教育理论与实践的关系》一文中指出专业的趋势是，"第一，专业工作的中心是以技术发展和应用科学为

---

[1] 联合国教科文组织国际教育局编：《教育展望》，上海教育出版社1997年版，第83页。
[2] 赵康：《有关高等教育中专业设计问题的研究总报告》，http://wenku.baidu.com。
[3] 赵康：《专业、专业属性及判断成熟专业的六条标准——一个社会学角度的分析》，《社会学研究》2000年第5期。

主线；第二，在从事专业工作之前，有个前提性的要求即获得学术造诣方面量的积累；第三，专业学校在给予学员集中而非广泛的、典型的、具体的工作是对学员是最好的"①。

1948年，美国全国教育协会（National Education Association）论述专业时，强调专业应符合以下八点标准要求：把工作视为终身从事的事业；接受过专门的职业训练；属于高度的心智活动；具有特殊的知识领域；以服务社会为最高目的；经常不断的在职进修；设有健全的专业组织；行业内部自主制定规范标准。

1956年，李伯曼（M. Liberman）在《教育专业》（Education as a Profession）这本书中提到专业工作应具有如下特点：无论是个体或是集体的从事者均要具有广泛的自律性；合理运用高度的、理智性的知识；需要接受长期的专业教育；形成综合性的自治组织；拥有应用方式具体化、明确的伦理纲领；明确范围，在社会上垄断地从事一些不可缺少的工作；在专业的自律范围内，对于直接作出的判断、采取的行为负有责任；以服务为动机具有非营利性。

1957年，美国学者格林伍德（Greenwood）曾尝试着对专业的基本要求进行界定和描述，他在《专业的属性》一文中提出了五项专业特质（attributes of profession）：一套专业的理论知识体系（a body of theory）、专业的权威或自主权（professional authority）、共同信守的伦理守则（code of ethics）、社会或小区的认可（sanction of the community）、专业的文化（professional）。

1960年，科恩·豪瑟（Corn Hauser）总结出四个专业标准：充分的自治；具有运用专门才能的影响力和责任感；强烈的职业道德观；具备知识技能的专门能力。②

1968年，班克斯（O. Banks）在《教育社会学》中提到专业应有六项标准：知识领域具有确定性；具有专业资格的限制；具有相当的自主

---

① ［美］李·S. 舒尔曼：《理论、实践与教育的专业化》，王幼真，刘捷译，《比较教育研究》1999年第3期。

② 《国际比较师范教育学术研讨会论文集》（下），台北师大书苑发行所1992年版，第617—619页。

权；具有伦理道德规范；须进行长期的专业训练；强调服务重于利益。[1]

1969年，霍勒（E. Hoyle）在《教师的角色》一书中，也指出专业具有的六项标准：针对理论与实践进行长时间的训练；履行重要的社会服务；高度的自主性；团体的伦理规范；系统的知识；经常性的在职教育。[2]

1984年，曾荣光指出教师专业的十项特性：接受长时间入职辅导训练；具有一套"圈内知识"；为社会提供服务；确立一套完整的专业守则；享有专业服务的专利权；有专业自主权；组成专业团体且对成员具有制约力；不断从事科研活动和接受在职培训；获得当事人和社会的信任；享有相当职业报酬和社会地位。[3]

1986年，马信行提出的专业应具有的五个层面：第一，具有专业自主；第二，信守专业道德；第三，运用专门知识；第四，接受专业教育；第五，停工专业服务。[4]

1987年，郑肇桢指出专业应具有的特性：需进行长时间的学习，且在高等学校中进行过相似水平的学习；有重要的社会功能；有一定的工作难度和复杂性的技巧；工作者有严谨的组织能力，以制定相应的工作标准，如应负的责任和工作条件等；工作者常常需要解决新问题；享有较高的待遇和社会地位。[5]

台湾学者谢文全（1989）认为，教师专业有七项标准：受过长期专业教育而能运用专业知能；强调服务重于牟利；应属永久性的职业；享有相当独立的自主性；建立自律的专业团体；能制定并遵守专业伦理或公约；不断从事在职进修教育。

这些学者关于专业概念与标准在理解上虽不完全一致，但在他们的标准中几乎都涉及专业伦理，将专业伦理规范或守则作为教师专业的制度标

---

[1] O. Banks, *The Sociology of Education*, London: Batsford, 1968, p.157.

[2] E. Hoyle, *The role of the Teacher*, London: Rutledge & Kegan Paul, 1969, pp.80—85.

[3] 曾荣光：《教学专业与教师专业化：一个社会学的阐释》，《香港中文大学教育学报》1984年第1期。

[4] 马信行：《教育社会学》，台北桂冠图书股份有限公司1986年版，第146页。

[5] 郑肇桢：《教师教育》，香港中文大学出版社1987年版，第8页。

准已成为共识。①

顾明远先生也给出了教师专业的六个标准：1. 教师职业要有较高的专门知识和技能。教师必备的专业知识至少应该包括如下方面：学科内容知识；一般教学法知识；课程知识；学科教学法知识；学生及其特性知识；教育脉络知识；教育目的目标、价值、哲学及历史渊源知识。2. 教师职业必须具有较高的职业道德。3. 教师职业需要长时间的专门职业训练。4. 教师职业需要不断学习进修（专业发展）。5. 教师职业的自主权要求教师有较高的判断能力、能熟练地处理教育教学的能力。6. 教师的专业组织。一般都有教师工会、教育研究组织来约束教师的行为。由此顾先生得出结论教师职业具有一般专门职业的特点，教师专业性是存在的，它确实具有其他职业无法替代的作用。②

（三）教师专业化发展

"专业化"一般有两层含义：一是指一个普通职业逐渐符合专业标准，成为专门职业并获得相应的专业地位的过程，用 professionalization 一词来表示，重在过程，即专业化进程；二是指一个职业的专业性质和发展状态处于什么情况和水平，用 professionalism 一词来表示，重在性质，即专业化水平。所谓"化"，按照《辞海》（缩印本）的解释，是表明"转变成某种性质或状态"。这里既包含了过程含义又包含了性质含义。

社会职业有一条铁的规律，即只有专业化才有社会地位，才能受到社会的尊重。教育社会学者霍伊尔（E. Hoyle）提出，职业专业化"是指一个职业（群体）经过一段时间后成功的满足某一专业性职业标准的过程"；"它涉及两个一般是同时进行并可独立变化的过程，就是作为地位改善的专业化和作为专业发展、专业知识提高以及专业实践中技术改进的专业化"。早在1923年，常道直就在《教育杂志》第十五卷第四号发表了题为《教育事业之职业化》的文章，常道直认为"所谓教育之职业化，严格解释起来，不但没有经过教育的理论和方法之陶冶者，不当阑入教育界，就是在教育事业的界限以内，也当各自安于自己部分以内的工作和问题，不应当任意逾越"。常道直所谓"教育事业之职业化"，其实就是我

---

① 刘捷：《专业化：挑战 21 世纪的教师》，教育科学出版社 2007 年版，第 55—60 页。
② 顾明远：《教师的职业特点与教师专业化》，《教师教育研究》2004 年第 6 期。

们今天所说的教师专业化。相比 1955 年世界教育专业组织会议之后才意识到教师专业问题，我国学者至少在此之前 32 年就提出了教育（教师）专业化的命题，在 1948 年，常道直先生又撰写《如何促成教育之专业化》一文，更明确地指出了"专业化"这一概念。这是笔者看到的我国最早明确讨论教师专业化的文字。

教师专业化指的是教师群体不断提高教学工作和人才培养的专业性，使教师职业逐渐符合专业标准，成为专门职业并获得专业地位的过程。这是一个积小变为大变、从量变到质变的过程，一系列小变、量变构成了转化过程中的不同阶段；通过不同阶段的转换和累积，最终实现教师职业从普通职业到专门职业的转变。即使教师职业已经赢得社会对其专业地位的认可，仍有与时俱进、不断提高专业化水平的要求，包括外在的社会地位的提升和内在的专业规范的完善。在此意义上，教师专业化也是一个永无止境的过程。

教师职业专业化是教师群体专业化发展的必然结果，它从根本上影响着教师个体专业化的进程和水平。1955 年召开的世界教师专业组织会议最早开始提倡教师的专业化，推动了教师专业组织的形成和发展。1966 年联合国教科文组织《关于教师地位的建议》中有对教师职业的专业性质的认定，这是首次以国际组织官方文件的形式确认的，教育工作应被认为是一种专门的职业。这一职业要求教师具备经过严格并持续不断的研究才能获得并维持专业知识及专门技能的公共业务（UNESCO，1966）。据此，国际劳工组织颁布的《国际标准职业分类》中把教师列入"专家、技术人员和有关工作者"的类别。教师专业化是现代教育发展的必然要求，也是现代学校教育的重要标志。

自 20 世纪 80 年代以来，教师专业及相关问题受到国际社会的关注，并成为世界教师教育改革与教师专业发展领域的一大热点。英国于 1989 年发表 Green Paper，其中教改政策部分是以教师为教育政策的核心，提出所谓的新专业主义（New Professionalism），认为教师是教育成败的关键，并强调教师专业的重要性。在我国，有关教师职业的专业性问题由于 1993 年制定的《中华人民共和国教师法》（以下简称《教师法》）的相关规定而被人们所关注。《教师法》第三条规定了教师职业的性质是"履行教育教学职责的专业人员"，从而改变了教师这一群体长期以来所具有的国家干部法律性质，同时也使教师群体的职业行为发生了变化。

目前，教师专业化发展经历了两个发展阶段：一是"组织发展"阶段，关注教师整体素质的提升，以此提高教学工作质量，出现了谋求整个专业社会地位提升的"工会主义"（syndicalism）取向和强调教师入职的高标准的"专业主义"（professionalism）取向。二是"专业发展"阶段，出现了教师专业发展，注重教师既要有知识、技能、价值观等，又要有学科知识、教育知识，并且通过了职前、职后培训的理智取向，还要注重实践，通过多种形式的"反思"加强教师对其自身实践的认识，并在此基础上提升教育实践、探究性专业发展的实践。联合国教科文组织关于教师地位的建议肯定了教师的专业性，而国内有关"教师专业"问题的探讨，可分成三个层面：第一，论述教师专业的相关概念、视教师专业为一个目标的；第二，期望透过各种途径达成教师是专业理想的；第三，倡导教师专业为一种意识形态。我国目前关于教师专业化的基本含义可以归纳为下列几个方面：第一，教师专业既包括学科专业性，也包括教育专业性，国家对教师任职既有规定的学历标准，也有必要的教育知识、教育能力和职业道德的要求；第二，国家有教师教育的专门机构、教育内容和措施；第三，国家有对教师资格和教师教育机构的认定制度和管理制度；第四，教师专业发展是一个持续不断的过程，教师专业化也是一个发展的概念，既是一种状态，又是一个不断深化的过程，教师专业化本质上强调的是成长和发展的一个过程。教师个体专业化与教师职业专业化共同构成了教师专业化。[①]

对教师专业认定的重要性可从三个层面来认识：

第一，教师专业可以有效促进教育政策理念的落实。教育政策的理念与方针要能发挥预期的成效，必须通过第一线教师的执行与落实。教育政策本属于宏观且理论的层次，通过教师专业的理解，可以将较为抽象的理念转化并配合教学现场的丰富经验，具体落实在微观的班级现场。因此，教师专业可帮助政策制定者将立意良好的教育政策有效落实与执行，进而达成预期的教育成效。

第二，教师专业可以提升学生学习质量与成就。教师是最接近学生的

---

① 叶澜：《教师角色与教师发展新探》，教育科学出版社2011年版，第226—230页。

教育人员，对于学生日常生活运作与行为问题也最为熟悉，通过教师专业的发挥，可以直接且立即地针对学生个别学习需求与状况提供专业性的服务。由于每个学生都是不同的个体，不同的个体必须搭配不同的教学题材与教学方法，设计适合他们学习的课程，而中间的过程就需要教师专业作为重要媒介，因材施教，进而提升学生学习质量与成就。

第三，教师专业可以促进教师尊荣感与教学自主。如前所述，教师专业自主的认同取决于教师具有的专业前提，当教师具有专业并能有效运用时，不仅因专业能力的发挥而有助于教学自信的建立，进而促进教学质量的提升；而且，因工作上的专业特性也能得到社会大众对其教学作为的认同与支持，进而促进教师尊荣感与专业自主，而改善目前教师动辄被贬以及地位低下的感受。

第二节 教师角色的发展："圣者化"—"社会化"—"特性化"

所谓角色，是指个人在特定的社会环境中相应的社会身份和社会地位，并按照一定的社会期望，运用一定权力来履行相应社会职责的行为。它规定一个人活动的特定范围和与人的地位相适应的权利义务与行为规范，是社会对一个处于特定地位的人的行为期待。波兰出生的美国社会学家弗洛里安·兹纳涅茨基在《知识人的社会角色》中指出，角色是一个动态系统，社会对知识人的要求，会随着期望于他所扮演之角色的不同而变化。教师角色的社会担当及地位处境随着整个社会的发展变化而被赋予了不同的时代内涵。

一 与道同尊的"圣者化"教师

甲骨文中已有"文师"之称，这是可考据的"师"字的最早出现。随着百官分工的日渐明晰，"师"也逐渐成为与教化有关联者的专门称谓，《礼记·文王世子》中记载，"师也者，教之以事而喻诸德者也。"说的是老师对学生的影响，离不开老师的学识和能力，更离不开老师为人处世、于国于民、于公于私所持的价值观。《说文解字》注曰："师教人以道者之称也。"也指老师要把为人之道、治国之道教给学生。"道德一体，而具二义，一而不二，二而不一"①。道和德本来就是一个整体，而教师恰是那个具备"德"而传授"道"的人。"师"的这种含义在整个古代社会依然保留着，甚至成为人们评判教师优劣的重要标准之一。

（一）中国古代"师"字考

关于"师"字字形演变的资料论证：甲骨文像古代兵符。朝廷将刻有虎、狮等图案的圆形玉玦，切割成裂纹不规则的两块或几块，部分留在朝廷，部分放在地方或军队，朝廷和军队均以所持兵符能否吻合来检验兵权和调动权的真伪。这种有图案的残块是最早的"兵符"。造字本义：古代检验军权的兵符。金文将变形为，并加（不，最早的竹制兵器），强调作战指挥权；晚期金文误将写成。篆文 承续金文字形。最终篆体将师写成""被流传下来。②

（二）《说文解字》及古代其他古代经典文籍对"师"字释义

汉代许慎在《说文解字》中将"师"解释为"两千五百人为师，从帀从，四帀，众意也。古文师"。这样解释的意思是"两千五百个人就组成了师，帀有包围的意思，有小土山的意思，四周都被包围的小土山，就有众多的意思了。是古文字里的师字"。但这一解释，颇为晦涩不清，易导致歧义。后人查阅"师"字的起源，实际上多有出类拔萃，为众所长的含义。

在由汉初学者缀辑诸书旧文，递增而成的《尔雅》中的《释古篇》中说道："师，众也"，师的意思是指人数很多。《释言篇》中又说道："师，人也。"这里的师不仅是众多的意思，而且有出众的意思。要么能给众人教授知识技能，要么是众兵之统帅。所以师字由含有出众之意的动词引申为首领、统帅、长官等名词。汉代郑玄对"师"的注解更为详细，他把《周礼·天官·序官》记载的"甸师"解释为"师犹长也"，将《周礼·地官》中的"乡师"解释为"师，长也"；将其中的"族师"解释为"师之言帅也"。又将《尚书·周书·洪范》中的"八政"之"八曰师"中的"师"解释为"掌管军旅之官若司马也"。透过这样详细的注解，可以看出不同古代类型的师的含义略有差异。在著名的《左传·昭

---

① 《道教义枢·道德义》。
② 象形字典，http://www.vividict.com/WordInfo.aspx?id=3920。

公十七年》中记载的"孔子问官于郯子"和韩愈《师说》中"孔子师郯子"的故事中，都视郯子为德、才、威、雅的化身，值得孔子去拜见。由此看来古代所谓的"师"，的确是"百官长帅的通称"。

在魏朝张揖著《广雅》中《释古篇》有这样的解释："师，官也。"不仅将师解释为官长，并且引申为有道德修养的长官，更进一步将"师"作为道德教育者的尊称。《易经·师卦》里写道："师，贞，丈人，吉，无咎。"即师是正直且德高望重之人，是贤明而有威信的统帅，容民畜众襟怀宽广的君子。也就是说，师出以律，而这个律，不仅是律别人，更是律自己。因此，师就可以解释为有道德的领袖。郑玄对《礼·内则》"使为子师"中的"师"解释为"师，教示以善道者"；对《周礼·太宰》"师，以贤得名"中的"师"解释为"有德行以教民者"；对《周礼·地官·序官》中"师氏"解释为"师，教人以道者之称也"。这些解释均是认为老师是自身有德行并且用道德教化百姓的人。

再来看看《周礼》《毛诗》《尚书》及《礼记》等典籍经文中的证明。《周礼》也称《周官》，详细记载了周代的政治制度，其中以"师"命名的，都是那些有一技之长，并有能力掌管事宜、统帅管理民众的人。根据他们对民众进行教化的区域大小划分，有乡师、族师、闾师、县师、遂师；根据所执掌的内容区分，有医师、卜师、牧师、圉师、贾师、山师、川师，等等。并且，古代常以音乐"教长天下之子弟"，所以用"师"命名的乐官尤占多数，如乐师、大师、小师、磬师、钟师、笙师、镈师、韎师、龠师等，教师称谓的划分均是按乐器种类各有不同的。

至于"师氏"，则特指西周统帅军队的高级军官，以其美好品德著称，主要负责掌教"国子"（贵族子弟）。《周礼·地官·师氏》中记载，教育国子的理念主张立"三德"、教"三行"，同时设立"三公"官位以肯定师氏地位并使教育活动得以保证。所谓三德，"一曰至德，以为道本；二曰敏德，以为行本；三曰孝德，以知逆恶"。其中"至德"，指中庸之德，是最崇高的道德，作为立身行道经世致用的根本；"敏德"，指仁义顺时，灵活善变，以此为行为的根本；"孝德"，指尊祖爱亲的品德，以孝老爱亲、尽孝讲和、孝行天下为主要内容并以此分辨悖逆凶恶之人。所谓三行，"一曰孝行，以亲父母；二曰友行，以尊贤良；三曰顺行，以事师长"。分别规定了对父母孝顺、对朋友尊重以及对师长顺服的行为原则。而就职责划分，《尚书·周书·周官》中记载天子"立太师、太傅、太保，兹惟三公，论道经邦，燮理阴阳"。另《汉书·百官公卿表》中也有"太师、太傅、太保，是为三公"。"三公"乃是古代中央三种最高官衔的合称，其分工尚有不同，《礼记·文王世子》中记载："入则有保，出则有师。是以教喻而德成也。师也者，教之以事，而喻诸德者也。保也者，慎其身以辅翼之，而归诸道者也。"郑玄注解说太师是太子老师的简称，太傅为辅弼国君之官，太保为监护与辅弼国君之官。而至于三公的设置，不是虚位以待，而是因人设位——只有具有美德涵养的人，才配得这一职位，正如郑玄解释的"三公之官，不必备员，惟其人有德乃处之"。《礼记》中也说到"设四辅及三公，不必备，惟其人"这种不备位、唯其人的做法是意义深远的。因为已经注意到道德教育的重要性，"德成而教尊，教尊而官正，官正而国治"。道德关乎到治国大业。《诗经》中早有所云"赫赫师尹，民具而瞻"。威严赫赫的太师尹氏正是由于具备美德而使人民对他高山仰止。因此，只有那些自身具备美好德性并能用"三德三行"予以施教的人，才能称为老师。所以直到五代时期顾野王撰写的《玉篇》中对"师"才明确解释为："典范，指用良好德性教育人的称谓，是天下之人相互模仿、学习的榜样。"

综合前人历代总结的字形出处、字义注解，以及经典书目中的记载，可以窥见中国古代所谓的"师"，乃是有聚善积德的言行、出类拔萃的品质，在德行修养等方面非常出众，并且能以身示范、由人效法的人。"亲其师，信其道"，因道尊，师亦尊，古代由于对真理的追寻而将教师视为真理的代言人，定格为只有具备崇高道德才配得所传之道的人。

(三) 世界语境里最早的教师

世界上最早的学校是建造于公元前3500年左右苏美尔的"泥版书屋"。这所学校称"埃杜巴"，意思是"泥版书屋"，又可称书吏学校，其办学目的主要是为王室和神庙培养书吏或书记员，为统治阶级服务。与此相适应，在课程设置上，大体上分为三类——语言、科技知识以及文学创作。语言是最基础的课程，首先要学苏美尔语，以便适应神庙祭祀和宗教活动的需要。苏美尔语是显贵阶层的语言，在古巴比伦时期，懂得苏美尔语被视为有学识、有教养的标志。除此之外，学生还要学习计算、几何以及其他科学知识，以适应管理土地和商业贸易活动的需要。在苏美尔出土的一些教科书，内容涉及植物学、动物学、生理学、天文及地理等多种学科。在组织和管理上，"泥版书屋"已经与现代学校有些类似了。在苏美尔，学校最高领导叫"乌米亚"，意思是专家、教授，因其学识渊博而受到学生们顶礼膜拜，被称颂为"你是我敬仰的神"。教师在苏美尔语中叫"泥版书屋的书写者"，每个教师负责一门学科。助教称"大师兄"，负责给学生准备泥版、检查作业等。学校还有一些教辅人员，叫"泥版书屋的管理者"，负责图书馆和其他后勤工作。对学生，则实行奖惩分明的制度来管理。表现好的给予表扬，对违反学校纪律的学生则实施处罚，一般是用鞭子抽打或用铜链锁住双脚关禁闭，严重的开除学籍。①

早在20世纪初，考古学家在苏美尔的重要城市舒路帕克发掘出了许多学校的"教科书"，这些泥版"教科书"的时间确定为公元前2500年左右。这也说明这一时期学校已经存在于苏美尔了。迄今为止，考古学家所发掘的学校遗址，大致包括三种类型：一是王宫附近的学校，包括在拉尔萨、乌鲁克和马里等地发掘的学校遗址，这类学校可能由王宫设立；二是靠近神庙的学校，它们可能是由神庙建立的；三是临近书吏居住区的学校。

无论东方西方，古代教师作为圣贤文化的主体，基本具有以下特征：

第一，教师必须具备超人的智慧和高尚的品德。那时候一个部落的生存在某种程度上依靠个别人物的智慧和能力，因此享有崇高声望的人必然智慧过人、品德高尚，同时也需要一种"忘我"的精神境界。

第二，教师所教的知识基本上属于原创性的知识，以生存为目的。起初这种知识具有一定的实践性，带有很强的生产性，只是随着农业社会的发展及已有文化的强势介入，原创性知识的实践性和生产性不断被削弱，最终变成难登大雅之堂的"小人之学"。

第三，教师在当时具有极高的社会地位和声望。远古时期人类的生产、生存能力极其低下，为了生存而学习抵抗自然灾害和外来侵入的技能就成为每一个群居部落的首要任务，那些有能力教人技能、知识并愿意为民牺牲、品德高尚的人就成为众人尊敬和拥戴的领袖，其地位极其显赫。

---

① 陈晓江：《失落的文明：巴比伦》，华东师范大学出版2001年版，第73页。

相比之下，西方文化具有求真性，形成的是一种紧守真理和崇尚理性的"智性"文化。在此文化的影响下，出现了亚里士多德的"吾爱吾师，吾更爱真理"的名言。而中国的教师文化，是一种"德性"的文化，认为理想的教师既要具有高尚的品德也要有过人的智慧，甚至前者比后者更重要。

二 担当角色的"社会化"教师

在社会学领域，角色（role）是对群体或社会中拥有某一特定身份的人的行为期待。按照美国人类学家拉尔夫·林顿在（Ralph Linton）的《人的研究》（*The Study of Man*, 1936）的说法，一个人占有的是地位，而扮演的是角色。角色的学习就是要领会某一特定身份被期待的或是必须的行为，换言之，即把握好对具有某种身份的人的"规范"。每种社会身份都伴随有特定的行为规范和行为模式，当个体产生为自己的社会身份所规定的行为规范和行为模式时，便充当了角色。任何一种社会行为，不仅反映出角色扮演者的社会地位及其身份，而且体现出个体心理、行为与群体心理、行为及社会规范之间的相互关系。个体在特定的社会关系中的身份反映了个体在社会关系中所处的地位，它是个体的社会职能、权利和义务的集合体。教师这种社会角色所担当的社会责任是：任何一个民族和国家，都需要继承和发展其既有文化，纵观历史，世界各国最初的教师都是"自由人"，在教育制度化以前，其对所从事的具体教育教学活动有着自己相当自由的权利，在教育对象的选择、教育内容的选定及教育教学方法的选用上都是自主的。在古代传统社会里，教师是一个相当自由的职业，没有培训和考核的要求，只要有知识和兴趣，任何人都可以开馆设学，教学是一种纯粹的个人行为。那些由政府设立的官学，也是以官吏或僧侣为师，教学成为一种谋生的手段，学校成为一些官吏的暂居地，成为某种心灵的寄存处。

早在春秋战国时代，我国即出现士、农、工、商四民之别，士民与农民同属社会阶层，在士民内部，除有一定技艺、方术者，如乐师、巫师或多或少带有职业特征外，为数众多的士民迫于生计，渐渐有一些成为塾师。由于一般童子之师，只需一定文化便可塞责，无须专门技能，亦不受行规约束，这时的教师职业特征并不明显。①先秦时期中国"以吏为师"，使教师角色附着了一种政治色彩，在具有"官本位"特征的封建专制社会里极大地提升了教师的社会地位。封建"纲常礼教"所确定的"一日为师，终身为父"的伦常等级，又使教师成为学生心目中神圣不可侵犯的知识和道德的权威。政治、伦理的双重"附魅"，使传统的教师形象在民众心目中达到了世俗意义上的制高点，堪与君王并列，如荀子言，"天地者，生之本也；先祖者，类之本也；君师者，治之本也"。事实是，无论被社会给予的地位高还是低，作为文化传承的基本手段，我国教师及教育自原始初民始就已确定自身与社会、个体的工具性关系，这是一种强调"师"对于"道"的工具价值。

从"废科举、兴学校"起，中国近代教育使教师职业的价值发生了一系列变化。首先，教师职业中不再存在政府官职的教职，组织上的"官"与"师"的分离，使教师作为一个独立的专职社会群体出现，对教师群体职业意识的独立性和民主意识的产生具有基础性意义。其次，近代教育在教育内容上有重大更新，分科教学得以加强。"师"与"学科"的关系意识加强，出现了与古代教师"传道"有所不同的"业务"意识以及作为"专业教师"的意识。但是，近代社会对教师职业价值依然强调其对于社会的工具价值，只是这种价值由古代的传道变为近代进步人士提倡的传播科学、文化和知识以及富国强民的技术；由服务于培养官僚和臣民，发展到培养推动社会发展进步、能参与民主政治的新民。②相比较而言，西方大学原本始于教会，政教分离，同时也是政学分离，因之大学独立于政府之外；而中国近代是一种政教合并、政学合并，但这种合并不仅与西方的分离相悖，与中国传统说为的政教合并、政学合并也大相径庭。在中国的文化传统中，道统犹在政统之上，即为君为王的也得尊师。但今天的大学中，校政不分，重行政轻学问色彩浓厚，教师的地位显居其下，何谈曾经留存在传统中的尊师重道的教育精神？对教师的工具价值的看重和职业性质的传递属性的归类，已深深地烙在我国教师的职业形象和意识中。甚至已经妨碍了教师及人们对这一职业内在价值和劳动本质的思考和

---

① 陈桂生：《师道实话》，华东师范大学出版社2009年版，第4页。
② 叶澜：《教师角色与教师发展新探》，教育科学出版社2011年版，第9页。

发现，更谈不上"择天下英才而教之"的内在尊严和快乐的职业体验。这是时代进步与历史局限的共同作用。

关于当代教师的社会角色，围绕角色行为论及角色责任问题，不同学者从不同角度进行了探讨。"教师究竟是谁"，南京师范大学吴康宁教授的这一指问切中要害，学校教师这种角色是社会赋予的，是受社会的委托来教育学生的。但无论在"价值持有"层面还是"知识占有"层面，教师能否被定义为"社会的代表"？恐怕在当今这个信息化迅猛发展的时代，不能简单地回答"是"或"否"，对这个问题的反思本身，已经超越了教师作为"既定知识的传声筒"和"文化的保安"的旧式定位。美国心理学家林格伦认为现代教师担负着多种职责和功能，扮演着许多社会角色。这种角色大致可分为三类。第一是"教学与行政角色"，其中教员角色最重要，还有模范、社会代表、课堂管理员、办事员、青年团体工作者、公众的解释者等次要角色；第二是相对扮演的新角色，即"心理定向的角色"，包括教育心理学家、人的关系的艺术家、社会心理学家、催化剂和心理卫生工作者等角色。第三是"自我表现的角色"，包括社会服务工作者、学习者和学者、家长等形象。①吴教授自己把教师角色分为四个层面：作为社会成员的教师、作为学校成员的教师、作为学生社会化承担者的教师、作为自身社会化承受者的教师。②

但毋庸置疑的是，无论社会怎样发展和变迁，无论教师地位亦如何忽上忽下，在常以为师者亲身为教的中国，在"君子尊德性而道学问"的理念下，在德性教育常常作为教育的核心内容，甚至是唯一教学目的而凌驾于知识获得和能力培养的传统定式影响下，教师这一社会角色始终被赋予了"角色楷模"的样貌。

三 符合标准的"专业化"教师

"专业化"语境下的教师是与传统角色（role）相区别的"特性角色"（character）。特性角色"以其他角色所不具有的方式，把某种道德束

---

① ［美］林格伦：《课堂教育心理学》，章志光译，云南人民出版社1983年版，第660—677页。
② 吴康宁：《教育社会学》，人民教育出版社1998年版，第214页。

缚置于相应角色的人格之中,……人格以一种非常明确而非一般的方式融合在一起,在这种角色中,行为的可能性以更为有限而非一般的方式受到限定"。特性角色的特殊性表现在:首先,特性角色族所持有的恰恰是构成那个文化所特有的东西,也就是说特性角色是他那个时代的文化代表;不仅如此,特性角色的另一个特点是他还是其所处文化的道德代表,为文化成员提供文化的和道德的理想。"特性角色是道德哲学戴的面具。"[①]"一个人占有的是地位,而扮演的是角色。"在一般情形下,个人与他所扮演的角色之间多少还存在一定距离,但特性角色不同于一般,对特性角色的要求是外在的强制性,人们往往将特性角色的扮演当成角色自身,某一特性角色就是一个目标,在这种范式中,就"要求将角色和人格融合在一起,即要求社会形式与心理形式相一致"[②]。可以这么认为,教师既是麦金太尔所谓的特性角色,教师也是角色与人格统一、是其所处时期文化的道德代表、并为这一时期的成员提供文化的和道德的引领。而凝结了角色、人格与道德代表的就不再是传统意义上的社会角色,而形成新的社会角色——"人格体"。

"人格体是指应该为一个群体完成一项任务的人。"[③]他是由与其他人个体的关系即由其角色来确定的。只有在与其他人格体的关系中"当为"或者"义务"就成为人格体或主体的某种自己的东西,也就是说,只有当群体的需要作为"当为"而被转移到单个的个体上,并且该单个个体因此而被定义为群体的必要因素时——只是因为他的必要性,他才拥有为能够满足他的义务所必需的权利,才产生一个人格体。人格体存在于对某一服务于群体的,并在这一意义上是客观的"适应秩序"之中。教师专业化旨在形成一个专业群体,每一位教师在这个群体中因其所应尽的"当为"或者"义务"就成为这个群体之中称为特性角色的人格体,在这种角色中,教师的诸义务和诸权利被绑束在一起,并在这种意义上创立了一种特殊的社会地位。

---

① [美]麦金太尔:《德性之后》,龚群、戴扬毅等译,中国社会科学出版社1995年版,第37页。
② 同上书,第39页。
③ [德]京特·雅科布斯:《规范·人格体·社会》,冯军译,法律出版社2007年版,第117页。

专业化教师这种特性角色的人格体"应该是楷模先知和伦理先知或者说行为先知和理论先知的统一"①。先知有两种，一种是楷模先知，一种是伦理先知。"先知可以在最终意义上主要是发布上帝的意志（无论是具体命令抑或是抽象规范）的工具。布道者是接受上帝的命令而要求人们当作伦理责任来服从的人。我们将这种类型称为'伦理先知'。反之，先知也可以是模范人物，他凭借他个人的榜样向他人显示出宗教救赎之路，例如佛陀。这种类型的先知不讲人们必须服从的神圣使命或伦理责任，而宣讲人们渴望得到救赎的自身利益，劝诫人们按照他本人的方式去寻找救赎。我们把这第二种类型称为'楷模先知'"。伦理先知（如巴门尼德、柏拉图）是借助逻辑推理证明全知全能的理性的或者精神的上帝的存在，美好天国（神圣天堂）、尘世人间、鬼怪地狱的对立，形成系统的、对人的行为具有广泛影响的无所不在、无所不能、无孔不入的宗教教规、教义、伦理规范、先知预言、信仰体系和威慑力，使每个人从出生那一天起就背负"原罪"的沉重压力和需要救赎的迫切愿望，以此规劝人们向善行善，弃恶从善。楷模先知的目的也是教人向善弃恶，但它不是通过系统的理论或宗教教义说教影响人，而是通过"活的救世主"个人的模范行为影响人；它是经验的而非逻辑的；是具体形象的而非超验、抽象的；它关心更多的是现实生活中的人际关系，而不是尘世的人与天国的上帝之间的关系。②

每种职业都有技艺性的一面，也有道德性的一面，教师的职业道德之所以如此重要，是因为没有人会轻易怀疑经资格获得而被认可了的教师专业知识和能力，相比而言，教师的职业态度作为职业胜任的一个组成因素就显得尤为重要。教师在履行职业责任时其自身也是最重要的教育手段，他们必须把自己作为职业工具，只有赢得学生的尊敬和喜爱才能实现其教育职责，而实现这一目的的前提是教师本人值得尊敬和信任。世界上有国别的不同、文化的差异，甚至连人们所膜拜的超验的神灵也都有区别，唯有在对教师品性的认同上，却异常一致。在我们的社会里以及在教学专业

---

① 郝文武：《关于教师专业化的哲学思考》，《陕西师范大学学报》（哲学社会科学版）2003年第6期。

② 苏国勋：《理性化及其限制——韦伯思想引论》，上海人民出版社1988年版，第63—65页。

领域，人们对教师的道德原则已达成共识，在各个国家的研究者们罗列出的教师伦理品质的德性清单中，最为共同的就是将责任心、诚实、容忍、忠诚、礼貌、同情、政治、公平、关心和尊重等列为教师德目。哈恩斯（Haynes）还提及了教师具有支配性的价值观，它们是不作恶、不伤害和仁慈，以及具体的普世价值取向，包括正义、诚实、尊重等。[①]这里所罗列的都可以认为是跨文化的现代教师道德特性。除了知识和技能，任何一个国家都将教师的品德划为核心教育内涵，因为教师如何运用他们的专业知识和专业技能，往往取决于其自身具备的职业道德，取决于教师的责任意识，就像教师只能教授他们所拥有的知识和技能那样，他们不可能传授自己并不拥有的道德信仰和态度。教师只有在道德上是可信的，教育方能够算得上真正的成功。

我国学术界真正关注以教师伦理规范为表征的教师专业标准问题，则始于2003年在华东师范大学召开的联合国教科文组织亚太地区"教师专业标准研制专家会议"。之后通过年度性的"国际教师教育论坛"这一高端国际教师教育创新平台的推动而日益引起政府、学界及广大一线教育管理者和实践者的关注。当前，构建我国以教师伦理规范为教师专业标准的制度体系已经势在必行。

第三节 教师道德的发展：遵从习惯—规则他律—伦理自律

人类道德的形成和发展，是一个从原始习俗到共同制定道德规范的过程，是一个从他律到自律、从外在要求到内在要求、从无意识到有意识的发展过程，是适应社会分工和社会生产力水平的提高以及人们交往复杂化需要而产生的，是人的思维水平、认识能力逐步提高的结果。与道德发展规律一样，教师道德的他律与自律是教师道德发展的两个不同阶段，他律是教师道德发展的低级阶段，自律是教师道德发展的高级阶段。道德自律与他律具有相互转化性，二者相互渗透，交叉重叠，发展变化的动态过程是社会道德个体化与教师个体品德社会化的对立统一。

[①] ［加］伊丽莎白·坎普贝尔：《伦理型教师》，华东师范大学出版社2011年版，第16页。

一 习俗规范

道德是从原始风俗习惯演化而来的，原始风俗习惯是社会规范的初始形式。

风俗习惯作为依靠社会心理信仰、习惯势力维系的人类自觉遵守的思想、言语和行为的总和，是特定社会群体在一定历史条件的物质生活方式下，通过生产实践和其他社会活动实践，逐渐形成的物质和精神文化现象。风俗习惯是人类社会最早出现的社会规范。韦伯在考察习俗对于法律形成的重要性时，给我们确切地指出："我们追溯的历史越久远，便越会发现在更加广泛的领域，行为——特别是社会行为——全然是由固守习惯的趋势规约的。"黑格尔也认为，在过去，习俗、教育、语言，特别是宗教曾经是人民团结的主要纽带，是人们在社会生活中世代沿袭与继承的风尚、习俗和习惯性行为模式。

从社会功能来看，风俗习惯是社会控制体系的一个重要环节，潜移默化地影响着人们的心理，广泛而有力地制约着人们的行为，是一种独特的控制机制。英国学者萨姆纳在其《社会习俗》一书中提出，在各个文化时期、文化阶段，人类皆受到许多习俗的支配。它们不是意识的产物，而是类似于人们在实践中无意识建立的自然力的产物，如同动物的本能，它们是从经验中发展起来的。这时的规则及整个规则体系靠人类的长期经验而形成。有用的规则如果被足够多的人采用，从而形成了一定数量以上的大众，该规则就会变成一种传统并被长期保持下去，结果它就会通行于整个共同体。当规则逐渐产生并被整个共同体所了解时，规则则会被自发地执行并被模仿，而那些不能满足人类欲望的安排将被抛弃和终止。因此，在我们日常生活中占有重要地位的规则多数是在社会中通过一种渐进式反馈和调整的演化过程而发展起来的。并且，多数制度的特有内容都将渐进地循着一条稳定的路径演变。这样形成的制度，是"内在制度"（internal institutions）。此时有一些不成文的规定，常以习俗表达出来，而且仍与道德浑然一体，是习俗意义上的道德准则，依然是伦理道德的附庸，此时，道德原则成为行为规范的最高价值准则。由于受到道德过于强烈的控制，一方面，习俗规范用以调控社会的技术手段相当简单、粗糙；另一方面，其所在社会道德之特性、优劣和命运也直接决定着习俗规范的特性、优劣和命运。

　　社会习俗深深地根植于社会生活的自身合理性之中,是"内化"于行动者的强有力的制约机制。如果说国家法提供的是一个概念和逻辑的世界,那么习俗所描绘的则更接近人们的日常生活世界,或者说国家法是一个体现权利、义务和责任等符号的逻辑世界,而社会习俗则是一个充满风俗、习惯仪式等符号的生活世界。相对于国家法或正式法律而言,风俗习惯是社会普遍共同认可的非正式、不成文的规范,是在无数次重复和改进中形成的交易规则,具有其合理性。在现代社会,伴随着社会理性化的进程,法律由于其精确性和符合现代社会的治理要求,从而取代含混的社会习俗而成为维持社会秩序的主要手段,但即使如此,习俗仍以其特有的方式发挥着重要作用。①

　　在英语中,"风俗"和"道德"是一个词根,道德（moral）是由风俗（mores）演化而来的,从实际过程来看,人类社会初期的道德基本上是作为风俗习惯而存在的,道德的作用就直接表现为"风俗的统治"。随着生产实践的发展、人类思维水平和认识能力的提高,原始社会规范才丢掉了习俗的外壳,发展为一般的道德规范。习俗只是一种习惯性的行为模式,而道德则涉及"应该"或"正当"的价值范畴。道德包含有一种不可逃避的规范因素。风俗习惯和道德规范归根到底,都是把人们的行为纳入一定的秩序范围,在作用于社会的过程中,他们往往相互凭借、促进。风俗是推广道德的重要途径,道德意识和道德观念往往取得习惯的形式,并以此影响社会生活。这是通过凝结与融合于日常习惯,道德意识和道德观念从日常生活的层面,为社会整合的实现及社会秩序的建构和延续提供了担保。而另外,道德为风俗所提供的价值目标和基础,使风俗习惯不断完善自己。中国古代的"束修六礼"就是一种拜师礼的习俗,所谓"束修六礼"也寓意深刻:肉干表示感谢师恩、芹菜表示业精于勤、莲子表示苦心教学、红枣表示早早高中、桂圆表示圆满自在、红豆表示鸿运高照。这一习俗被保留了下来,发展为尊师、拜师的礼仪习惯。

　　当然,作为习俗的道德虽被大众认可,每一个个人也会依照习俗拥有

---

① 北大在线课件,http://www.0575study.gov.cn/lessionnew/bdmpa/MPA-C13/contents/fra01_03_01_00.htm。

固定的义务或责任去做或不做某些事,但这种依赖非官方规则体制而生活的简单形式的社会控制毕竟是有限的,这种有限性表现为以下三方面:第一个有限是判断习俗标准的不确定性。那个时代群体生活所依赖的规则并不会形成一个体系,只会是一些个别独立的标准,没有任何可供鉴别的或共同的标识。第二个有限是初始规则的静态品质。当时任何一种社会规则的变动模式都是一个缓慢的生长过程,经由随意的行为,变成习惯性或经常性的行为,然后形成一种义务。在经历反向的衰退,慢慢就无人在意了。在这样缓慢的节奏里,无论是取消旧规则或引进新规则,均不存在任何为适应变动中的环境而刻意变更规则的方法。第三个有限表现为规则效力的有限。那时用以维持规则的社会压力是零散的、软弱的,因而这种压力下所形成的规则效力也是低效的、乏力的。总之,从制度发展史来看,规则从一群个别的没有联系的规则集合,到以简单方式被统一起来的变化,是一个缓慢而又漫长的过程。

二 职业道德

职业是人们由于社会分工而从事具有专门业务和特定职能并以此作为重要生活来源的社会活动。从根本上来说,职业是社会分工的产物,社会分工是职业产生的前提,职业一旦产生,某一职业之间以及不同职业之间的人必然要发生职业关系。对于这种职业关系,除了用法律加以调节外,还往往需要某种伦理道德的自律,这就是职业伦理,或称职业道德。

职业道德是个人的德性在职业行为中的体现。因此,个人的职业道德是个人德性的不可分割的一部分。一般来说,职业道德具有以下几方面的含义:长期以来自然形成;几乎没有实质的强制力和约束力;受社会普遍认可的一种职业规范;主要内容是要求员工的义务;标准多元化,代表着不同企业所具有的不同价值观;承载着企业文化和凝聚力,影响深远;依赖着习惯、信念和文化,通过员工的自律来实现;没有确定的形式,通常表现为信念、习惯和观念等。

对于每一位从业的人员,不管是从事哪种职业,在他的活动中均需要守道德。要理解职业道德需掌握以下几点:第一,从内容方面来讲,职业道德总是要鲜明地表达职业责任、职业义务和职业行为上的道德准则。第二,从表现形式上看,职业道德表现为灵活性、多样性和具体性。第三,在调节范围上,职业道德一方面,是用来调节从业人员的内部关系;另一方面,是用来调节从业人员与服务对象间的关系,以此来打造从业人员的形象。第四,在其产生的效果上,它可以使社会规范和道德准则职业化也可以使个体道德品质成熟化。

在不同的历史时期,职业伦理的表现形式是不同的。在传统农业社会,由于职业之间的分工协作要求很低,职业伦理主要调节职业内容的关系,而不同职业间的伦理关系则十分模糊。在传统农业社会,职业伦理体现出浓厚的等级性和宗法化特点,在职业生活中建立起了严格的等级秩序,并以宗法相对固定下来,形成了统治和服从的模式。在现代工业社会中,社会分工日益精细,社会生产在一个更高的水平和范围内进行,专业化水平提高,对职业合作的需求也越来越高。这样,就需要建立明确的职业伦理关系。在民主意识和平等观念日益增强的社会条件下,职业伦理体现出平等性和独立性的特点,形成了相互协作的模式。

在西周之前,教师职务还没有分化出来,谈不上具体的要求,只是规定了具体的任务。孔子曾有云:"温故而知新,可以为师也。"这是最早一条关于为师条件的论述,可作为一个软指标。到了荀子时,较全面的为师标准被提出来了:"尊严而惮,可以为师;耆艾而信,可以为师;诵说而不陵不犯,可以为师;知微而论,可以为师。"这一标准概括性很强,硬指标是第二条,软指标为第四条,偏于硬指标而有软成分的是第一条,偏于软指标而有硬成分的是第三条,对后代定论教师的要求和资格时有很大影响。扬雄指出:"师者,人之模范也。"此言具有最强的概括性为软指标。韩愈在其文《师说》中驳斥了对教师年龄和地位的苛求的错误观点,认为作为教师的条件只是"闻道有先后,术业有专攻,如此而已"。高度简化硬指标,同时又提出很高的软指标,即"道之所存,师之所存",不能行道、传道者就不配为师。总体上说来,教师资格与要求被教育思想家论以软指标为主,因为它体现着师道的本质特点,关于构思理想教育可以得到充实,从事私家传授的教师成为其主要的对象,不可能同时也不需要提出更为详细的硬指标,因此重点在于强调教师的教学才干、学识及人品。

官学教师的资格与要求与私学教师的不同,不是由社会认可的,而是政府规定的 。它是作为一项政治制度选拔官学教师,要有较强的操作性和规范性。太学在汉朝设立之初,博士来源于官方认定的经学学派的大师,即"《书》唯有欧阳,《礼》后,《易》杨,《春秋》公羊而已",这些属于判定的硬指标。要求博士"宜皆明于古今,温故知新,通过国体",是汉成帝时期,这是属于原则性的软指标,但其操作程序又伴有考察和推举。东汉如《保举博士状》,其资格要求包括善于钻研、通晓经典、身无顽疾、遵礼守法等具有明确的师承关系、教学经历为教过50人以上、清白的社会关系等项目,内容详细缜密且软、硬指标都有,为后代选拔教官奠定了指标体系的基础。需强调的是,古代所选拔的官学教师,实际标准不可能定得过高。原因如下:第一,官学体系的建立,对教师需求量增大,需不断扩充,如果标准过高恐难以保证供求。第二,被统治当局欣赏且才行卓著的学者,很难被委以重任,自身不愿屈于教师之位。从汉朝开始,各级地方学校的教官是选士任用的次等安排,多为名次列于后亦或是累年滞留的耆儒,标准要求不可能过高。第三,鉴于官学大多为养士之所,以考课为主,缺乏特点,也没有必要对教师提出过高的要求标准。第四,官学教师只是官员进入仕途的中转站,任期有限,除了真正热衷于教育事业的教育者或者是有才能、表现出色使得破格提拔者以外,大多数人都不求有功但求无过,对自己的要求标准不会很高。事实上,古代官学教师的任职资格,最基本的是阅历和出身这两项标准。在汉代,郡县学教师,大多是察举出身。到了明清时期各类官学教师,均为进士、举人或国子监贡生出身,在古代科举时期,这一任官方式是既简便又可行而又体现公平的方式。统治者对官学教师并不是没有严格的要求,在历代的学规中有很多条目是针对教师提出来的,总体来说注重强调恪守封建法规礼教的行为方面的制约,除此之外还有防止营私舞弊、干政、结党及敷衍怠惰的各项指标和要求,违反规则者将受到相应的处分,这些与一般官员的要求类似。至于那些有关为人师表的正面要求,多为原则化,仅是倡导而已。

在国外,随着独立教师组织的产生,近代早期的学校把厘定教师道德规范作为专业自律的必要措施,在比较完备的教师道德规范形成以前,学校章程中就包括规范教师行为的条款。关于学校章程中的教师道德规范,以拉萨尔1720年拟定的"基督教兄弟会"《学校指南》(Conduct of School) 为例,其中关于教师的规定有:"每天要教半小时的

《教义问答》""无论何时都不得接受学生或家长的钱财或其他馈赠""要对所有贫苦学生一视同仁,要爱穷人事业更甚于爱富人事业""要通过自己的行为和举止,以便在谦虚和一切其他应该给学生并应身体力行的美德上,永远成为学生的榜样""要极其谨慎小心,极少惩罚学生""不论何时,他们都不要给学生起任何侮辱人格的诨名、绰号"……此学规至少沿用至19世纪初。普鲁士弗德里希二世于1763年颁布的《全国学校规程》中对教师的要求极其严格,早在200多年前就非常重视教师的职业技能。

在当今社会,教师身上的"光环"褪去,教师职业也只是社会众多职业中的一种。过去那种依靠政治或伦理秩序来确定教师身份的传统方式,显然已不适应时代发展的要求。因此,教师专业伦理的建构,需要摆脱"身份"伦理的思维定式,转而以专业工作的特点为基本出发点,思考有关的伦理规范。职业道德规范是社会道德规范中的重要组成部分。它是从业人员职业道德行为和职业道德关系的普遍规律的反映,是一定社会或阶级以及一定职业对从业人员的行为和关系的基本要求的概括。它是从业人员在职业道德活动中普遍遵守的行为善恶标准或准则。是在职业生活中处理和协调人与人、个人与社会、人与自然的关系的道德准则。

可以看出,社会分工越细,社会的专业化程度也就越高,职业化的倾向就越明显,对职业伦理的要求也就更高。一方面,职业分化的加剧,使职业伦理也发生了分化,某一职业对应特定的职业伦理要求,从而使职业伦理变得日益明晰和具有相对独立性;另一方面,职业化程度的提高,在某种意义上也压抑和削弱了职业主体的道德感。现代职业主体的关键是掌握专业化的知识和技能,从而服务于客观化的职务要求,个人的主观感受及道德意识被从职业行为中排除出去,这样就无法避免常常处于职业行为标准和社会普遍承认的伦理规则之间的冲突中。为调试这种冲突,就需要对职业行为和职业关系进行必要的伦理调节。

三 伦理规范

伦理是研究行为的"对"与"错",所关心的是生活的好坏:做一个好人,做"对"的事情,希望能做"对"的事。"我们探讨德性是什么,不是为了知,而是为了成为善良的人,若不然这种辛劳就全无益处了。所以，我们所探讨的必然是行动或应该怎样去行动。"①

（一）伦理规范的含义

就伦理规范的本质而言，伦理是规范的学科，探讨人的行为规范与道德实践；就研究对象而言，伦理规范涉及人本身与周遭事物的关系；就研究内容而言，伦理规范是关于人的行为、良知作用及其衍生的价值判断议题；就研究目的而言，伦理规范是建立判断是非的标准、行为规范的实践，以达修己善群的理想。

广义的伦理规范（moral code）是由一系列善恶准则按照一定的关系内在地构成的统一整体，是包含道德核心、道德原则、道德规范和道德信念在内的作为一个整体的伦理规范体系，是对道德行为和道德关系普遍规律的反映和概括，是一种公共规范，用以调整人与人之间的利益关系的行为准则，也是判断、评价人们行为善恶的标准，是社会发展的客观要求和人们的主观认识相统一的产物。道德规范了个人具有社会效用的全部行为，一个道德规则就是道德体系的一个校准器，它就是标准。

罗尔斯认为可以将伦理规范分为两个层面考虑："首先是作为一种抽象目标，即由一个规范体系表示的一种可能的行为形式；其次是这些规范指定的行动在某个具体时间和地点，在某些人的思想和行为中的实现。"这样，"每个介入其中的人都知道当这些规范和他对规范规定的活动的参与是一个契约的结果时他所能知道的东西"②，人类生活充满了各种各样的规则，但道德规则在人类生活中具有特殊的重要性，因为道德规则确实具有一定的规范权威，具有一种独特的动机力量，而这决不是单凭经验的方法就能实现的，某些类型的道德规则已涉及人与人之间的相互期望、相互信任和相互忠诚。"为教育人们去过共同生活所制定的法规就构成了德性的整体"③。现代伦理学所主张的当下我们的任务主要是讨论规则，规则本身不是恶。行为没有规则，就无法建立稳定的人际关系、有效的行为预期以及可延续的活动形式，规则乃是蕴含着某种共识和道德价值的有条理的表达。同时，规则的持续存在需要群体的表达认同和服从，只有当这

---

① ［古希腊］亚里士多德：《尼各马科伦理学》，中国人民大学出版社2003年版，第27页。
② ［美］罗尔斯：《正义论》，中国社会科学出版社2001年版，第55页。
③ ［古希腊］亚里士多德：《尼各马科伦理学》，中国人民大学出版社2003年版，第96页。

种认同和服从成为习惯后，才能保证规则的良好运转，就像1993年美国芝加哥《走向全球伦理宣言》中追求的普遍有效的道德规范那样，"全球伦理是对一些有约束性的价值观、一些不可取消的标准和人格态度的一种基本共识"。

伦理规范与法的不同点在于有无权力作为一种特殊的强制。法是"一种权威性的行为规则"，是一种权力规范，是应该且必须如何的强制。而道德由道德价值、道德价值判断和道德规范三因素构成，故此，伦理规范即成为道德价值的规范表现形式。道德规范没有真假之分，只有对错优劣之别，与道德价值相符的道德规范不是真理，而是优良的、正确的；与道德价值不符的道德规范也并非谬误，而是恶劣的和不正确的。[①]

（二）伦理规范的特点

伦理道德具有"规范性"的特征，伦理道德思维和实践关涉我们应该如何生活以及人们之间的关系，具有通过评价、赞同、规定改变人们的态度、行动、倾向和品质的特征，伦理原则和要求自身需要服从合法性与合理性标准，伦理规范的规定和要求具有权威性和约束性。伦理道德的"规范性"特征和要求最直接的表现就是伦理道德规范本身。

作为社会所设定的教育者行为之"应然"，必然蕴含了社会对教育者存有某种价值期待，这种价值期待作为一种形而上的预设，只有借助于一定的载体方能得以实现，这一载体就是教师伦理的规范。教育伦理规范作为教育者行为之"应然"，作为教育者行为的"指挥棒"和"调节器"，具体引导着教育者不断趋于社会设定的价值体系。规范最根本的意义在于其"应该"的含义，而这种含义难以与价值、善相脱离，归属于一个规范，也就是接受一个标准，它不是一种呈现活动，在归属于一个规范的过程中，我们并不展现以一定方式存在着的世界，而是为我们的行为确认一种规则和标准，在这一过程中，我们形成一种以一定方式建构未来世界的意向。[②]规范问题必须立足于两个最基本的问题，即伦理规范的合法性、合理性问题。

"合法性"（legitimacy）指伦理规范被接受为实际的行为准则，一般

---

① 王海明：《伦理学原理》，北京大学出版社2005年版，第93页。

② Lnda Radzik. Justification and Authority of Norms. *The Journal of Inquiry.* 2000（34）351.

被理解为一个社会中大多数人对某种权力体系的普遍接受，具有权威性和约束力，它侧重于实际上、事实性的特征，也指什么样的理论论证能够被接受而成为伦理规范理论基础的事实。

"合理性"（justification）主要指"论证""辩护"的含义。一种教育伦理规范是否具有现实的合理性，决定了它有无存在的根据；这种合理性的程度如何，则直接关乎其为教育者所信守的程度。

伦理规范的合法性与合理性论证之间的指向不同：合法性主要表现为一种"回溯性"特征，它往往诉诸"过去"作为自身的基础，更多地关注规范的来源和谱系；而合理性论证则似乎体现着一种"前瞻性"特征，它更多地与"未来"的行动或目的相连接，更多地关注的是规范的效用和达成的目的，以及逻辑、述行一致性等问题。大体而言，"合法性"是建立在"外在理由论"基础上的，"内在理由论"是"合理性"的理论基础。"合法性"可能将与行为者的动机没有任何关联的外在理由作为自律的行动者的规范准则，然后由于其合法性地位而对行动者的动机具有作用。"合理性"要求行为者在既定信念和欲求的基础上作出合理的推断和论证，并由于这种论证或理由，获得作为伦理规范的合法性地位。合法性与合理性之间的关系是一种较为复杂的关系，一方面，二者是彼此分离的，合法性不能等于合理性，合理性也不能使规范必然获得合法性；另一方面，二者又紧密联系在一起。在一定社会历史时期，尤其是在古代以及整个前现代时期，一种规范在宇宙世界与社会历史观中的合法性地位，就成为其合理性的基础，而在现代社会历史背景下，合理性往往成为规范合法性论证的基础，甚至表现出将合法性归结为合理性的趋势。

(三) 教师专业伦理规范诉求

作为教师专业标准的制度标准，教师伦理规范是指教育专业人员除遵守一般的道德法则之外，应遵守的教育专业行为规范或职业道德（雷国鼎，1980）。其内涵包括教师的基本道德、专业观念、教育关系、教学伦理及其他。教师专业伦理的意义，是在提醒教师重视自己的专业操守，提升个人的伦理意识，认清自己的伦理责任及专业权责，在尊重并维护学生基本权益下，努力充实专业知能，操练伦理判断，使自己能冷静面对可能出现的种种问题。教师专业伦理注重教育价值和教育专业精神的探讨，是教师专业发展相当重要的层面。据 Huey 和 Remley 指出，专业伦理之所以重要，一方面是因为它可以规范教师的行为，并让其在从事教学工作遇到两难情境时，可以有所依循；另一方面则是它可以获得学生个体及整个社会对教师职业的公允，并可提升这个领域的专业性，亦即是专业认同及专业成熟的指标。①

制定教师专业伦理规范，是用来规范教师从业人员的道德规范和行为准则的需要，有利于教师专业人员为社会提供更多更好的服务。专业伦理的作用为规范专业人员的行为表现，彰显专业团体的特性，体现专业工作的标准化和专业化。

在我国的《教师法》中也有这样的规定"教师是履行教育教学职责的专业人员"，至此，教师职业在我国开始逐渐转变为专业化。这种转变必定会对教师素质、素养提出全新的要求，即要求教师职业道德转变为教师伦理规范。因为任何专业如果没有合理的系统的伦理规范，就会丧失掉它的道德自主的特性。职业道德约束的是传统的教师，相对来说，具有一定的被动性和制约性；而对于专业型的教师需要通过专业伦理规范来指引，表现出了教师的应具有的自觉性和自主性。通过制定与实施教师专业伦理规范，有助于维护教师的道德形象，有助于提高教师的专业品质，有助于保障学生的教育权益，有助于维护教师的专业自主权，从而保证教师可以高效地和独立地展开专业工作。

台湾学者将教师伦理规范作为教师专业化的标准之一。柯嘉兴（2004）综合多位学者专家对于专业特质的看法，从六个面向来探讨教师的专业特质，分别是专业知能、专业自主、专业伦理、专业服务、专业成长与专业组织。

郑诗钏（2005）从专业知能、专业精神、专业自主性、专业服务、专业成长、服务导向、专业伦理规范、专业社群探讨教师专业的内涵。

何福田与罗瑞玉（1992）从教师专业角色层面探讨，研究结果归纳出七项专业指标：教师专业知能、教师专业训练、教师专业组织、教师专业伦理、教师专业自主、教师专业成长、教师专业服务。

周淑卿（2003）认为，专业认同、专业伦理与专业服务可归类为"专业承诺"。

---

① 周洪宇：《从教师节送不送礼看教师专业伦理建设》，《中国教育报》，2010年9月6日。

朱建民（1996）提出教育人员应具备专业伦理之五项标准：一是就一般道德而言，具备良好的教养；二是认识在专业领域自身曾经涉及的伦理议题；三是要充分认识到自身专业领域需要经常涉及的一些一般性的伦理原则；四是在专业方面，厘清事实，正确判断；五是能将一般性伦理原则运用到自身专业领域所涉及的伦理议题中，有利于说明问题或解决问题。

专业伦理常涉及两个主要的层面，一是偏重专业内部的问题，另一则偏重专业与社会之间的关系（朱建民，1996）。然而，教师的伦理立场、行为与观念，除了受到专业领域重客观结构的影响，也受到教师与同事和学生间互动、学校的日常生活、学校的传统、改革的发展和现代社会的要求等方面的影响（Aurin & Maurer, 1993；Husu & Tirri, 2001）。因此，更需要对教师伦理规范的内涵加以探讨，提供给教师一套专业伦理的观念，规范教师专业表现的行为，避免一些主客观因素对教师的专业行为产生不当的影响。

教师伦理规范是一种内心的、自律的和自发的行为，它并不像是法律那样具有义务性、制裁性和强制性，如果成员出现不遵守专业伦理准则的情况，可能仅仅是受到该团体的谴责或是责备，而不一定会受到法律的惩罚。但是，教育是一种凭借良心的工作，每一个教育工作者心中都应有一把标尺，用专业伦理准则时时要求自己，规范自我的工作行为，并把追求学生福祉作为自己的任务。对教师伦理规范的关注体现了教育的至善本性和时代的伦理精神。已有的"合道德性"研究积淀了深厚的学术根基，行动的"导向"和道德的"自律"也论证了伦理规范的经纬，那么如何建构一个良善的教师伦理规范制度旋即成为接下来要思考的问题了。

就教师职业及其专业发展而言，最具代表性及核心凝聚力的举措就是具有伦理性质的行业制度的建立与实施，进而对教师行为进行伦理规约和责任要求。并且，与以往所关注的制度概念的科学性有所不同，对教师责任伦理的研究应该着重于"通过制度建构是否合理之道德追问来解释其内蕴的利益矛盾和冲突"。专业伦理规范是将一般性的伦理原则应用至某一专业领域，借以协助从业人员厘清并解决工作所面临的道德问题。无论从专业发展的标准要求还是教师道德哲学向伦理学的发展转向，对教师品性的要求已上升到专业伦理的诉求。①

1. 伦理规约的目的——秩序诉求

对秩序的诉求是儒学的重要价值目标。儒家不仅提出"天下大同""社会小康"及"民胞物与"的理想秩序，而且通过"正名分"实现社会有序。在社会生产高度发展和更大范围、更加细致的分工与协作出现的现代社会，人们的诉求实现或满足较之以往也就更多地依赖于人与人之间建立和维系着的种种价值关系，亦即更多地依赖于社会生活中的价值秩序。我国社会改革所带来的价值观念的变化，已经导致了一系列教育伦理问题。为此，教育作为社会公共领域的主要参与者，"理论先行无论对于政府的政策选择还是对于社会的价值认同，都显得甚为重要。从现在开始就应该有意识地建构教育的基本价值范式，并在这一价值范式的引导下，设计社会发展需要的新的政策和法律框架。"联合国教科文组织国际教育发展委员会在《学会生存——教育世界的今天和明天》一文中指出："目前教育工作者的基本任务之一，是要改变一切职业固有的精神状态和资格，因而他们应该首先准备重新思考和改变教育职业的标准和基本情况，因为在这个职业中教育与激励学生的工作正在稳定地取代单纯的讲课。"②

在现实社会生活中，当规范主导着交往，即当这种规范给行动提供了标准的解释模式时，社会才是现实的；同时，当规范被认可时，秩序也就稳定了。我国的教育领域与教师职业，不正急需这种伦理规约性的"规范"和"秩序"吗？正如中国明代王守仁所谓的"师严道尊，教乃可施"那样，我们需要通过建立一种蕴含着伦理精神的制度，尤其是对所建构的良善的伦理制度的履行来实现今天的教师职业责任，这反映着公共社会对教师普遍合理正当之行为规范和教育教学生活秩序的共同愿望与要求。

2. 伦理规约的构成——内容要素

就责任概念的逻辑性而言，"它至少存在四位关联。职责意味着：（1）在某人那里；（2）针对某事；（3）面对某人；（4）按照某些评判标准的尺度而存在着。……连追究和惩罚问题也发生在这四极张力关系中：谁

---

① 沈璿、宋月辉：《教师责任的伦理性与伦理规约》，《教育理论与实践》2010年第10期。
② 联合国教科文组织国际教育发展委员会：《学会生存——教育世界的今天和明天》，教育科学出版社1996年版，第259页。

为了什么在谁面前按照哪些标准承担责任?"伦理规约的构成也应着力于这四个方面要素。美国的 NEA 条例、日本的教师伦理纲要更加合乎这种内在逻辑性,中国台湾各高校更是制定了内容详尽的教师伦理守则。以台湾慈济大学、高雄医学大学的《教师伦理守则》为例,具体包括了以基本信念为总纲的教学伦理、学术伦理、人际伦理、社会伦理等方面。而我国大陆"现行教师职业道德规范中,只有 5 条戒律,以戒律表示的规范,属于道德的底线……",所以,"近年来我国教师中发生的一些突出的涉德事件,如伊健庭解聘事件、'范跑跑'事件、'杨不管'事件等,当事人都曾受到公众舆论的谴责,而一旦对当事人作出严格处理,当事人反而受到舆论同情,或许同我国师德规范较为含糊不无关系。"相比较而言,我国目前的教师道德规范的一些条款缺乏可操作性,并且涵盖的方面尚有疏漏,其根本原因就是没有从教师责任的伦理性及其伦理规约出发思考问题。

3. 伦理规约的实现——制度完善

教师的职业是一种"人类化成"(Menschwerden)的职业,在学校中要从事教学、辅导、教育和行政的工作,必须具备基本的道德,拥有专业的观念,建立良好的教育关系,注重教学的伦理,实践辅导的伦理,遵守校园伦理的规定,才能符合教师职业角色的期望,胜任教育工作的要求,培养学生健全的人格。教师专业伦理内涵的建构可以促进教师专业的发展,帮助教师了解和认识教师专业伦理,为教师提供引导教育行动的依据,提升学校教育教学的效果,达到学校教育的目的。当前我国"称之为'教师职业道德规范'中的条款,虽然条条都对,问题在于它究竟能在多大程度上作为'道德的'规范,调节教师的职业行为"。而由谁来控制和影响教师教育、教师资格以及教师行为的规范性问题,这是一个价值承载问题。教育伦理本身就体现为三个层面,即教育伦理价值、教育伦理规范和教育伦理秩序,是解决上述问题的有效的价值载体。在这三个层面中,最具有决定意义的是教育伦理的规范层面,因为它既是教育伦理价值的载体,也是实现教育伦理秩序的保障。今天对教育伦理规范的研究,不仅应设定教育者行为之"应然",而且要昭明这种"应然"之内在的依据,并注重制度的整体建构与完善。如美国有教师行业自治组织,有联邦和各州的教师资格认证标准,还有教师伦理规范制度(professional ethics)

以及对从业人员具有一定强制性的规范要求（code of practice），当一位教师即使没有触犯法律，而违反了教师行业规范时，也会被开除。同时，美国在制定与教师相关的各种制度时，会综合考虑管理上的灵活性、专业上的可接受性、公众的支持性和经济上的可支付性。这就提示我们，对于教师责任的探究和规约已不再仅仅是一个教育范畴的问题，它更多地要被放大到社会的伦理关系中予以审视。

第二章 本质探源:基于制度视域的理论分析

随着教师专业化发展的推进,具有行政色彩的教师道德与作为专业标准的教师伦理规范趋于分野,凸显专业特征的教师专业伦理及伦理制度建设的观念甚笃。这种从一般性德性要求过渡到具有道德法典意义的伦理规范,被认为是教师专业化的重要指标,同时在制度层面上更是一种脱离与超越——教师伦理规范超越了早期停留在习俗道德水平之上的个体修养,脱离了近现代社会分工所形成的职业要求,渐渐变迁成为教师专业化的制度特征。

"一个社会要通过制度变革实现社会的进步,走向更好的社会,离不开向善的共识……教育以及制度选择本身就是人们社会合作的对象,也是社会合作的利益表现,它们是被公共地了解的"[①]。现代社会需要具有时代性、公共性、合作性、职业性和伦理性的教师行为规范。当代西方制度经济学对制度变迁的研究以及"正式制度"与"非正式制度"的划分,中国古代"礼制""礼义"的构成以及"儒行"与"礼"的隶属,都彰显出教师伦理规范可以并且应该作为一种特殊的非正式制度存在的理由。

第一节 西方制度经济学中的"制度"释义

教师专业发展之所以要强调制度建设,是因为一方面在开放社会背景下,多元文化和价值观的并存和观照使现行教师道德规范自身隐藏的制度

[①] 金生鈜:《教育正义:教育制度建构的奠基性价值》,《陕西师范大学学报》(哲学社会科学版)2011年第3期。

问题浮出水面，亟待以科学的方法理顺；另一方面由于社会结构和阶层的分化、各种与教育领域利益的博弈和冲突，使得原先被既定为教师共同体和制度认定为有效的教师道德规范，悄然失去应有的"公度性"、缺乏基本的可操作性。新制度经济学家使得制度研究逐渐成为显学，其研究视角和理论成果为我们研究教师伦理规范的制度属性提供了更为开阔的思路。

一　何谓制度

（一）早期的制度主义

1. 经济学的早期制度理论

伟大的美国经济学巨匠、制度经济学鼻祖索斯顿·凡勃伦（Thorstein Veblen，1857—1929）早在1899年将制度定义为："制度实质上就是个人或社会对有关某些关系或某些作用的一般思想习惯……个人的行为不仅只有紧紧依靠和沿着他与其群体中的伙伴之间存在的习惯性关系才能进行并受着这种关系的指引，而且这种关系还体现了某种制度的特征，并随着制度场景的变化而变化。"[1]他认为制度是"常人共有的、固定的习惯性思维方式"。凡勃伦是旧制度学派中最早给制度下定义的人。

另外一位旧制度学派代表人物美国经济学家约翰·康芒斯认为："如果我们要找出一种普遍的规则，适用于一切所谓属于'制度'的行为，我们可以把制度解释为集体行为控制个体行为。"康芒斯对制度的界定，应该说抓住了制度最一般的本质，即制度首先是一种行为规则，更是一种集体行为规则。这种"行为机制和规则"，就是社会制度。

美国经济学家安德鲁·斯考特在《社会制度的经济理论》中对制度给出了明确的界定，他说："社会制度，指的是社会的全体成员都赞同的社会行为中带有某种规律性的东西，这一规律性具体表现在各种特定的往复情境之中，并且能够自行实行或由某种外在权威实行之。"这就是说，从执行方式上来看，制度分为自觉实行和强制实行两种。

联邦德国的W. 艾尔斯纳认为，制度是一种决策或行为规则，特定的规则通常在特定社区内能够得到普遍承认，因为它们为预期决策提供了有

---

[1] ［美］W. 理查德·斯科特：《制度与组织——思想观念与物质利益》，姚伟、王黎芳译，中国人民大学出版社2012年版，第7页。

关的基础。

美国经济学家布罗姆利在《经济利益与经济制度——公共政策的理论基础》制度是影响人们经济生活的权利和义务的集合,包括两个部分:一部分是行为准则;另一部分包括规则和所有权。

英国杰出的法理学家麦考密克(Neil MacComick,1941—2009)认为,从广义上讲,制度暗指一种可观察且可遵守的人类事务安排,它同时也含有时间和地点的特殊性而非一般性。具体来说,某一制度可以通过下述三类特征而被识别:一是存在大量的人类活动,并且这些活动是可见的和可辨认的;二是存在许多规则,从而使人类活动具有重复性、稳定性,并提供可预测的秩序;三是存在大众习俗,它对人类活动和各种规则加以解释和评价。

美国经济学家沃尔顿·汉密尔顿(Walton H. Hamilton)认为,一种制度意味着一种思维方式或某种广为流行、经久不衰的行动;制度是根植于人群的习惯风俗,它是为人类活动划定了界限并且强加给人类的活动。

2. 社会学的早期制度理论

社会学家对于制度的关注甚至比经济学家还要持久得多。

美国第一代最著名的社会学家之一的威廉·G.萨姆纳(William Graham Sumner)在其重要著作《社会习俗》(*Folkways*)一书中,提出了关于社会习俗与民德(mores)的起源、延续的变迁的众多假定,对于萨姆纳来说,制度(思想、概念、学说与利益等)是由观念和结构构成的。"观念"确定了制度的目标和功能,而"结构"体现制度思想,并提供把这种思想付诸行动的手段。社会的进化遵循从个体活动到社会习俗、民德再到成熟完备的制度这一过程。尽管有些制度可能是由某些人制定和颁布实施的,但是还有一类制度是自己渐渐成长起来的,即是通过人们长期的、自然的、本能的努力慢慢地演化和生成的。虽然这种观点被批驳为强烈的进化论思想,但不可否认的是,萨姆纳对制度类型的认识已初见端倪。

哈佛大学著名学者金斯利·戴维斯(Kingsley Davis)在《人类社会》一书中把制度界定为"为了实现一种或多种功能而建立起来的一套相互交织的社会民俗、民德和法律",比起其他概念来,他认为"制度概念可以更好地表达制度是'规范性秩序'的不同部分这一思想"。一战外二线社会学界的大师埃弗里特·休斯（Everett Hughes）深刻地指出，在制度与个体之间存在多种方式的互动，他认为这种互动创造身份、塑造生命历程和职业轨迹。并为在履行复杂工作任务时不可避免的失误提供一个基本的原则参照。

欧洲的制度分析传统最早是由卡尔·马克思开创的。在《资本论》中，马克思则将社会制度视为特定统治阶级的政治工具。在马克思的制度理念中，制度既是特定时期生产关系的社会结构性框架，也是特定生产力水平下人们经济行为的基本规则，而推动制度演化的根本动力来自于生产力的发展，制度演化过程的主体则是阶级，而制度演化的主要手段则是阶级斗争。道格拉斯·诺斯曾指出："在详细描述长期变迁的各种现存理论中，马克思的分析框架是最有说服力的，这恰恰是因为它包括了新古典分析框架所遗漏的所有因素：制度、产权、国家和意识形态。"[1]

涂尔干则认为，任何社会都存在有规律地、周期性地支持与重申集体情感思想的需要，"制度是一种共同活动与联合的产物，是在我们最初的主观个人的行动与判断方式之外固定和确立下来的结果。"制度就是涂尔干早期著作中所说的"结晶化"。

另一个欧洲巨擘马克斯·韦伯也对制度理论作出了重要贡献，以至于被当代制度分析者尊为制度学的开山鼻祖。韦伯认为，对制度的关注首先要理解文化规则，在本质上其范围包括从习惯风俗到合法确立的宪法或规则系统，并以此界定社会结构与支配社会行为的方式。韦伯指出，这些系统在实施权威合法化的信念类型或文化系统方面存在根本不同。

（二）新制度主义的理论

旧制度经济学给出的定义往往是广泛而模糊的，相比之下，新制度经济学对制度的定义更趋于现实性和具体化。新制度主义要解释的问题是制度（institution）的性质以及制度如何影响人的行为。它表明一种已确定的活动形式，或者结构的结合。

如新制度经济学代表人诺斯认为："制度是一个社会的博弈规则，或

---

[1] ［美］道格拉斯·诺斯：《经济史中的结构与变迁》，陈昕、陈郁译，上海三联书店1991年版，第68页。

者更规范地说，它们是一些人为设计的、型塑人们互动关系的约束。"①在《经济的结构与变迁》中，他认为制度是一系列被制定出来的规则、秩序和行为道德、伦理规范，它旨在约束主体福利或效用最大化的个人行为。它提供了人类相互影响的框架，建立了一个社会、一种经济秩序的合作与竞争关系。故制度是社会游戏的规则，是人们创造出来的用以限制人们相互交流行为的框架。

德国学者柯武刚认为，制度是由人制定并为一个共同体所有，是一套关于行为和事件的模式，它具有系统性、非随机性，其功能在于保证秩序。

罗尔斯认为制度"是一种公开的规范体系，……一个加入一种制度的人知道规范对他及别人提出了什么要求"②。

美国斯坦福大学著名社会学家W. 理查德·斯科特（W. Richard Scott）在其著作《制度与组织——思想观念与物质利益》中指出："制度包括为社会生活提供稳定性和意义的规制性、规范性和文化—认知性要素，以及相关的活动与资源。"③在这个定义里，斯科特明确指出制度包含的三个基本要素：规制性要素、规范性要素以及文化—认知性要素。其中，规制性要素是制度的核心要素，代表着压抑和约束。规制基本上表明了一种双向互动的制约关系，制度是人类行为的结果，但人类行为也受制度的约束，它告诉我们，制度运行的实质内容之一，就是确保违反规则与律令会付出沉重的代价，以及受到严厉的惩罚。规范性要素强调的是社会生活中的制度还存在说明性、评价性和义务性的维度。它包括用来比较和评价现存制度结构和行为的各种标准，以及该如何完成，并规定寻求所要结果的合法方式或手段。制度规制性和规范性这两个要素可以相互转化。而制度的文化—认知性要素构成了关于社会实在的共同理解，以及建构意义的认知框架。关注制度的文化—认知性要素，是新制度主义的最显著特征。

---

① [美]道格拉斯·诺斯：《制度、制度变迁与经济绩效》，杭行译，上海三联书店2008年版，第1页。
② [美]罗尔斯：《正义论》，何怀宏译，中国社会科学出版社1988年版，第50页。
③ [美] W. 理查德·斯科特：《制度与组织——思想观念与物质利益》，姚伟、王黎芳译，中国人民大学出版社2012年版，第56页。

制度的三大要素[①]

	规制性要素	规范性要素	文化—认知性要素
遵守基础	权宜性应对	社会责任	视若当然、共同理解
秩序基础	规制性规则	约束性期待	建构性图式
扩散机制	强制	规范	模仿
逻辑类型	工具性	适当性	正统性
系列指标	规则、法律、奖惩	合格证明、资格承认	共同信念、共同行动逻辑、同形
情感反应	内疚/清白	羞耻/荣誉	确定/惶惑
合法性基础	法律制裁	道德支配	可理解、可认可的文化支持

在社会学制度主义中，制度不仅包括正式的规则、程序或规范，而且还包括符号系统、认知规定和道德模板。它们把组织和文化两者间的分裂融合起来，把文化理解成为组织所拥有的一种共同价值观和态度，理解成为惯例、符号或认知的网络，为行为提供模板，提供一个"意义框架"来指导人类的行为。文化也是一种制度。同时，制度还表现为一种资本形式。作为具备约束性的规范，制度减少了人类行为的不确定性，规范体现了一个密切联系的群体或共同体中成员的兴趣和偏好。规范作为资本，支持着人与人之间的信用和信任；一种基础良好的信仰，不会总让你在支持私人的短期收益中受损失。遵守社会群体的规范就是使规范成为一种资本形式。

二 制度的分类

道格拉斯·诺斯认为，制度（institutions）是一种人类在其中发生相互交往的框架，是由正式的成文规则以及那些作为正式规则之基础与补充的典型的非成文行为准则所组成，包括三个部分：第一部分是正式的规则；第二部分是非正式的约束；第三部分是他们的实施特征。正式制度是

[①] [美] W·理查德·斯科特：《制度与组织——思想观念与物质利益》，姚伟、王黎芳译，中国人民大学出版社2012年版，第59页。

指通过人们有意识创造后经国家等组织正式形成的成文规则。如法律等。非正式制度，是那些限制人的行为的不成文规则，与法律等正式制度具有相关性的概念。如风俗习惯等。正式制度和非正式制度作为制度的两个不可分割的部分，是一个对立的统一体，既相互依存，又可以在一定的条件下相互转化。同时，非正式制度具有自发性、非强制性、广泛性和持续性；而正式制度则又不同，因此我们可以从对立、统一、转化三方面并结合两种制度的性质来分析它们的关系。

（一）两种类型的制度及其关系

非正式制度是指在人们长期的生活中渐渐形成的意识形态、价值观念、文化传统、人际关系网等对人们的行为作出非正式的约束力作用的规则，它对人们的行为具有普遍性的约束力。从历史的角度上看，正式制度还没有产生之前，非正式制度约束着人与人之间的关系。即便是在现代社会拥有发达的经济体系，正式制度形成的基础是非正式制度，一些法律法规是在风俗习惯的基础上建立形成的，一定的意识形态可以作为正式制度安排的指导思想。正式制度只有在社会认可，即与非正式制度相容的情况下才能发挥作用。

非正式制度具有自发性、非强制性、广泛性和持续性的特点。所谓自发性，是指非正式制度安排的相当部分是由文化遗传和生活习惯累积而成的，并非理性设计安排，人们遵循某种非正式制度安排常常是出于习惯而非理性的计算。并且从非强制性、广泛性和持续性特点来看，非正式制度对应于自发秩序。相反，正式制度是人们有意识地对社会行为确定的规范，具有一定的强制性，且一旦确立就会形成制度刚性，对经济活动产生深刻的影响。非正式制度作为制度系统的重要组成部分之一，用以规范社会成员的行为准则，这一规范是非强制性的，依赖于外部的舆论褒奖和内在的自觉性对社会成员有普遍的约束力。与正式制度相比较而言，非正式制度对社会成员的规范约束作用持久稳定具有非外显性的特征。

正式制度对应于建构秩序。哈耶克指出，建构秩序往往是具体的秩序，是刻意创造出来的，服务于该秩序创造者的目的。建构秩序需要一种预设，即存在一位全知全能的建构者或者计划者。然而从知识论的角度来看，全知全能是不可能的，自发秩序和建构秩序之间必然存在矛盾，因此，非正式制度与正式制度之间也必然存在冲突。正式制度只有在社会认可，即与非正式制度相容的情况下才能发挥作用。

把制度划分为正式制度与非正式制度只是为了理论分析的方便，在实际社会生活中，正式制度与非正式制度对政策执行的共同影响是很难分开的。正式制度与非正式制度是相互依赖、相互补充、互为条件、不可分割的。非正式制度是正式制度的基础，否则无法完善实施；正式制度是非正式制度的保障，否则就会产生消极作用。正式制度与非正式制度之间有一种互动关系。一方面，非正式制度会促使正式制度的出现，同样，正式制度也为非正式制度的稳定和改进提供了条件；另一方面，正式制度必须与非正式制度保持目标的一致性才能保持其稳定性。

两种制度的对立主要体现在制度不兼容或是冲突上：非正式制度安排具有非强制性、持续性、广泛性和自发性等特点；而正式制度是人们有意识地对社会行为确定的规范，具有一定的强制性，且一旦确立就会形成制度刚性，对经济活动产生深刻的影响。两种制度的统一则主要体现在互补性和替代性上：首先从互补性来看，一个富有效率的正式制度形成，应该考虑与道德文化、社会意识形态等非正式制度的互补，才能保持整个社会制度系统的和谐，制度改革才能成功和富有成效。一方面，非正式制度可以在一定程度上解决人们的争斗，但是不足以完全解决，而必须诉诸正式制度，否则社会就会陷入所谓的"霍布斯丛林"。或者说，非正式制度在一定程度上需要正式制度的支持和保护。价值信念、伦理规范、道德观念、风俗习惯和意识形态不仅作为非正式制度的制度结构，而且它们往往是正式制度建立的基础。诺斯就指出，意识形态是一种重要的制度安排；另一方面，一个有形的制度安排，如果没有相应的非正式制度与之匹配，也许就不能有效地发挥作用。或者说，同样的正式制度，与不同的非正式制度相匹配，就会有不同的效果。其次从替代性来看，一方面，在正式制度缺位的情况下，非正式制度安排也可能替代正式制度提供一系列安排，以获得有效的秩序运行；另一方面，因为非正式制度是正式制度的先导，故不可能存在非正式制度的缺位，从而也不存在正式制度对非正式制度功能的替代。

尽管非正式制度不像正式制度那样对社会行为具有较强的约束性，但是，非正式制度是社会运行过程中不可缺少的重要组成部分之一，它常以无形的方式对社会成员起到规范的作用，抑或是说在一定程度上内化为社会成员的行为，对教育产生的作用是间接的。与正式制度相比而言，尽管非正式制度缺乏强制约束力，但千百年沉淀下来的伦理道德和传统风俗习惯在一定程度上影响着正式制度，并且潜移默化地影响着社会成员的行为，进而影响着制度成本。诺斯认为，从历史的发展角度来说，正式制度在建立以前，人与人间的关系主要靠非正式制度，在现代的生活中，正式约束也只是整个行为约束中较少的一部分，非正式制度仍然约束着人们生活的大部分空间。我国社会生活中的许多现象可以用非正式制度来解释，因为从传统上来讲我国是个伦理社会，缺乏契约传统，在社会生活中伦理文化因素起着十分重要的作用，渗透到社会生活中的各个方面。

(二) 两种制度的相互变迁

制度变迁理论是新制度主义理论中的重要组成部分。新制度主义认为，制度变迁不是泛指制度的任何一种变化，而是特指一种效率更高的制度替代原有的制度。制度的变迁首先是从制度的非均衡开始的，主要有两种模式：一种是自下而上的诱致性制度变迁，它受利益的驱使。"诱致性变迁指的是现行制度安排的变更或替代，或者是新制度安排的创造，它由个人或一群（个）人，在响应获利机会时自发倡导、组织和实行。"一种是自上而下的强制性制度变迁，它由国家强制推行。"强制性制度变迁由政府命令和法律引入和实行。"

正式制度与非正式制度的变迁，包括两种制度各自的变迁和两者相互之间的转化。正式制度与非正式制度的变迁形式存在很大差异，前者的变迁包含一致性变量的非连续性、突然的运动；而后者的变迁则具有一种更加连续和渐变的特征。正式制度与非正式制度的作用机制也是不同的，前者靠法律、权力等刚性手段的强制来保证；而后者依靠的是传统社会舆论、行为准则、道德力量和精神追求等柔性手段。当然，非正式制度实施时所体现出的非强制性，并不意味着它的作用较小或作用效力时有时无。一种社会规范一旦形成，其对人们行为的约束作用就是稳定的。此外，正式制度和非正式制度的实施机制也不同，前者包括相应的机构、组织和专门人员，而后者显然不具备这些因素。

非正式制度可以转化为正式制度，相反，正式制度也可以转化为非正式制度。有两种类型的制度变迁：诱致性制度变迁和强制性制度变迁。诱致性制度变迁指的是现行制度安排的变更或替代，或者是新制度安排的创造，它由个人或一群（个）人，在响应获利机会时自发倡导、组织和实行。反之，强制性制度变迁由政府命令和法律引入和实行。诱致性制度变迁必须由某种在原有制度安排下无法得到的获利机会引起。然而，强制性制度变迁可以纯粹因在不同选民集团之间对现有收入进行再分配而发生。虽然在自发的制度安排尤其是正式的制度安排变迁中，往往也需要用政府的行动来促进变迁过程。

同为制度范畴，伦理规范和法律规范涉及的往往都是同样的问题：人与人之间的关系如何进行合法的调节，多个行动如何借助于经过规范的引导而彼此协调，行动冲突如何在主体间共同认可的规范性原则和规则的背景下以共识的方式加以解决。面对相同的问题，两种规范却是以各自不同的方式去解决的：作为理性道德法的伦理规范仅仅表达一种文化知识，是人们之间通过交往而形成的某种共同意志所具有的交往权力；而作为实证法的法律规范是通过在建制层面上获得的约束力而产生作用。可以说，制度是人类追求社会方面秩序的结果，人们试图通过这些制度建构自己的稳定的生活空间。对于正式制度的建构，人类在把握未来上充分运用自己的理性。在法律出现之前，通过非正式制度，人们构建了以前的社会，在此社会当中人们依赖道德、风俗习惯、意识形态建构了社会的秩序。当下社会的发展趋势是，人们尽量把原来非正式制度中的社会规范转化成为正式的法律规范，使其具有更大的强制力来规范人们的行为，在实际生活中，使人们遵循更为明确的规则。制度变迁是一个复杂的过程，难以解释制度改变的原因。这乃是由于制度变迁在边际上可能是一系列规则、非正式约束、实施的形式及有效性变迁的结果。此外，制度变迁一般是渐进的，而非不连续的。至于制度是如何渐进性变迁的，为什么会是这样，甚至非连续性的变迁也绝不是完全不连续的，这些都是由于社会中非正式约束嵌入（imbeddedness）的结果。尽管正式约束可能由于政治或司法决定而在一夕之间发生变化。但嵌入在习俗、传统和行为准则中的非正式约束可能是刻意的政策所难以改变的。这些文化约束不仅将过去与现在和未来连接起来，而且是我们解释历史变迁路径的关键之所在。从惯例到法律规则的过渡，是从一种非正式约束（informal constraint）向一种正式约束（formal constraint）的转变过程，也就是哈耶克所理解的自发社会秩序中的内部规则的外在化的过程，是从未阐明的规则向阐明规则的转化过程。根据演进博弈论的观点,习俗等非正式制度的演进具有演进稳定性,一旦生发出来,人们都会遵守并维护,无须第三者通过某种强制安排维护。当个人的习惯、群体的习俗和作为非正式约束的惯例经过一个动态的逻辑发展过程变为制度时,制度本身显现为一种正式的规则和正式的约束,但这绝非意味着习惯、习俗和惯例一旦进入制度之中就会失去其作为一种秩序、一种状态和一种非正式约束的自身。相反,它们均潜含于作为正式规则和规则体系而显在的制度中,与外显的规则同构在一起。这种蕴含着秩序和事态的规则于是也就成了制度的另一种含蕴,即建制。从这个角度讲,教师专业伦理规范问题就成了涉及教师制度模式选择的实践问题。

三 制度理论对教师伦理规范建设的学理启发

(一)从对教师制度稳定的研究走向对教师制度变迁的研究

制度既意味着稳定,也意味着变迁,这是一个很正常的发展状况。制度变迁理论提醒我们必须以发展的眼光和动态的思维来应对制度的变迁。并且,值得注意的是,制度的变迁绝不仅仅局限于文字的修改变化或内容的增减,它一定是时代的进程的反映,还应该包括制度的厘定主体或机构、制度的建构过程及步骤等诸多方面的变迁,包括制度文本背后的变迁。制度的类型理论以及两种制度间的相互变化与互为补充,都是我们进行教师制度修订的理论依据和知识来源,极大地丰富了我们对制度的认知,有益于能够更好地、更符合制度科学与规范地进行制度建设。

(二)从对理性行动产生非理性影响的制度概念,走向作为理性行动的建构框架的制度概念

制度概念提供了一种手段,使我们可以研究在任何社会中都存在的各种理性与非理性要素之间的相互依赖。这些要素不仅包括价值观、信念与物质利益,还有习惯与感情,还应该包括"集体理性"。也正是在集体理性这个层次上,我们才能更好地理解社会建构信念、规则与规范框架的过程。与每一种制度都相同的是,教师伦理规范也构建出了一种教育理性行动场域,在这个场域中,教师个体与教师集体行动者尽管认知框架及文化层次各有差异,但仍会以不同的合作方式追求他们的利益,实现他们的自身价值。在教师实现自我职业价值的过程中,存在着集体理性,并且凭借好的制度,这种集体理性还发挥着重要的作用。

（三）在进行制度研究与制度设计时，应把研究重点放在各种层次运行的各种因素之间的相互依赖关系上，以及对利益结果的影响上

制度主义的这种主张提示我们，在进行制度研究与设计时，要考虑到各个层面上的各种关系及其利益，既要考虑"从上到下的制度过程"，也要顾及"从下到上的制度过程"；既要争取集体组织者的利益，也要权衡集体参与者的利益。出于这样全方位考虑制定出来的制度，也许未必周密，但至少是合理的，也是可行的。合理且可行的制度才是有效的制度。

（四）制度主义者认为，具体的思想要素与一般的符号性要素，在组织的运行过程中都发挥着重要的作用

所谓思想要素就是指精神价值理念等方面，是组织成立的灵魂，也是制度建构的指导思想；而符号性要素，则是指制度构成的语义，是对"应为"或"勿为"的具体规定。以往的教师制度侧重强调教师道德标准，然而，任何一项制度往往都是用于对行为的规范，其遣词造句必须使执行者明白自己当如何"为"或"不为"。精神价值理念和具体行为规定两者彼此映照，相互依存，共同体现在制度内涵之中。

第二节 中国古代的"制度"意涵

一 中国古代的"制度"释义

在汉字中，制、製本同一词。后经分化，意思各有侧重："製"用于具体的制造；"制"用于抽象的制作。从字源上看，"制"可以当动词用，原意是裁断、切割，《说文》中解释"制，裁也。从刀，从未"。《韩非子·难二》有曰"管仲善制割"，即是此意。后转引为制作、规划、制定之意，进而引申为约束、法度的意思，如"今也制民之产，仰不足以事父母，俯不足以畜妻子"[1]。这里的"制"，就是规定的意思。韩愈在《原性》中所说的"上之性，就学而易明；下之性，畏威而寡罪。是故上者可教，而下者可制也"。以及《礼记·曲礼上》所言，"越国而问焉，必告之以其制"中的"制"都有约束、法度的含义。"制"在古代还可以

---

[1] 《孟子·梁惠王上》。

当名词用，有"规章、制度"的含义，如"擅作典制"。① "度"是古代计算长短的标准和器具，也指事物所达到的境界，又引申为法制、法度，在《说文》中的注解是"度，法制也"，其用法如"度作刑以诘四方"。② 《春秋左传·襄公三十一年》中写道："且是人也，居丧而不哀，在戚而有嘉容，是谓不度。"其中，"不度"即指不符合法度。

"制""度"合用，则有规范法度和制定法度、规定的意思。《礼记·礼运》中记载："故天子有田以处其子孙。诸侯有国以处其子孙。大夫有采以处其子孙。是谓制度"，这里记载了一种使土地和政治权力层层分割的制度。"命降于社之谓淆地，降于祖庙之谓仁义，降于山川之谓兴作，降于五祀之谓制度"。还有《反经》中与制度有关的"六主"之一"情过于义，私多于公，制度逾限，政教的失常，是谓'危主'"。

二 一种古老的"礼"制建立

"礼"是我国特有的文化现象，是中国古代社会政治、经济、文化世代相承的主要形态。古代中国的"礼"作为中国古代法律的渊源之一，是中国古代法律的重要组成部分。瞿同祖先生在《礼与服制》一文中给出"礼"的定义："礼是封建时代维持社会、政治秩序，巩固等级制度，调整人与人之间的各种社会关系和权利义务的规范和准则"。"礼"是中国古代一系列生活规则的体系，是一种理想的组织社会的方式，具有道德的含义、法律的功能性。

（一）"礼"之释义

1. "礼"的出现与作用

"礼"的出现。真正具有社会身份和社会制度等方面的意义的"礼"，在殷商时期就已存在；但是，作为一种相对比较严格的社会制度，则出现在周朝初期。周朝初期，周武王伐纣灭殷，进一步维护巩固了自己的统治地位，周武王在殷礼的基础之上，重新颁布制定"礼"，"礼"作为社会身份的意义变得越来越系统化和制度化。"礼"逐渐从原始含义中包含的礼俗之义，即风俗、习惯转变为一套规范体系、礼节体系。《论语》记

---

① 《史记·礼书》。
② 《书·吕刑》。

载:"子曰:不学礼,无以立。"当"颜渊问仁"时,"子曰:'克己复礼为仁。一日克己复礼,天下归仁焉。为仁由己,而由人乎哉?'颜渊曰:'请问其目。'子曰:'非礼勿视,非礼勿听,非礼勿言,非礼勿动。'"说明"礼"在中国古人的心目中是自然演化、人类发展的根本大法,这个大法是永恒存在的,靠人们内心的自觉而实践。

"礼"的作用。"礼"的作用表现在两个方面。首先,"礼"所强调的作用在于等级制度和亲属关系方面的社会差异,这属于伦理道德方面的作用。伦理道德方面的"礼"具体内容包括仁、义、孝、顺和慈等,《荀子·大略》中指出:"礼也者,贵者敬焉,老者孝焉,长者弟焉,幼者慈焉,贱者惠焉。"《礼记》中记载:"礼者所以定亲疏,决嫌疑,别同异,明是非也。"《白虎通德论》云:礼所以"序上下、正人道也。"这些都在说明古代的"礼"所强调的行为规范都是具有差别性的,并不是具有现代意义的普遍适用于所有人的一般规范。此所谓"名为不同,礼亦异数"。①每个人在选择"礼"时要根据自身的社会政治地位,符合条件的为有礼,反之为非礼。"进退有度,尊卑有份,谓之礼。"②由此看来,礼的目的在于维系贵贱、尊卑、长幼、亲疏有别的理想社会秩序,说明它本身不是目的,而是用以实现"有别"的手段。所以礼的正确含义为"异"③。

其次,礼还有一个作用,就是它的社会作用,也称政治等级制度方面的作用。"礼"的社会职能表现在以下几个方面:

第一,"礼"是使君之所以成为君的保障。《礼记·礼运》说:"礼者,君之大柄也。所以别嫌明微、傧鬼神、考制度、别仁义,所以治政安君也。故政不正则君位危,居位危则大臣倍、小臣窃。刑肃而俗敝则法无常,法无常而礼无列。礼无列则士不事也。刑肃而俗敝则民弗归也。是谓疵国。故政者,君之所以藏身也。是故夫政必本于天。殽以降命,命降于社之谓殽地。降于祖庙之谓仁义。降于山川之谓兴作。降于五祀之谓制度。此圣人所以藏身之固也。"

---

① 《左转·庄公十八年》。

② 《汉书·公孙弘传》。

③ 瞿同祖:《中国法律与中国社会》,中华书局2010年版,第296页。

第二,"礼"是确立社会秩序的依据。《礼记·哀公问》说:"民之所由生,礼为大。非礼无以节事天地之神也。非礼无以辨君臣上下长幼之位也。非礼无以别男女父子兄弟之亲婚姻疏数之交也。君子以此之为尊敬然。"

第三,"礼"是治理国家的根本。《礼记·礼运》说:"治国不以礼,犹无耜而耕也。"《礼记·经解》也说:"礼之于正国也,犹衡之于轻重也,绳墨之于曲直也,规矩之于方圆也。故衡诚悬不可欺以轻重,绳墨诚陈不可欺以曲直,规矩诚设不可欺以方圆。君子审礼不可诬以奸诈。是故隆礼由礼,谓之有方之士。不隆礼不由礼,谓之无方之民。……安上治民,莫善于礼。"《礼记·仲尼燕居》还说:"礼者何也,即事之治也。君子有其事必有其治。治国而无礼,譬犹瞽之无相与,伥伥乎其何之。譬如终夜有求于幽室之中,非烛何见。若无礼则手足无所措,耳目无所加,进退揖让无所制。"

第四,"礼"是预防违法犯罪行为的屏障。《礼记·经解》说:"夫礼,禁乱之所由生,犹坊止水之所自来也。故以旧坊为无所用而坏之者,必有水败。以旧礼为无所用而去之者,必有乱患。故婚姻之礼废,则夫妇之道苦而淫辟之罪多矣。乡饮酒之礼废,则长幼之序失而争斗之狱繁矣。丧祭之礼废,则臣子之恩薄而倍死忘生者众矣。聘觐之礼废,则君臣之位失,诸侯之行恶而背叛侵凌之败起矣。故礼之教化也微,其止邪也于未形,使人日徙善远罪而不自知也。是以先王隆之也。"

"礼达而分定",可见礼是封建统治阶级维持其统治的重要工具,足以保证国家得以长治久安,否则就会产生"礼不行,则上下昏"的后果。在伦理道德和政治等级制度这两方面的属性中,政治等级制度是"礼"的本质,伦理道德是政治等级制度的外在表现。

2."礼"的内容与分类

"礼"的内容。在古代中国,礼深入到社会的每一个层面,因而礼的名目极为烦冗,《中庸》有"礼仪三百,威仪三千"之说。《礼记》中主要记载和论述了先秦的礼制、礼仪,解释仪礼,内容广博,门类杂多,涉及政治、法律、道德、哲学、历史、祭祀、文艺、日常生活、历法、地理等诸多方面,几乎包罗万象。孟德斯鸠曾总结道:"在中国,习俗是不能被破坏的;他们把法律和风俗混和在一起……立法者们所做的尚不止于此，他们把宗教、法律、风俗、礼仪都混在一起。所有这些东西都是道德；所有这些东西都是品德；这四者的箴规，就是所谓礼教。……这就是如何实现宗教、道德、礼仪的这种结合。礼教构成了国家的一般精神。"[①] 古人更是以一言而概括出了礼的重要与庞杂："道德仁义，非礼不成，教训正俗，非礼不备。分争辨讼，非礼不决。君臣上下父子兄弟，非礼不定。宦学事师，非礼不亲。班朝治军，莅官行法，非礼威严不行。祷祠祭祀，供给鬼神，非礼不诚不庄。是以君子恭敬撙节退让以明礼。"[②]

"礼"可以分为两类。其一，礼制。礼制是德治梦想的具体化，通过礼仪定式与礼制规范塑造人们的行为与思想；通过法律的惩罚维护礼法的绝对权威。礼制作为政治与社会生活中的国家制度规则，涵盖了古代的政治制度、经济制度、文化教育制度等各个方面，种种制度都围绕一个核心，那就是维护社会的等级秩序。礼制的中心是宗法社会的等级制度和家族制度。其二，礼义。礼，谓人所履；义，谓事之宜，与封建社会的等级制度相适应的一套礼节仪式即为礼，合于这些的做法即为义，是对社会行为规范及其价值的解释，属于伦理道德范畴，主要内容是对礼的道义释义或礼的理论总结等。如果说"制"是达到目的的方法，可以因时而变通，那么"义"就是人类社会永恒的目标，这个目标与永恒不变的自然规律相通，与与生俱来的中国人情相合，所以"义"是永恒存在的。《礼记·礼运》对礼义的概括是："故礼义也者，人之大端也，所以讲信修睦，而固人之肌肤之会、筋骸之束也。所以养生、送死、事鬼神之大端也，所以达天道，顺人情之大窦也。"故此，礼义是衡量制度价值的标准。礼义还可以指礼仪，是人际交往中的仪节，是在交往场所或程式中体现人之身份等级的仪则和行为规范。礼仪的中心问题是用仪式表达社会价值观念，是等级条件下对人的敬重的方式。礼不仅有博大的内容，还包括明细的规定。如《仪礼》十七篇中就记载着周代的冠、婚、丧、祭、乡、射、朝、聘等各种礼仪，虽然极其繁文缛节且有明显的阶级烙印，但已成为当时人

[①] [法]弗朗斯瓦·魁奈：《中华帝国的专制制度》，谈敏译，商务印书馆1992年版，第72—73页。

[②] 《礼记·曲礼上》。

们生活的准则，也成为国家设法立制的方针和原则。甚至礼的本身也可以理解为是中国古代的道德法。

"礼制"和"礼义"的划分告诉我们中国古代不仅礼法并行，还有对"礼"的分类：既有作为社会一般行为规范的"纲常"之说，也有专门针对特定身份、特定事件或特定地位而制定的特殊要求。古代也有专门适用于教师的礼。中国古代在为师之道上推崇"师道尊严"，最具代表性的为师标准非"儒行"莫属。《礼记·儒行》列举了君子应具备的言行与品格，展现了儒者应有的风范，在规范儒者道德、行为上有一定的系统性和代表性，是中国古代知识分子的理想行为准则，是儒者的典范，也是对君子儒的最完整、最确切的诠释。后世常以"儒行"标榜"师道"，如果把现代教师比作儒者，那么今天所探讨的教师伦理规范实际上就相当于"现代儒行"。至于涉及师生及教学方面，古代学生求学拜师亦有专门的"礼"——"束脩六礼"，包括芹菜、莲子、红豆、枣子、桂圆、干瘦肉条等别具一格的"拜师礼物"。这"六礼"其实都有讲究，芹菜寓意为"勤奋好学、业精于勤"；莲子心苦，寓意为"苦心教育"；红豆则含有"鸿运高照"之意；枣子寓意为"早早高中"；桂圆意在"功德圆满"；而干瘦肉条则用以表达弟子诚实的心意。六样物品结合起来，就是传统的"束脩六礼"。束脩的致送，表示学生对教师的尊敬。如《礼记·少仪》中记载："其以乘壶酒、束脩、一犬赐人或献人。"五代王定保《唐摭言·两监》中"龙朔二年九月，敕学生在学，各以长幼为序。初入学，皆行束修之礼"。张鷟在《监尹勤奏学生多无经业举送至省落第并请退还本邑以激励庶望生徒进益》也写道："受新生之束脩，频为改换"。[①] "束脩六礼"早在孔子的时候已经实行，"自行束脩以上，吾未尝无诲焉"，到唐代学校时仍采用。

自从民国开始，我国的礼仪制度朝着简单化、人性化的方向发展转变着，借鉴着西方的模式，"礼"是人们在日常生活中所要遵守的行为准则和道德规范，已经脱离了封建时期为等级制度服务的本质，已成为了维护良好社会风气的道德规范。在数千年社会的发展中，"礼"的制度、仪式不断地变迁，但是"礼"的精神在中国历史发展进程中却从

---

① 《全唐文》卷一七三。

未消失过。

(二)"礼"与"法"

礼本身就是法,确切地说,是法的一种类型,是习惯法。习惯法作为一类社会规范,是独立于国家制定法之外,依据某种社会权威确立的、具有强制性和习惯性的行为规范的总和。它既非纯粹的道德规范,也不是完全的法律规范,而是介于道德与法律之间的准法规范。罗马法学家赫尔莫杰尼安认为,"那些由长期习惯确认了的并且被长年遵守的东西,同写成文字的法一样,被作为公民间的默认协议"。习惯法在一个国家的法律体系中仍然扮演着不可或缺的角色。

"礼者禁于将然之前,而法者禁于已然之后"①,也许从某种程度上来说,"礼""法"二者的作用不同,但张国华先生认为,中国古代"礼"的思想中蕴含了"法"的价值观念,并作了明确的证述:"西周的'礼',其实就是西周调整贵族内部和同族平民关系的'法'……只是在西周不叫'法'或'法律',而名曰'礼'。"②关于古代"礼"与"法"之内涵,国学大师、近代翻译家严复在翻译孟德斯鸠的《论法的精神》(注:时译《法意》)时,在该书的中译本按语中写道:"盖在中文,物有是非谓之理,国有禁令谓之法,而西人则通谓之法,故人意遂若理法同物,而人事本无所谓是非,专以法之所许所禁为是非者,此理想之累于文字者也。中国理想之累于文字者最多,独此则较西文有一节之长。西文'法'字,于中文有理、礼、法、制四者之异译,学者审之。"西方人的法观念中不仅有人为法和自然法的区别,而且还包括习惯法与成文法之间的区别。在中国,皇帝诏书,自秦称制。中国古代的"制"与"法"相当于西方的成文法,而中国古代的"礼"与"礼"则相当于西方的习惯法。当然,中国的礼的大部分内容也不是不具有成文性质的。严复虽然没有用习惯法和成文法这两个概念来比较中国的理、礼、法和制,但当他论及"西人所谓法者,实兼中国之礼典"时,就已经隐约道出了其中的异同,说明中国古代法律分类极为细致多样。仔细分析,严复的这一段阐述有四层意思:第一,中文将国家的禁令规章称之为法,而将这些禁令规章所体

---

① 《大戴礼记》卷二《礼察》。
② 马小红:《中国传统法研究札记》,http://www.iolaw.org.cn。

现的精神和是非称之为理；第二，西方文字没有如此细致、精确，是非道理与禁令规章，即法的精神与制度统称为法；第三，西方法意的过于宽泛，使人过于注重法条，而难以体察法条背后的精神所在，这是西方文字相对中国人而言的一个缺陷；第四，如果将西方的法译为中文，不同情况下应有理、礼、法、制四种不同的译法。①

1. 中国传统的"引礼入法"

在儒家的思想中主张礼治，以礼即差别性的行为规范作为维持社会政治秩序的工具。而在法家的思想中主张法制，以法即同一性的行为规范作为维持社会政治秩序的工具。儒家以礼为维持社会秩序之行为规范，法家以法律为维持社会秩序之行为规范；儒家以德教为维持礼之力量，法家以法律制裁为推行法律之力量；儒法原是对立的。以礼入法，是中国法律发展史上的一件大事，礼作为法律的重要组成部分，形成了法律为礼教所支配的格局。古人云"明刑弼教"，实质上就是以法律制裁的力量来维持礼，强化礼的强制性和合法性，诚如明丘濬之《大学衍义补》云："人心违于礼义，然后入于刑法。"在中国的古代社会，法与礼的关系非常密切，即使是从法的角度来讲，中国古代社会中的法律文化的特点是以家族伦理道德作为其基本内容，伦理道德借助于"法"这一形式来体现并加以强制实施的。

古人云："礼者，法之大分，类之纲纪。"② "大分"表达的是根本的意思。所谓"礼者，法之大分"，强调的法之根本即道德或是礼，是法律的指导性原则；又说"法出于礼"③，这意味着礼不仅是中国法的起源，而且还影响着中国法发生发展的进程。在中国古代社会中，礼作为最普遍的社会规范，与权力和法律结合在一起构成了外在的社会控制；与道德习惯连接在一起，构成了内在的社会控制。所谓的内在社会控制主要是使人从内心里服从规范、服从要求，礼的普遍约束力既规范了人的行为，又对古代时期中国的法律产生了重要的指导意义。中国古代的"礼"是社会的根本"大法"，而"法"字的法律意义主要是指有形的制度，而这个制

---

① 马小红：《礼与法：法的历史连接》，北京大学出版社2005年版，第40页。
② 《荀子·劝学》。
③ 《管子·枢言》。

度所体现的理念,所要达到的目的则体现于"礼"中。这就是既精通中学又精通西学的启蒙思想家严复反复强调的"西人所谓'法'者,实兼中国之礼典"的原因。严复同时也注意到西文的"法"字融"制"(法的制度条文)与"理"(法的制度条文所体现的学说与精神)为一体的特征,认为"西方'法'字,于中文有理、礼、法、制四者之异译"。中国古代关于"法"的定义偏重于国家的制度,在礼中体现着"法"的价值观念。因此,当我们用现代的"法"视角去考察中国古代社会时,无"法"之名,却有"法"之实的"礼"理所当然地要被纳入研究的范围中。①

其实,礼和法都是行为规范,同为社会约束,其分别不在形式上,也不在强制力之大小。从形式上来看,成文与否并非决定的条件,法律不一定成文,礼亦可以成文;从另一方面来看,强制力的大小,只是程度上的差别,也不能作为划分礼法的客观标准。礼是借教化及社会制裁的力量来维持的,一个人有非礼的行为,他所得到的反应不外乎是舆论的轻视、嘲笑、谴责或不齿,可以说这些都只是一种消极的制裁。②法律则借法律制裁来执行,可以说是一种积极的或有组织的制裁。然而,礼未尝不可以法律制裁来维持、来推行,而无须计较它究竟是礼还是法。同一规范,在利用社会制裁时为礼,附有法律制裁后便成为法律。即成为法律后,亦无害于礼所期望的目的,也不妨害礼的存在。同一规范,不妨既存于礼,又存于法,礼法分治,同时并存,礼所容许的,认为是对的,也就是法所容许的,认为合法的;礼所不容的、禁为的,也即是法所制裁的。二者相较,采用何种行为规范是主要问题,以何种力量来推行这种规范的问题则是次要的。

2 "引礼入法"的意义及启示

中国古代社会对于礼与法所形成的共识即礼和法分属于缺一不可的治国手段。具体地说,礼,或者礼制,是对人们的思想和行为进行全方位规范;而刑是确保这种规范行之有效的惩戒工具。从本源来看,礼大于法,涵盖法的内容,法中有礼,加强对礼的实施。礼的规范以及礼的精神就成

---

① 马小红:《中国传统法研究札记》,http://www.iolaw.org.cn。
② 瞿同祖:《中国法律与中国社会》,中华书局 2010 年版,第 348 页。

为中国古代社会时期保证社会秩序以及国家机器是否正常运行的主要规范，成为中国古代传统法律文化的有机组成部分之一，也是作为整个社会法律制度最高的指导原则。两者无论是分立还是结合在维护等级制度或者特权方面均发挥了无可替代的作用，对整个社会的价值观产生了深远影响。法合于礼，礼入于法，最终导致中国古代礼与法的结合，这一中国古代的政治传统值得今天我们在制定与道德有关的规范时愈加仿效。我们无意就德礼和刑罚之"本"和"用"的关系本身展开讨论，那些繁文缛节的礼也早已被历史所淘汰，但在探究教师伦理制度时，礼的规范性含义及与法并治的思想给我们以启迪：第一，从法社会学的角度看，礼不仅具有国家意识形态的性质，而且其本身就有规范的意思。第二，从制度层面上看，礼与法是中国等级社会的两大支柱，在中国长期的历史发展中，礼与法之间的相互倚赖和互为支援成为一条贯穿始终的主线。第三，从价值观的角度看，礼的本质含义为礼义，礼义既是它的精神体现，也是它的法制精神之所在。

　　中国古代儒家思想中渗透着法律，"礼"便作为了中国古代封建社会制定法律的重要依据。如荀子曰："礼者，法之纪纲也。""明礼以导民，定律以绳顽"。中国古代一直将"礼"视为积极、主动的规范，是禁恶于未然的预防；而将"刑"看作为消极的处罚，是惩恶于已然的制裁。故凡是"礼"所禁止的行为，必然为"刑"所不容，即所谓"礼之所去，刑之所取"，"出礼则入刑"。而由于"刑"的功能重在制裁，又有了所谓"失礼之禁，著在刑书"之说，即要求把失礼的禁条纳入刑书，以便严厉惩罚那些违反纲常礼教的犯罪行为。荀子的"礼法"概念，造就出一种将道德与法律纳入同一个框架之中贯通如一的道德法模式。[①]这种道德法模式提示我们：第一，道德法基本上都是以"礼"为实质，法为外壳，法的独立性很低。这种理论倾向表明，在伦理一体化的社会里，法律在道德之外独立发展既不可能也无必要。第二，礼是法的价值依据和立法、司法的指导原则，作为永恒的道德法则和实在法律的价值准则，礼既是人类社会，乃至宇宙自然间的最高法，又是现实而具体的规范，理想法与实在法统一在礼的范畴中。第三，虽

---

① 俞荣根：《儒家思想通论》，广西人民出版社1992年版，第405—410页。

然作为法的价值的准则的礼,其实质内涵是宗法伦理,在今天已没有什么时代意义,但源于宗法等级传统的"师尊"或"师道尊严"的思想在今天是否已经完全被遗弃?有多少还作为隐性的标准衡量着现代教师并且作为社会对教师的评判依据?这些,都是我们在探讨当今教师伦理规范是必须加以考虑的。

第三节 对我国现行教师道德规范的提问

无论是当代西方制度学对"正式制度"与"非正式制度"的划分以及制度结构的启示,还是中国古代"礼法并行"以及"儒行"与"礼"的隶属,都从理论上为我们提供了一个更为清晰、更为开阔、更为完整的新思路。那就是——作为一个完整的制度体系,不仅要有具有立法权的国家机关制定的正式制度,还应该有从传统文化、社会习惯和约定成俗的规则源流中汲取和保留的非正式制度。并且,新的制度理论昭示出只有当这两种制度并驾齐驱、互为补充时,制度才能焕发出刚柔并济的有效约束与激励作用。

一 各国教师法律与伦理制度并行概况

至于对教师道德何以制约的探讨,不仅在理论上寻找到合理依据,还可以从其他国家的具体措施中得以佐证。下面就列举出一些国家或地区两种性质的教师制度并存的状况。

一些国家或地区教师法律与教师伦理规范情况列表

	本国教师法律	本国教师伦理制度	其他类
联合国		《国际教师团体协商委员会教师宪章》《关于教师地位的建议书》《关于欧洲高等教育伦理价值和原则的布加勒斯特宣言》	

续表

	本国教师法律	本国教师伦理制度	其他类
美国	《教师任期法》《2000年美国教育规划》、1993年11月《克林顿总统的教育计划》	《教育专业伦理规范》《美国优秀教师行为守则》、NAEYC《伦理规范和承诺声明》《美国教授职业伦理声明》	20世纪80年代就发布《国家为21世纪的师资做准备》《明天的教师》等研究报告；2003年，美国教育工作者联合会（AAE）同样制定了本行业的伦理守则
加拿大	教育管理权归省级政府，安大略省2006年首次提出了新教师表现评价PANT	《教师职业道德标准》《教师职业实践标准》	仍在进行新的修改
英国	《合格教师资格标准》、《教师教育机构标准》《教育、检查法2006》、1994年成立师资培训署。《1988年教育改革法》《英国教师专业标准框架》	2007年英国师资培训署颁布现行《英国教师专业标准框架》	《教育研究写作的实践守则》（2000年）等。另外，其他方面的还有英国社会学协会（BsA）的伦理实践声明（2002年），社会学研究协会（SRA）的伦理守则，英国心理学会（BPS）的伦理守则（2000年）及语言教师的伦理守则（2006年）等
俄罗斯	《俄联邦教育法》《俄罗斯联邦教育发展纲要》《2001—2010年教师教育发展纲要》《苏联教育部条例》《高等学校标准条例》《俄联邦国民教育纲要》《2001—2010年师范教育发展纲要》《师范教育国家标准》、2007年《俄罗斯高等教育法》	《师德规范》	

续表

	本国教师法律	本国教师伦理制度	其他类
德国	联邦政府颁布了《教师论坛建议书》（2004年）	德国文化教育部：德国教师教育新标准的决议	
法国	《教育指导法》、法国政府在综合大学设立两年制的"教师培训学院"，培养所有中小学教师	"小学教师的能力特征参考"，以"通报"的方式，确定了中学教师的使命	
日本	公立学校教师（除国立大学教师外）为特殊公务员，有《师范教育令》《师范学校令》《今后教师培养和资格证制度的改革方向》2006年	《伦理纲要》	
韩国	《教师资格鉴定令》《教授资格鉴定令》《提高教员地位的特别法》	《师道纲领》	
中国台湾	台湾教师法（2000年修正）	全国教师自律公约	各层级教师伦理守则
中国香港		《教育专业守则》	
中国内地	《中华人民共和国教师法》《中小学教师职业道德规范（2008年修订）》《高等学校教师职业道德规范》2011年		47所高校的大学章程

通过比较一些国家的教师法律和教师专业伦理规范标准,对我国教师伦理制度建设有如下启示:

(一) 在结构上:两种制度同构之可行

作为非正式制度的道德规范和作为正式制度的法律规则是从传统的伦理生活中划分出来的,涉及不同行动规范具有特点各异的内容——一个是作为道德原则的内容,一个是作为民主原则的内容。道德规范调节自然人之间的人际关系和人际冲突,这些自然人之间彼此同时承认是一个具体的共同体的成员和一个不可替代的个体,道德规范所诉诸的,是通过其生活历史而个体化的人们;而法律规范所调节的则是这样一些行动者之间的关系和冲突,这些行动者被承认共同受制于一个抽象的法律关系,也就是通过法律规范本身而构成的共同体中的同伴,这种规范也诉诸个体,但它所诉诸的是一个法律共同体中具有社会类型的成员的能力。在同时面对法律和道德规范时,我们不能总是很固执地持有一个根深蒂固的偏见,以为道德只涉及个人为之负责的社会关系,而法和正义则延伸到以建制为媒介的互动领域。其实教师道德规范可以通过一个与之有内在联系的法律系统,而辐射到教师所有行动领域,甚至包括那些以系统的方式自主化的、有媒介导控的互动领域,成为正式制度的形成的基础和前提。作为伦理规范的教师非正式制度通过对国家规定的教师正式制度的补充拓展和修正说明,成为社会每一位教师认可的内心行为标准。国家正式制度和教师非正式制度的有机统一必定是一种合适有效的制度安排。

(二) 在效力上:非正式制度的正式约束

人类生活充满了各种各样的规则,但教师伦理规范在教师职业生活中具有特殊的重要性,因为伦理规范确实具有一定的规范权威,所以教师伦理作为非正式制度约束力的特征首先表现为在力量上具有等同于正式制度的约束力,而这绝不是单凭经验就能实现的。并且某些非正式教师道德规则已涉及人与人之间的相互期望、相互信任和相互忠诚,具有中国传统中"礼"的作用。就像1993年美国芝加哥《走向全球伦理宣言》中追求的普遍有效的道德规范那样,"全球伦理是对一些有约束性的价值观、一些不可取消的标准和人格态度的一种基本共识"。哈耶克认为,"要想让自由有良好的表现,不但需要强有力的道德标准,而且要有一种特定类型的道德标准"①，这种"特定类型的道德标准"可以理解为非正式道德规范。另外，诺斯认为"即使在最发达的国家，正式规则也只能构成决定人们选择的种种约束中的一小部分……非正式约束无处不在"。非正式制度的无形与弥散力是它的又一个特点。习俗、惯例等非正式秩序和非正式制度实际上比法律条文和司法强制的正式手段对人们的行为有更大范围的实际约束。正因为如此，无论时代怎样变迁，人类的科学知识如何进步，社会对承担教育下一代的教师形象的评判标准深受非正式制度的影响，始终未曾改变。

完整意义上的"制度"应该包括"正式规则、非正式规则，以及实施机制的有效性"②，仅有旧的习俗规范不足以实现强制约束，同样仅有国家立法也不能穷尽所有行为，更无法涉及道德范畴，因而，要实现制度作用的有效性，首先必须应该保障制度本身的完整性，即正式制度和非正式制度的均衡与健全，这是研究制度问题所应涉及的全部范畴。

二 我国教师非正式制度的缺失

制度理论日益引起我国各界的极大重视，特别是非正式制度的影响和作用。非正式制度能够提供给我们来运行一套规则或标准，这些规则或标准界定了在各种不同情况下的适宜行为。以往行政管理的制度逻辑强调等级制权威的首要性，而个人的自足性从属于标准的、简单化的规则与程序，个人必须对组织负责，并且忠诚于组织。相反，专业技术活动的制度逻辑强调专业权威的优先性，鼓励以个人技术专长为基础的个人自主性，以及个人根据不同复杂情况，以适当和独特的方式运用规则与程序，强调对专业工作的责任与忠诚。从这一专业意义上理解，国家与高校承担的责任不单是法律意义上的责任，也包括伦理意义上的责任。在学校这个特殊的场域里，非正式制度是广泛而潜在的，包括学校传统习俗、习惯、道德规范及价值信仰等规则体系，其结构大部分是由行事准则（codes of con-

---

① ［英］弗里德里希·冯·哈耶克：《经济、科学与政治：哈耶克思想精粹》，江苏人民出版社 2000 年版，第 62 页。

② ［美］道格拉斯·诺斯：《制度、制度变迁与经济绩效》，上海三联书店 1994 年版，第 81 页。

duct)、行为规范（norms of behavior）以及惯例（conventions）界定,[①] 并内化于全体师生的意识之中，反映的是学校组织的本体面貌。应该认识到，正式制度与非正式制度是互为补充和互为促进的关系，在较多情况下，将正式制度与非正式制度结合使用，能够发挥出比单独使用任何一种制度更大的保障作用。诺斯认为一个社会的变迁其实就是正式规则、非正式习俗、惯例和它们实施特征变迁的混合体，我们可以操纵和控制的是正式规则，因为正式制度可以理解为"人定之法"。但借助于国家权力实施的行政权力所规范的对象是教师行为以及教师的外在表现，无法触及到教师内在的道德观念、行为动机、思想情感。正如张康之所说，"法律制度所提供的是一个形式化的规范，它可以规范人们的行为却不能规范人的道德观念"，教师按照国家规定从事教育教学和管理工作，很容易达到的"量"的要求，但更多体现出教师工作的"质"的要求则难以衡量。正式制度只对教师行为作了属于法律义务的要求，而成为优秀教师则离不开伦理道德、价值观念等非正式制度的引导与规范。如果正式制度脱离非正式制度而建立，将很难得到教师的认同和执行；非正式制度也不能够替代正式制度，它是对正式制度的有效补充。[②]

通过上述列举的各国关于教师的道德约束机制可以看出，已有很多国家采取了政府制定的正式法规和教师团体自制的伦理规范同存并行的方式，正式法规侧重教师资质等方面的考量，而在对教师道德要求方面，则更多是以"伦理规范"的非正式制度加以规定。教师专业伦理规范与教师法规在本质上是一致的，是把教师个体行为引向某种秩序的潜在规则，以职业思想信仰为核心，包含了三个层次，它们分别是教师对学校组织的信心、对专业发展的信念和对教育事业的信仰，反映的是教师内在精神价值的追求。

教师伦理规范建立教师职业伦理规范具有世界性意义。在这方面有代表性的当首推美国。早在1896年，美国乔治亚州教师协会就颁布教师专业伦理规范，随后，各州相继仿效。1929年，美国通过了《教学专业伦

---

① ［美］道格拉斯·诺斯：《制度、制度变迁与经济绩效》，上海三联书店1994年版，第9页。

② 朱智刚：《学校非正式制度探微》，《教学与管理》（中学版）2009年第8期。

理规范》，1941年和1952年进行了两次修订。1968年美国国家教育协会（NEA）正式制定了《教育专业伦理规范》（也称NEA准则），1986年，全美教育协会对《教育专业伦理规范》又作出了全面修订，并沿用至今。此外，美国教育界先后确定了美国人事和指导协会的《伦理规范》、美国心理学会的《心理学家伦理规范》、美国大学教授联合会的《美国教授职业伦理声明》、美国的《芝加哥协议》等这些教育伦理规范。这些规范或是州立的，或是有教师组织自行制定的，但它们的影响颇大，如《教育专业伦理规范》堪称世界的典范。

国际教师团体协商委员会于1954年8月在莫斯科举行第19次会议，到会的有中、法、德、英、苏、意等国家的教师代表，会上通过了《国际教师团体协商委员会教师宪章》（以下简称《宪章》），《宪章》中提出的各国应遵循的师德规范包括：(1)教师必须尊重学生的思想自由，并鼓励他们发展独立的判断力；(2)教师要致力于培养作为未来成人及公民的道德意识，并以民主、和平与民族友谊的精神教育儿童；(3)教师不能因性别、种族、肤色及个人信仰和见解的不同，将个人信仰和见解强加于儿童；(4)教师要在符合学生自尊心的范围内实施仁慈的纪律，不得采用强制和暴力。

在日本的历史上，师德规范建设也同样得到了重视。日本近代学校创立之后，着眼于培养教师，并主张"师魂通士魂"，即要求教师应有武士风度。1947年日本教职员组织成立，通过了以提高教职员地位与建设民主主义教育文化为目标的《宣言》。1952年日本教师联合大会通过《伦理纲领》，作为正式的师德规范颁布，至今仍然被广泛运用。

建立教师职业伦理规范是一个世界性的普遍做法，这点我们还可以从联合国教科文组织、国际教师团体协商委员会制定的有关规则中得到印证。联合国教科文组织作为处理国际教育、科学、文化问题的权威机构，尽管没有专门就师德问题发表文件，但在有关教师作用、地位以及其他文件中，都有很多地方涉及教师道德问题的论述。例如，具有重大影响的《关于教师地位的建议书》（1966年10月通过）就提出了师德理想及师德的原则与要求。[1]

---

[1] 王颖：《国外教师职业道德规范建设概况》，《教学与管理》2009年第5期。

我国凭借《教师法》和《高等学校教师职业道德规范》《中小学教师职业道德规范》，对教师从法律和道德层面建立起了一整套约束激励体系，树立起了符合我国文化理念中理想的教师职业形象。我国也开始关注到了教师物质上的需求以及权利、义务的对称，但是，教师的权利与待遇能否得到真正落实，仅靠一条教师申诉途径保护自己的合法权益，这样一条法律救济途径难以充分实现对教师复杂权利系统的保护。每种职业都有技艺性的一面，也有道德性的一面。教师的职业道德之所以如此重要，是因为没有人会轻易怀疑经资格获得而被认可了的教师专业知识和能力；但相比较而言，教师的职业态度作为职业胜任的一个组成因素就显得尤为关键。教师在履行职业责任时其自身也是最重要的教育手段，他们必须把自己作为职业工具，只有赢得学生的尊敬和喜爱才能实现其教育职责，而实现这一目的的前提是教师本人值得受人尊敬和信任。因此，教师必须展示出足以赢得学生积极评价的人格特征，不仅包括善意、耐心、公平之类特定的职业美德，还应该包括符合社会期许与传统认知的普遍能力和品质。除了知识及技能，任何一个国家都将教师的品德划为核心教育内涵，因为教师如何运用他们的专业知识和专业技能，往往取决于其自身具备的职业道德，取决于教师的责任意识；就像教师只能教授他们所拥有的知识和技能那样，他们不可能传授自己并不拥有的道德信仰和态度。教师只有在道德上是可信的，教育方能够算得上真正的成功。

今天的学校不仅仅是教育机构，同时也是管理中心；当今的社会对教师提出的要求，既有正确的、合理的，也有过高的、不现实的。我国以往由国家行政机关制定的教师道德规范，只注重将教师视为道德行为者，强调教师作为道德规范的运用者和实现者的一面；而忽略了他们同时也是道德承受者，是应被道德地对待或应得到道德关怀的对象。共同体中的教师不仅被按照道德规范来要求，还应该得到道德关怀。要做到这一点，仅有国家立法是不够的。为此，需要有一个深思熟虑的职业伦理规范作为判断标准，来对合理的和不合理的要求加以区分；并且，只有当教师职业道德与伦理规范内化到每一位教师，只有教师群体支持和赞成这种职业道德，职业道德法规才能发挥效用。由此看来，无论是出于道德的伦理内涵，还是出于制度的形式要求，教师伦理规范始终应出于道德、形于规条、用于自律的，当以非权力制度性的规范来出现。

三 对我国现有教师道德规范制度性质追问

而我国现行的教师道德规范是什么情况呢？教育部、中国教科文卫体工会全国委员会于 2011 年制定印发了《高等学校教师职业道德规范》（教人〔2011〕11 号，以下简称《规范》）为例，这是继 2008 年教育部、中国教科文卫体工会重新修订和印发《中小学教师职业道德规范》之后，首次制定印发《规范》。《规范》是推动高校师德建设的指导性文件，主要内容包括：

> 一、爱国守法。热爱祖国，热爱人民，拥护中国共产党领导，拥护中国特色社会主义制度。遵守宪法和法律法规，贯彻党和国家教育方针，依法履行教师职责，维护社会稳定和校园和谐。不得有损害国家利益和不利于学生健康成长的言行。
>
> 二、敬业爱生。忠诚人民教育事业，树立崇高职业理想，以人才培养、科学研究、社会服务和文化传承创新为己任。恪尽职守，甘于奉献。终身学习，刻苦钻研。真心关爱学生，严格要求学生，公正对待学生，做学生良师益友。不得损害学生和学校的合法权益。
>
> 三、教书育人。坚持育人为本，立德树人。遵循教育规律，实施素质教育。注重学思结合，知行合一，因材施教，不断提高教育质量。严慈相济，教学相长，诲人不倦。尊重学生个性，促进学生全面发展。不拒绝学生的合理要求。不得从事影响教育教学工作的兼职。
>
> 四、严谨治学。弘扬科学精神，勇于探索，追求真理，修正错误，精益求精。实事求是，发扬民主，团结合作，协同创新。秉持学术良知，恪守学术规范。尊重他人劳动和学术成果，维护学术自由和学术尊严。诚实守信，力戒浮躁。坚决抵制学术失范和学术不端行为。
>
> 五、服务社会。勇担社会责任，为国家富强、民族振兴和人类进步服务。传播优秀文化，普及科学知识。热心公益，服务大众。主动参与社会实践，自觉承担社会义务，积极提供专业服务。坚决反对滥用学术资源和学术影响。
>
> 六、为人师表。学为人师，行为示范。淡泊名利，志存高远。树

立优良学风教风,以高尚师德、人格魅力和学识风范教育感染学生。模范遵守社会公德,维护社会正义,引领社会风尚。言行雅正,举止文明。自尊自律,清廉从教,以身作则。自觉抵制有损教师职业声誉的行为。

这次颁布的《高等学校教师职业道德规范》和此前颁布的1997年、2008年《中小学教师职业道德规范》在制定主体上都是由教育部和中国教科文卫体工会全国委员会联合制定的。然而这两个制定主体与制度本身的性质有些矛盾。教育部是主管教育事业和语言文字工作的国务院组成部门。①教育部的设置是根据第十一届全国人民代表大会第一次会议批准的国务院机构改革方案和《国务院关于机构设置的通知》(国发〔2008〕11号)而设立的,为国务院组成部门。从具体职责来查考,教育部的第一项职能就是"拟订教育改革与发展的方针、政策和规划,起草有关法律法规草案并监督实施"。而中国教科文卫体工会全国委员会并没有直接制定规章制度的职责,其下属的教育工作部具体职责第四条中仅有"宏观参与,研究相关政策"。由此可见,《高等学校教师职业道德规范》主要是由教育部制订,教育部和中国教科文卫体工会全国委员会共同颁布的。

由隶属于国务院的教育部颁布的法律法规,其制度性质应该属于行政法律规范,调整的是行政法律关系。从制定主体上看,现行《高等学校教师职业道德规范》应该属于行政法范畴了。这个问题还应该再做推敲。对我国教师道德规范制度属性的两个追问。

(一)追问之一:该规范是否为行政法律规范

但是《高等学校教师职业道德规范》是否为行政法律规范?参照劳凯声教授对"目前我国的教育法体系由纵向五个层次和横向六个部门构成"的划分,②这五个层次分别是:由全国人民代表大会制定的教育法是我国教育法律体系的第一个层次;教育部门法是我国教育法律体系的第二个层次,主要调整各个教育部门的内外部关系,每一部门由全国人大常委

---

① 中华人民共和国教育部网站,http://www.moe.edu.cn/。
② 劳凯声:《变革中的教育权与受教育权:教育法学基本问题研究》,教育科学出版社2004年版,第58—60页。

会制定单行法律；由国务院制定和颁布的教育行政法规是教育法律体系的第三个层次；地方性法规、自治条例、单行条例和政府规章是教育法律体系的第四个层次；而政府规章是教育法律体系的第五个层次，属于这一层次的行政规章一般由国务院各部委制定和发布，其效力要低于行政法规。

从教育法律体系的结构和行政规章的定义来看，新编的《高等学校教师职业道德规范》应该算作行政法律规范的范畴之内。但是从行政法律关系的特点来看，行政法律关系主体的一方必定是行政机关或者根据法律的授权代行某种行政职能的社会组织，原告只能是行政相对人，行政法律关系的成立往往以行政机关单方面的行为为根据，主体地位具有"平等下的不平等性"的特点。

《高等学校教师职业道德规范》是否为行政法性质的道德规范？行政管理学中有关于行政道德规范的解释。所谓行政道德规范也可以称之为行政道德，指国家行政机关及其工作人员在行使国家行政权力、管理社会公共事务与行政机关内部事务，以及提供公共服务的过程之中所应当遵循的具有行政职业特征的道德准则与道德规范的统称，借此调整行政管理主客体之间以及主体之间各种关系。"行政道德是一种特殊的职业道德，它是国家行政机关和公职人员在行使公共权力、从事公务活动中，运用内心信念和是非、真假、善恶标准进行认识和判断，自觉地调节人与人、人与社会、人与自然之间关系的行为规范。"[1]国家行政管理工作的根本特征在于它有鲜明的政治性，由于行政管理是国家行政机关及其工作人员行使国家行政权力、履行国家社会管理职能的公共权力活动，要服从国家意志，维护与实现国家民众的共同利益需求，为此，全心全意为民众服务就构成现代民主国家行政道德规范的最高道德准则。忠于政府、勤政为民、忠于国家与人民的意志和利益要求也就构成行政道德规范的核心内容和最基本道德规范要求。由于他们担负着一定的领导职务，行使着公共权力，其思想道德素质对本地方、部门和单位的思想道德建设，有着很大的"公权效应"，即自身道德素质较高的领导干部和工作人员必然会更加重视其治理范围和主管领域的思想道德建设。行政领导和行政人员的道德建设搞好了，他们的公众形象、人格力量和权威作用必然会产生"扩散效应"，对

---

[1] 吴祖明、王凤鹤：《中国行政道德论纲》，华中科技大学出版社2001年版，第31页。

社会的思想道德建设起着直接的带动作用。行政领导和行政人员在道德规范的要求和层次上，要更多地体现出先进性，这就决定了他们对一般社会公众起着"示范效应"，有助于推动社会全体公民的思想道德不断达到新的高度和境界。行政道德在整个社会道德体系中居于核心和支配地位，所以历代统治阶级都把为政者的道德提到特别重要的地位，并且制定了一系列从政道德原则和具体规范，并且要求从政者把这些道德规范同法律规范结合起来加以实行和运用。在《左传·昭公二十年》中，就记载了孔子所谓"宽以济猛，猛以济宽，政是以和"。这就是说治理国家若能以宽厚的德治和刚猛的法治相互调剂和补充，就会国事顺泰、政通人和。宋代苏轼在《张世矩再任镇戎军》里，更提出了"威与信并行，德与法相济"的治国理念，把权力、权威与诚实、信用结合运用，德治与法治功能互补，当作为政者治国的成功之道。世界上许多国家已经出现了对行政官员的从政道德进行立法的趋势，把行政官员的道德规范用道德法律的条文固定下来，使之成为国家意志，要求一切行政机关和行政人员必须遵照执行。在行政管理规范的部门分类中，教育行政管理部门的职业道德的基本特征是"以尊师重教、热爱学生为中心"①。这个定义表明教育行政管理规范并不适用于教师，而只适用于教育行政管理人员。

　　这里还存在一个有争议的话题，就是教师算不算国家公务员。2005年12月18日，在全国教育政策与法律专业委员会第四届年会上，劳凯声教授提出"教师是公务员"的论断，而同席联手作报告的张诗亚教授则认为"教师不是公务员"。劳凯声教授首先指出，从世界各国来看，只有我国把教师规定为专业人员，其他各国在对教师进行定位时都是与政府有关系的，比如法国把教师定位为国家公务员，美国把教师定位为公务雇员，因而提出了在我国教师也应该划归为公务员的说法。而张诗亚教授不赞成此说法，他认为以前是为了解决教师的待遇问题，才把教师的待遇与公务员的待遇挂钩。现在应该把教师的地位明确化，参照公务员待遇提高教师工资，但是地位绝对不能和公务员混同。在他看来，当初我国把教师向公务员靠拢是为了解决当时教师待遇得不到保障的问题。正是由于当时的这个决定给现在教师的定位带来了很大的影响，所以我们必须重新考

---

① 吴祖明、王凤鹤：《中国行政道德论纲》，华中科技大学出版社2001年版，第341页。

虑。在赞成者中，基本上还是围绕提高教师待遇展开，有的认为，教师的劳动特点跟一般公务员的工作要求差不多，以公务员的要求，特别是统一着装（制服）可以提高教师的地位；有的认为，把教师纳入公务员体系，可以增加保障教师权益的法律质量，比如《公务员法》的惠及等，因而从长远利益来说，有助于教师地位的提高和相关权益的保障；有的认为，在现实国情下，只有把教师作为"特殊公务员"才能真正提高教师待遇，并且认为教师只有更好地执行上级命令，即更行政化才能提高教育质量；有的认为，在基础教育阶段，特别是义务教育阶段应该把教师纳入公务员，因为他们更主要是为完成国家的"普九"任务，在执行行政命令；还有的认为，从某种程度上来说，教师遵循统一的教育方针、统一的教学大纲等就是体现国家的意志，培养国家需要的各种合格人才，本身就是一种公务员的行为。在反对者中，大致有以下几种说法：一是教师待遇的提高关键在于落实各种法律和规定对教师待遇的说明，真正做到有法可依、违法必究、执法必严，而不在于把教师纳入公务员序列，何况即使教师成了公务员，也还不能确保自身待遇一定会提高，强行这么做就有舍本逐末的嫌疑。二是教师的工作特点虽然在某些方面类似公务员，但教师可以较为容易地转化为公务员，而公务员不是很容易成为教师的现实说明，教师的行业标准要高于公务员，不能让教师成为公务员，反而可以尝试"公务员是教师"的说法。三是即使在相关的法律中这么规定——"教师的平均工资应当不低于或者高于国家公务员的平均工资水平，并逐步提高"，这虽然是在教师地位不高、待遇难以保证的环境下的无奈之举，但从这条规定中至少可以看出，教师与公务员不仅有区别，而且"享受同等待遇"与"成为公务员"是两个不同的概念，不能因此而混淆说法。四是公务员是执行国家公权力的人员，教师从事的是教书育人的工作，并不享有公权力，这是教师与公务员本质上的区别。公务员的许多权利和义务不适用于教师，其录用、管理、监督、评价等体系显然也与教师的相应体系有很大的不同，把教师纳入公务员必然会造成理论上的悖论。五是新课程改革要求教师要从教书匠转化为"研究型"教师，而且教师也应有一定的学术自由，把教师纳入公务员易导致教师受"官本位"意识的影响，粘染上公务员的某些不良习气，不利于优质教师队伍的培养，也不利于师资队伍的合理流动；还容易致使"学校行政化"，导致学校失去独立性，工作效率降低。而根据《公务员法》中对公务员的范畴界定"是指依法履行公职、纳入国家行政编制、由国家财政负担工资福利的工作人员"，所以教师不是公务员。

教师身份是否被确认为公务员，直接关系到教师的法律适用问题。如果像德国那样认为教师是公务员，那么就可以直接使用《公务员法》，对教师的道德规约也可以比照行政管理规范中的规定来提出要求。从世界各国的经验看，国家可以而且应该针对掌握和行使公权力的国家公职人员（在我国表现为公务员）制定道德法规，但不能针对公民和民众群体制定道德法规。因为，国家公职人员掌握和运用着公权力，必须用非常规的制约监督措施才能防止他们滥用权力和腐败。在当今的法治国家，通常都有这类专门用以制约国家公职人员的很严格的道德性、伦理性法律或制度。这种伦理性道德性法律制度严格约束着公职人员的行为，公职人员的隐私权通常不受保护，他们的名誉权受保护的水平也大大低于其他公民。例如，我们的近邻韩国有《公职人员道德法》、日本有《国家公务员道德法》，澳大利亚有《公务员价值观与道德准则》，太平洋对岸的加拿大有《公共服务伦理规范》，美国也有其类似的法律，如《1978年政府道德法》、《1989年道德改革法》等。

如果教师身份不属于公务员之列，那么教师道德规范就不属于行政道德规范，而至于以行政法律形式来要求教师道德，更显不公。任何不掌控和运用公权力的个人和职业群体，包括高校教师，相对于国家机关官员而言，都处在公权力相对人或弱者的位置，因此，国家机关等公权力组织不必要也不应该制定道德性法律法规来对他们进行特殊程度的约束。我国的高校教师，虽然绝大部分在性质属于国有事业单位的高等学校工作，但除了少数兼任行政性领导职务的教师外，其工作都不具有掌握和行使公权力的性质，其地位不同于党政机关的官员。而对教师这个群体制定道德规范，此前有《中小学教师职业道德规范》，现在又有《高等学校教师职业道德规范》，也是道德与法律不分的法制落后一种表现。并且，在教师行政规章的上位法《中华人民共和国教师法》调整的主要问题中：教师的法律地位、待遇、权利义务、任职资格、职务评定、评价考核、进修提高，以及师资培养等方面来看，并不包括有关教师道德的规定，何以可能给作为下位法的教师行政规章提供法律依据呢？

(二) 追问之二：外部行政机构能否为道德立法

近几年，接二连三的教师道德问题一再跃入公众视野，人们对此既怀有感性上的愤愤然，亦注重寻求理性的解决方案。通过为道德立法以对师德形成约束的声音此起彼伏。为道德立法，首先取决于我们对"法"这个概念的理解：是将其当作一般意义上的"法律"，还是解释为像边沁所说的"可认识的规则"？前者所言之"法律"为权威性国家立法的总称；后者所言之"规则"是指制度范畴内的有效技术表达。显然，同为条条框框的东西放在不同的学科领域就有了不同的解读。将为教师道德立法的理念置于何种语境才能使道德立法得以成立与实施，这是讨论教师道德立法问题首先要解答的问题。

在法律范畴内，教师道德立法是否可行？

20世纪最重要的法律哲学家之一哈特（H. L. A. Hart，1907—1992）在他的名著《法律的概念》（*The Concept of Law*）中，对关于道德与法律区别作了经典论述，这个论述可以作为我们研究教师道德立法问题的理论渊源。哈特认为，有四个特征可以区分道德和法律。这四个特征分别是：

第一，道德影响的重要性

在社会生活中，任何道德规则或标准都被视为必须努力维系的重要事务。这种"必须"与"重要"正是道德有别于法律的本质特征。我们常有一个误区，就是以为法律制裁通常比道德制裁更为严厉而得出法律效力比道德束缚更重要的判断。其实不然。社会道德标准和要求如影相随地伴随着人生的每一个阶段，甚至每一个活动，人类社会生活的共同性使得道德离我们更近，这就是所谓道德的重要性。这种重要性表现在：首先，我们必须坚持道德标准，以对抗个体强烈的情绪本能，须得惩忿窒欲，甚至不惜牺牲个人的重要兴趣；其次，社会道德的约束力，需要通过对道德标准进行不断的训勉和灌输而使其成为所有社会都视为理所当然的事；最后，获得社会普遍认同的道德标准，有时可能会使个人生活发生重大的且不一定合乎己意的改变。虽然这些规则要求牺牲个人利益，但服从规则却能保障更为重要的共同利益。

"重要性"对于法律规定而言并非不可或缺。也许我们认为某个法规的维系与自己没什么关系，但在被废除之前，法律规定依然是法律规定，仍旧发挥着应有的约束作用。与道德不同的是，对每一个个体而言，法律好比是遥远的高压线，只要你不去触碰它，就可以在许可的活动空间里获得相对的自由，对于任何一个人而言，愈是有德性的人，道德的约束无时不在，而法律却愈少的甚至不能作用于他。就像《教师法》里规定的教师法律责任的担当内容，只要教师在日常工作中没有出现那些法律规定禁止出现的情形，那些法律条文仅仅就是一种客观存在，对认真负责的教师不会产生作用，除非特例，人们一般也不用《教师法》去衡量教师行为。而在现实生活中，我们看到与教师道德相关的舆论与评判却比比皆是，甚至于在普通民众身上被视为平常的行为在教师身上则会被视为异常，比如个性着装、爆口粗等。之所以会对教师的言行有种种非常要求，就是历史沿袭的社会业已公认的教师道德在起作用。与教师法律相比，教师道德更容易成为公众的焦点，其原因就在于道德具有比法律更为突出的重要性。

第二，道德形成的自然性

法律体系的一个特点是可以通过国家权力创制出新的规则，并通过法律制定改变或废除旧有的规则。但是道德规则、原理或标准不可能像法律那样借由刻意的行为去创制或改变。道德不决定什么是可能的，而决定什么是应当的。道德最突出的特点是它的民间性、社会性，而非国家性、政府性；道德是群众在生活中的利益体现，而法律一般是当权者管理的有力工具。道德的特性决定了道德必须是加以承认的"既有"事物，而不是人为有意地选择所造成的，这一特性与法律那种人为制定的概念在逻辑上不相容。道德推断给了我们一门主观的科学，而法律推断给了我们一门客观的科学，在道德中，我们的推断指向行动的动机；在法律中，则指向行为的外部结果，这两个领域是互不相同的。然而，尽管道德道德规则和传统不能借由人为的选择或立法来改变或废除，但是法律的改变或废除，却可能是造成某些道德标准或传统改变的原因之一。认为道德立法足以创造且改变道德的这种想法，违反了整个道德的观念。

我们知道，教师行业从最早分工不明的兼任，到固定成为一种社会职业，再进而发展成为专业；教师角色也就相应地从被崇拜的先知、圣者，发展到社会需要的职业角色和专业人员；在漫长的角色身份演变过程中，教师的道德形成也经历了从遵从习俗，到规则他律，及至今天讨论的伦理规范。随着时代的进步和社会生活对教师要求的改变，教师道德始终保有自发的演进特点，是一种由内发生的相对稳定的评价体系。这和教师法律的效力作用截然不同。尽管进入人类文明社会，一系列相关的法律作为稳定教师职业的制度框架被制定出来，但这些制定出来的教师法律既不能取代历史形成的教师道德规约，有时期作用效力也未必高于社会道德评价。所以，从观念上我们必须清楚地认识到，道德规范是不可以由国家"制定"出来的，而是逐步形成的，国家可以立法，但国家给教师厘定道德规范的效力值得商榷，教师道德规范的产生和变化始终不可能失却其传统赋予的重要地位。当然，法律也可能规定诚实和仁爱等有传统色彩的职业标准，然后改变且提升目前的教师道德水准，但那些以为可以通过制定出严格行为规则来创造或改变教师道德规范或标准的想法颇为简单；那些试图由公权力组织为个人或职业群体"制定"道德规范，也往往会成为一厢情愿或是枉然。最终的结局是"法律经常在与根深蒂固的道德的征战中败落，而道德规则依然会生机勃勃地和法律继续并肩而行"。

第三，违反道德的追责

在法律和道德里，我们通常都要为行为及后果负责。然而不同的是，法律责任可以分为无过错责任原则、过错责任原则和严格责任原则等类型，相比之下，道德责任则具有显著的惯例因素，更要求主观上的故意。这是因为法律与道德在调整对象上有所区别：法律仅仅调整人们的行为，而道德可以调整人们的思想和感情，道德责任是性格和行为的同一性的一个方面，我们对我们的行为负责，因为行为就是在行动中被客观化的我们自己，而法律追求的是个人与他人以及个人与国家之间关系的规范化；道德关心的是行为背后的一些东西而非行为本身，但法律仅关注行为，只有在行为人类的思想和感情能够提示行为特征并决定了该行为对公共安全的威胁时，才对其进行考虑。道德指示人们的内心世界，而法律只与人们的外部表现有关。"如果不能恰巧发现一个合适的道德原则并以立法的形式恰如其分地表述出来，立法者就不要假定能通过法律的制定来创造一个理想的道德秩序。"

道德规范与法律规范在适用方式上也有不同。在道德领域中，每个人在行为的关键时刻都是由自己来决定行为过程的，每一个道德原则都是通过其适用时的具体情况来加以检验和描述的。与之相反的是，为了维护公共安全与社会利益、维护正常秩序，法律必须解决许多道德不感兴趣或论域之外的问题，那么法律规范的司法适用必须以普通的形式进行。试图将道德原则转化为具体的逻辑命题将会导致诡辩，而试图对法律规范进行个体化的适用又将导致专横任意的粗暴行为和压制。

　　道德责任的理论论述告诉我们，在道德的范畴内，有一种自发和自愿的成分，这种成分事实上就是教师职业行为道德品性的基本要素。教师的道德善举往往出自个人内心的自愿而非他人或外力，所以任何可被用来维护法律权力的强制执行制度是无从适用于纯粹的教师职业道德要求的。并且这一点提醒我们，不仅仅知道是什么构成了违反教师道德义务，我们还必须知道教师的道德义务究竟是什么。我们所追求的具有外在行为控制力量的教师道德律，其内容应该切实可行，才能避免模糊判断和无效的责任追责。

　　第四，道德压力的形式

　　对于责任的规定，在法律规则和道德规则中都有明显的相似性：无论法律规则还是道德规则，其约束力产生的相应义务并不需要个人同意，而是得力于社会压力要求服从；遵守法律和道德义务也并不被认为是值得褒奖的事，而是一种理所当然，是对社会生活的基本奉献；法律和道德所规范的，是群体生活中持续重复的情况，哪些该做、哪些不该做，而不是针对特殊的或偶发现象。这些相似性表明尽管法律和道德代表着不同的规范性命令，它们控制的社会领域却有部分重叠。

　　不过，道德还有一个更为显著的特征，就是为了使个人将善意转化为符合道德要求的高尚行为，社会道德准则常常会将舆论的压力施加于他们，成为维护道德而施加的道德压力形式。如果说某人的行为违反了某个具体的行为规则，当然在这里指的是法律规则，那么他应受到的法律后果是身体处罚以及其他令人不快的后果，这种带有威吓式的结果可以说是法律压力的典型。而道德压力却不只是威吓或诉诸恐惧和利诱，而是提醒人们行动的道德特征或道德要求，是教导人们对规则的尊重，使人明白规则观念。制定社会道德原则，是为了约束群体间的过分行为，减少违背良心的行为，增加和谐共处的可能性。在道德压力的作用下，能够唤醒在我们心中存在着的羞耻心或罪恶感，会受到自己良心的惩罚。

　　教师道德在其形成过程中必须基于某些值得追求的传统价值观念，比如"师道"，但是这些价值观有的是泛泛的，有些则正在经历时代变革引发的嬗变，这些价值本身不能决定人们在某种情况下应该如何行为，教师很少能从价值观直接演绎到社会所要求的职业行为。因此，有时为了确认教师道德引发的正确行为，我们可能需要依赖某些法律。然而，值得注意的是，观点的差异是属于道德领域的存在，在道德上的分歧是重要的且在深层次的前提下，如果教师自由地根据个人意愿加以行动，就有可能引起社会舆论冲突，而控制这种冲突的一个办法就是借助法律对争议中的问题采取一种立场，并且用它的体制化权力强制服从。但是，法律的介入并不能解决道德的分歧，也不能铲除社会上的道德冲突，法律的作用只能是通过它的制度性资源，改善教师道德分歧的潜在的负面社会效应。

事实上，只有以真正愿意遵守的道德意愿为基础，各种条约、法律和协议才会得到遵守。这种自觉自愿已经超出了法律的语境。法律规范归属于法学；道德原则归属于伦理学。诚然，道德需要立法，但并不是需要像哈特那样的正式法律，法律是他律的（从外界强加于人的）；而是需要黑格尔所言主观意志的法，道德是自律的（产生于人的内心）。抽象的、形式的法是客观的，道德是主观的，只有伦理才是主观与客观的统一，才是客观精神的真实体现。

第三章 现实透析:面对伦理失范的思考

曾经的师道如光,曾经的师言如命。那些伴随一个人成长的和蔼的笑貌和慈爱的容颜难道真的记忆如风?在现代教师身上那些美德真的破碎成片?当高雅变得庸俗,就不能责怪社会诋毁如潮。面对一件件真实的令人难以接受的事实曾一遍遍追问:今天的教师怎么成了这样?这里收集的案例,虽然是个别教师游离于法律之外的行为,并不能绳之以法,但当这些年每出现些许颠覆人们心目中教师形象之美好的事件,一次又一次公然挑战社会可接受的道德底线,将"灵魂工程师"变身为众矢之时,我们还能以"师道之不传久矣"为挡箭牌吗?

诚然,仅凭传统的教师个人德性修养已不足以应对纷繁复杂的现代社会,具备超验形象的教师必须以其个体的言行传扬人伦原理,遵守人伦规范;并依照人伦关系,通过教育实现全社会的人伦秩序,其中也包括教师的伦理规范秩序。

第一节 将教师专业规范置于伦理语境的理由

一 规范的伦理性与道德性的区别

道德领域是可以被描述成高度制度化的,只是道德的制度基础与法律的制度基础有所不同。从社会要求和行业自身的发展来看,教师专业发展不只需要专业知识和技能的发展,而且需要教师具备与之相匹配的专业伦理规范。

之所以强调教师规范的伦理性,是因为伦理是对人的社会关系的应然性认识。伦理规范所指涉的是心智自然,是有智生命对善的事物的选择。教师伦理规范就其来源而言,可以分为教师职业原初的、自然的、约定俗成的；就其门类而言，教师伦理规范属于社会法则的一种；就其所适用人群而言，教师伦理规范属于特定群体法则。教师伦理规范还包含了社会传统习俗的强制性，作为"规范"所具有的特性，其中突出的方面就是对于教师群体和个人的权威性和约束性。

"规范"（norm）这个词一般用来指称一种行为标准、行动指导、规则，一个规范就是"一个人能够遵守或者不遵守的东西"，只有被人们集体性地接受，成为他们遵守的行为准则，才能称之为"规范"。当今世界最著名、最具影响力的哲学家之一约翰·塞尔用"制度性实在"一词来描述非正式的制度实践，认为有些规则是对先行已经存在的行为形式进行调节的，有些规则除了"调节"，还进行建构，或使之成为可能。教师伦理规范就是指一个规范、标准、规则、原则等对教育行动者的生活和行为所具有的某种主导意义。规范性与它的行动制向的力量相关，教师伦理规范能够对教师提出某种命令、支配和要求，或者向教师推荐某个东西，引导他们去做某件事。[①]

将教师专业规范置于伦理规范这一制度语境来讨论，其意义已经超越了传统意义上的"道德性"，更多地体现出哲学上的"伦理性"。这是因为：

从内涵上分，伦理具有客观性和普遍性，具有外在的社会性意味。伦理最重要的性质在于它的相互性，它在交往关系的双方面起作用，伦理是交往生活方面的规范，是对人的社会关系的应然性认识，是人们在交往生活中可以相互提出的有效性要求。而道德具有个体独特性，在本质上具有单向性，表现为人对自我的要求，主要指个体内心中所重视和恪守的准则的价值，表现为主观性和个别性的特点，更含主观、内在、个体性的意味。道德属于个人独自的世界，或是一个独特团体内部的世界，不可以与人分享；道德的有效性也是个人性内在的，是一个人对于其自身的要求，而非人们能够提出的有效性要求。

作为价值目标，二者的核心不同。伦理的核心是正当或合宜，其最本质的东西是社会成员在共处中的公平与适度。伦理相对于客观层面必定是社会所必须认同和要求的基本的、共同的价值，着眼于社会的整体协调与

---

① 徐向东：《道德哲学与实践理性》，商务印书馆2006年版，第53页。

稳定，违反客观伦理规范的人不一定是主观道德低下的人；一个人做了合乎伦理的事，不能就说他就是有德的；只有当这种行为方式已然固定在他的个性中，才可以说他是有德的。德应该说是一种伦理上的造诣。道德的核心应是德性与善，其最本质的东西是个体完善自身的自由追求，是相对于主观层面的一种终极价值，因而势必着眼于个体的道德完善的价值追求，呈现出自我价值追求的个体性差异。道德总是包含缥缈的理想和原则，它们是自我完善的价值。

  作为约束性规范，二者的对象不同。伦理是基于社会成员的整体关系协调而发生作用，诉诸人们的共同意识和规范认同，具有普遍约束的性质。而且伦理约束在方向上是可逆的，也就是说社会成员个体能够相互要求并且在一定社会条件下可以形成相互监督，其约束性依赖于社会共同体基于共识的公平与正义，因而具有外在的强制性。而道德具有独特性。道德不像伦理的要求那样具有准强制性，往往诉诸个体的经验认同，是基于个体对自身完满性的追求而发生作用，由一个人自身去决定和实践的东西，它只诉诸个人的心性，具有个体性的独特性质。道德方式的核心是从个体理性和自由意志出发，通过理性反思和自由意志实现其普遍性，因此是非常主观性、主体性的东西，道德约束在方向上也唯有对自身加以要求，其约束缺乏伦理所具有的那种强制性的特点。在道德中的应然只有在伦理的领域中才能达到，正如黑格尔所言："道德是主观意志的法。"

  作为评价尺度，二者的标准不同。伦理的尺度是正确与否、合理与否，作为一种准则，伦理是道德人格的生成路径，基于原生经验而形成，其原初形态是风俗习惯。由原生经验形成的伦理透过教育、惩戒等方式得到发扬和传承，逐渐演变成为"伦常"，抽象为"法则"，进而泛化为规范。伦理主要存在于公共领域，带有很强的公共性，而且这种尺度可以诉诸个人之间的交流、协商和讨论，即带有很强的公共性、整体性和"互主体性"。而道德的评价尺度是好与坏、善与恶。道德的本意是强调个人价值，这些价值针对个人而言是一种愿望和目的，并表现为对于私人实践的有效要求，主要存在于私人领域，带有很强的私人性、个体性和主体性。

  从表现形式上看，自由意志在内心中的实现就是道德，自由意志既通过外物又通过内心得到充分的现实性就是伦理。伦理必须表现为一种

"精神",而道德则是一种理性或理智,精神是基于信念的个体认同和普遍本质的回归,而理性与理智则是基于反思甚至计算的普遍的追求和建构。①

二 伦理责任何以超越道德责任

"伦理"与"道德"是何种关系?黑格尔在他的理论中把道德与伦理区分开来,认为伦理高于道德。他指出,抽象法是自由意志赋予自己的外在的、客观的存在方式;道德是主观的、内在的存心;而伦理是客观境域与主观境域的融合,从而赋予"伦理"(Sittlichkeit)以人类群体生活中的规范、价值观念和制度的意义,使之与作为以人的内心、意向和良心为出发点的行为标准的"道德"(Moralitat)相区分。黑格尔认为"尽管从语源学上看来道德和伦理是同义词,仍然不妨把已经成为不同的用语对不同的概念来加以使用"②,"德毋宁应该说是一种伦理上的造诣"。

首先,道德责任个体性与伦理责任群体性的区别。《中国大百科全书》把道德责任解释为:"人们在一定的社会关系中所应该选择的道德行为和对社会和他人所承担的道德义务。"对道德责任的理解可以着重从五个方面来把握。其一,道德责任是人们在社会中由于承担特定社会角色而具有和角色身份相符合的道德规定和要求。其二,道德责任是人们对自己从事的活动与他人及社会之间发生客观伦理关系的一种自觉认识,从而自觉地从道德意义上担负起对他人及社会的责任。其三,道德责任是人们从道德层面对不道德行为及其产生后果的一种责任追究。其四,道德责任是一种重要的道德品质,而且这种道德品质对其他道德品质的形成具有基础性作用。其五,道德责任是一种道德能力,这种能力体现在道德责任的认知、判断、选择和实践等方面。③道德责任将道德固定于个体意识中,这是他们每一个人的行为基础,其他一切都建立在这个基础上。"责任是……性格和行为的统一的一个方面,我们对我们的行为负有责任,因为行为就是在行动中被客观化的我们自己。"在伦理视域中,既有单个化的

---

① 韩升:《伦理与道德之辨正》,《伦理学研究》2006年第1期。
② [德]黑格尔:《法哲学原理》,范扬、张企泰译,商务印书馆1961年版,第42、170页。
③ 章建敏:《道德责任的界定及其实现条件》,《当代世界与社会主义》2010年第2期。

本己行为的具体主体及"个体人格",又有作为一般抽象的本质性的"总体人格",每一个成员都是一个独一无二的个体人格,无可替代且为自身负责;与此同时,每一个成员都对总体人格以及对在此总体人格中的其他个体的成员共同负责,而总体人格本身也对它的每一个成员都共同负责。因此,就形成一种"相互"的而非"单方面"的共同负责性,而且这种共同负责性又完全不会排斥这二者的自身负责性。在此意义上,每一个个别人格对于其他个别人格来说就不仅是在总体人格中作为一个"成员"而共同负责,而且也是甚至首先是作为独一无二的人格个体以及一个个体良知之载体而共同负责。

其次,道德责任单向性与伦理责任多向性的区别。道德责任单向性就是指特定主体之间的单向责任,如传统教师责任观中的"传道、授业、解惑",就是教师给学生传道、教师向学生授业以及教师解答学生之疑惑,这种责任是单向性的。尽管后来德国哲学家哈贝马斯的"双主体"学说也应用到教育领域中,但双主体更多指的是知识交流而不包括道德责任。而伦理责任要求教师个体也必须以"职业人"身份应对来自自身内部和社会各方面的各种需求和关系。美国学者杜威在华讲学之时,曾多次以"教育者的天职""教育者的责任"为主题提出教育者的责任是:第一,对知识应负的责任:教师不是把自己头脑中的知识搬出来教给学生,而是要培养一种兴趣,在学问上有很大的热忱,有继续研究的精神;第二,对学生应负的责任:教育者如能对学生有与进行共同教育的观念,视学生的进步为自己的进步,那就不但不以为烦恼,反而觉得快乐了;第三,对社会应负的责任:教师不但在学校是教师,还应当在社会上成为一般人的教师、学生家长的教师。以上对知识的责任、对学生的责任和对社会的责任,是杜威认为教师具有伦理性质"领袖的责任"的三个要素。这种教师多项责任的产生,是基于教师职业的教育性、社会性、经济性、政治性和伦理性凝结而成,使得教师单向性道德责任发展成为调节职业生活中人与人关系的应当,并以伦理责任的形式最终表现出来。

最后,道德责任内化与伦理责任制度化的区别。随着个人道德品性的不断成熟,在职业道德责任方面逐渐从他律走向内在,这种转化随着人的社会良心的形成与德性的成熟进而具有了职业良心和德性,人们不仅不把对履行职责所必须的准则看成外在的客观约束，而且还能在遵守职业道德的要求中获得个性自由，自觉掌握现存的职业道德准则，并且通过自己的道德实践使现存的道德准则更加完备。然而，"人性需要规约"，尤其需要制度的规约，人在社会之中生活，对于职业生活中的人与人之间的关系需要有基本的制度构架安排。何种制度被认为是"合理"性制度？当然有其技术性的要求与效率考量的要求。但从根本上讲是伦理性的要求。所以，凭借所依据的伦理性要求而形成的制度就是伦理责任制度，这就是精神性的价值理念通过其物化形态——伦理制度——约束着所有的社会生活和人们的行为方式。正因为如此，伦理制度就成为职业伦理责任的标杆。以这种观点审视以往的教师职业道德规范，在今天无论其内容还是形式都应发展成为教师专业伦理制度。

第二节　伦理实体语境下的典型案例分析

将同行之间对于职责理解的歧义称为"教师伦理之仇"[①]（中国政法大学法学院萧瀚《关于"杨帆门"事件的致歉与声明》），这是曾经沸沸扬扬的"杨帆门"事件中另一位教师的肺腑之言。看到受"杨帆案"牵连而辞职教师萧瀚的这封信中，将教师伦理称为同事之间"不共戴天的公仇"这样刺痛人心的词语，使我萌生了一个想法，将近五年为公众瞩目的事件收录下来，收录的目的无意讨论其中某个案件的情节或结果，而是因为它们具有的典型意义，对本研究有所帮助。下列近年来社会反响强烈的案例，按主题分为五组，分别是教学管理类、师生关系类、同事关系类、学术腐败类以及社会影响类，这些例证及引发的争论都指向一个共同的话题——"教师伦理"问题。同时，参照台湾教育专业伦理案例分析架构（Arthur Anderson's 7—Step Moral Reasoning Model），在本文中将案例按以下步骤逐一分析：[②]

1. 列出重要关系人。

[①] 萧瀚：《关于"杨帆门"事件的致歉与声明》，http：//www.360doc.com。
[②] 林淑玲：《国立嘉义大学"专业伦理学"教学大纲》，http：//www.docin.com/p-277084997.html。

2. 列出重要相关事实。

3. 找出道德问题（道德两难情境）。

4. 提出解决方案（分为正、反方案）。

5. 解决方案的道德评估（按照主要的西方伦理理论思想进行分析），根据以下理论进行评价：

（1）效益论（功利主义，Utilitarianism）：主张以行为所产生的整体结果决定行为的道德正当性，认为人应该作出能"达到最大善"的行为，强调社会整体或大多数人的幸福，坚持最大利益原则。

（2）义务论（Deontology）：什么使得一个行为成为对的？对自己的义务应当做什么？一个行为的对或错，不是完全决定在行为所造成的结果或目的，而是取决于行为本身所具有的性质和特点。康德认为追求利益的行为就不是道德的，为道德义务本身而做的行为才是道德的；因此道德义务不是条件性的，而是绝对的，称之为"绝对命令"。

（3）德性论（Virtue Theory）：德性伦理学重视"我应该是什么样的人？"重视人发挥原来具有的良好能力，并且在发挥自我的过程中注意实现良好的关系。

（4）关怀伦理（Care Ethics）：诺丁斯（Nel Noddings）认为关系的重要性是关怀伦理学所强调的。主张人存在的核心是关系，认为"社会所有的远大理想，最终要落实到实现人间关怀的关系。关怀应该建立在关系基础之上，只有关怀者与被关怀者建构了有效联系，真正的关怀才正式建立"。

6. 形成两难情境的实际限制。

7. 最后的决定：

（1）具体可行步骤；

（2）意外状况处置。

应该认识到，与固有习俗对教师道德评价的墨守成规及正式法律的裁决有所不同，教师伦理规范的着眼点并不是对教师所做的事情的道德化或强制性指令。专业伦理规范不是另一种形式的教条主义，它真正的意义在于为思考与教师伦理有关的道德难题提供一些工具，启发我们从教师伦理的原点去思考，这才是专业伦理规范的基本原理。事实上，争议性和不确定性本身也是专业伦理规范的组成部分，因为这些都是教师真实生活的组成部分。研究伦理难题只是为了可能遇到类似难题时可以坚定道德判断信心。

一　教学管理案例

（一）安徽"杨不管"事件

案件回放：2008 年 6 月 12 日上午，安徽省长丰县双墩镇吴店中学七（2）班第 4 节课是地理课，授课老师是杨经贵。上课 10 多分钟，杨老师面对黑板写字时，杨涛和同座位的陈康同学相互推打到一起。杨老师发现后批评道："你们要是有劲，下课到操场上去打。"随后其他同学将他俩拉开。杨涛回到座位后，坐立不稳。杨老师便叫三位同学送他到附近的吴店卫生院治疗，并叫学生通知其班主任。班主任得知后，立刻打电话通知杨涛的父亲，并马上赶到吴店卫生院，发现杨涛病情严重，又立即找来出租车，由吴店医院医生护理送往双墩医院。到了双墩医院，医生检查后要求立即转院，杨涛迅即被抬上救护车，在医生监护下很快被送往合肥市第一人民医院救治。市院发现杨涛病危，及时进行了抢救。班主任一面打电话通知校领导和陈康家长赶往医院，一面向公安部门报警。紧急抢救 30 分钟无效后，杨涛同学死亡。

当地教育部门通报了事件的调解和对杨经贵的处理结果，"杨不管"已被调离教学岗位，同时承担 10 万元赔偿费用，并被处以行政记大过处分。[①]

案例分析：

1. 列出重要关系人：老师杨经贵、学生杨涛和陈康

2. 列出重要相关事实：

（1）杨老师正在上课；

（2）学生杨涛和陈康在课上打架；

（3）杨老师制止，继续上课；

（4）突发意外，其中一名学生杨涛死亡。

3. 找出道德问题：

教师应管理学生的哪些事情？

[①] 中国教师网，http：//www.zgjsw.com/。

4. 提出解决方案（正、反方案）：

方案 A　只要在校内、班级内部的事情都应该管理，包括课内、课外；

方案 B　以教学管理为主，其他的可以不用管。

5. 解决方案的道德评估（按照主要的西方伦理理论思想进行分析）：

（1）效益论（两种后果）

严格管理，仔细询问原因	只要冲突不再继续
认真查看打架后果	主观认为小孩子打架不会出大问题
亲自送学生到医院，以随机应变	有其他同学陪同就医，自己继续上课
根据具体情况，及时抢救	不知情形怎样发展
也许得以挽救，即使不行自己也尽力了	没在现场，结果出乎意外

（2）义务论（Deontology）

原则一：普遍化原则

教师道德规范中对教师的义务要求是"恪尽职守"，不仅仅是教学义务，对于中小学生的日常管理也重要。

如果杨老师认真检查监督学生情况，严格管理，也许能够避免意外。

原则二：自律原则

每一位教师都应严格履行自己的义务，既包括教学义务，也包括日常管理的责任。

如果杨老师主观上意识到学校管理责任之重大，就会更有责任感。

（3）德性论（Virtue Theory）

教师应当是一个品德高尚、有完美人格的人，教师的德行更是社会大众所共同监督的；但同时教师也只是一个普通人，面对几十个学生不可能面面俱到，并且高年级学生也应该有自律能力。

（4）关怀伦理（Care Ethics）

原则一：人际关系原则

师生关系——教师应该是既坚持原则，又与学生相互信任、相互理解，同时学生应该遵守课堂纪律；

同学关系——同学之间应该互敬互让，并且不应该以粗暴的方式解决问题。

原则二：同理原则

老师的立场——学生应该遵守课堂纪律，就是打架也不至于出这么严重的后果；

学生的立场——忍让是无能的表现，会被别人瞧不起。

6. 形成两难情境的实际限制

尽责管理：遇到事情就一定要严格管理，课堂管理本身虽不属于教学，但也是对学生的教育，可以避免事态扩大，也让今后的授课更加有序、有效。

懈怠管理：教师应以教学为主要责任，学生应自觉维持纪律，并且不能影响他人。学生打架一般只会受伤，没料到会出这么严重的后果。

7. 最后的决定

（1）具体可行步骤

杨老师最后的做法是懈怠管理，由于主观疏忽出现意外。

（2）意外状况处置

教师要为自己的管理方式和后果负责。在教学管理中由于原因复杂，经常会出现一些意想不到的事情。扰乱课堂秩序的现象也时有发生，但教师应该关注学生的动态，包括思想动态。像打架这样的事可能会伤人，而师生间的不愉快，如教师对学生的态度、同学间的矛盾等还有可能引发学生的思想问题，这些问题表面看不出来，等到发现时也许会有严重后果。

结果及影响：被称为"杨不管"的教师杨经贵因在课堂教学管理中有失职行为，被予以行政记大过处分，同时调离教学岗位；吴店中学校长万其虎被免去校长职务。此案令我们深思的是在深层次上我国现行教育政策没有关于正常批评教育与侵犯学生权利之间作出合理且清晰的界定，致使老师在遇到类似事件时到底该不该管学生、怎样管、管到何种程度，在个人心中没有个标尺作为衡量，也缺乏科学的评价标准。"杨不管"事件的发生并不是偶然的，如果不加强机制和制度方面的改进，仅仅依靠对教师个体的谴责或是责备，对于从根本上缓解教师面临的现实困境是非常困难的。

（二）中国政法"杨帆门"

案件回放：杨帆，著名经济学家，2003年调入中国政法大学商学院，担任教授、博士生导师，兼任中国环境保护促进会常务理事、国防经济研究会常务理事。

2008年1月4日晚，著名学者杨帆在中国政法大学上本学期最后一次课时，讲了一会儿，发现人数有些少，便把教室的门锁了起来开始点名，怕自己考试不及格，二三十名学生闻讯后立马赶回教室，希望有机会悄悄溜进教室，一名男同学跑到门口后，抬起脚狠狠地踹了一下教室的门，杨教授走到门口，大声呵斥道"谁踢门了赶紧给我站出来，不然送到保卫科去，什么学生啊，扰乱课堂秩序，混蛋，畜生不如！赶紧给我站出来啊，你是属老鼠的啊"！骂了约十分钟后回到教室，继续锁门，在教室里批评逃课的学生，大约十几分钟过去了，还是没有同学站起来，于是，杨教授便回到了教室，继续把门锁上，开始批评逃课的同学是如何不尊重老师了，不久之后，一名女生悄悄跑进了教室想把书取走，在教室大约坐了五分钟左右准备离开教室，杨教授见到这一情况表示质疑，并与这位女学生发生了口角，产生了冲突，据门外面的一些同学回忆说，杨教授随后从教室里面冲出来，说是这位女同学扰乱了课堂秩序，不尊重老师，称要带这位女学生去保卫科，并产生了肢体上面的冲突。①

案例分析：

1. 列出重要关系人：名师杨帆，所带班级的学生，迟到的男生和早退的女生

2. 列出重要相关事实：
（1）杨老师在上课，注意到人数不多；
（2）为课堂点名生效而锁门；
（3）外面有晚来的学生，一名男生无礼踢门，杨老师怒，言辞不雅；
（4）里面有女生提前离开，与杨老师发生冲突并拉扯。

3. 找出道德问题：
教师应采用什么方法管理学生？

4. 提出解决方案（正、反方案）：
方案A　加强平时教学管理；
方案B　现在大学生本来就难以管理，听之任之。

---

① "中国政法大学'杨帆门'事件"，http://edu.qq.com/zt/2008/shisheng/。

5. 解决方案的道德评估（按照主要的西方伦理理论思想进行分析）：
(1) 效益论（功利主义，Utilitarianism）

严格平时纪律管理	大学生学习靠自律
严格管理模式	大学教师学问渊博，学生自然喜欢
先查人数再签到，以实际人数为准	以来听课为目的，只要来了就好
坚持自己的原则	对现在的学生无须较真
不会有大的冲突	非但没有冲突，而且相安无事
按到课率给成绩，不来的当不及格	能及格就给及格

(2) 义务论（Deontology）

原则一：普遍化原则

大学生已是成人，能够对自己负责，老师应注重学术甚于日常管理。

原则二：自律原则

现在的学生自律能力太差，教师看不惯就应该管。

(3) 德性论（Virtue Theory）

教师的为人师表与满口粗话、与学生恶语相向是难以联系在一起的，大学教授不仅要学问渊博，更要以德示人。那些自诩为专家名人的学者表现出个人修养欠佳，也在学生和社会舆论中尊严扫地。

(4) 关怀伦理（Care Ethics）

原则一：人际关系原则

师生关系——老师管学生没错，但杨老师此举让我们反思：什么方法才是有效管理？"尊重他人成为人者，始为人。"师生之间彼此尊重既是传统也是常理，反之即是反常。

原则二：同理原则

老师的立场——大学生也应该遵守课堂纪律，更应该尊敬老师。

学生的立场——大学老师更应该注重学问，不应将太多的时间浪费在无用的事情上。

6. 形成两难情境的实际限制：

尽责管理：如果每个老师都能强调课堂纪律，大学的学习风气就会好很多。

懈怠管理：也许类似于课堂管理之类的会被学生认为是多管闲事。

7. 最后的决定：

（1）具体可行步骤

任何一种充满教师爱的方式——一个微笑、一次善意的调侃甚至是智慧的笑言都可以避免和化解师生间不必要的"战争"，树立起教师充满睿智的形象。可杨老师过激的言行引发一场围绕尊师和师德问题的争论，让每一位教师反思教师治学与育人的态度。

（2）意外状况处置

原以为老师教训学生就是应该的，却没想到现代那些"80后"、"90后"的学生也都充满个性，他们可以与那些自己敬佩的老师称兄道弟，也可以对个人不认可的专家、教授毫无畏惧，这些学生的心态和大胆的反应是有些教师始料不及的。

结果及影响：沸反盈天的"杨帆门"事件实际上代表了儒家的师道尊严在新时代新思潮中受到的冲击，导致舆论在此事面前分成了几乎势均力敌的两派。"挺杨派"认为学生们公然和老师对立，是重蹈"文化大革命"的覆辙，是对尊师重道的传统美德的公然反叛；而"挺萧派"则坚持，对于这件事情来说，学生是有一定责任的，但值得我们反思的是教师育人与治学的态度问题。教师应将课堂作为一个与学生相遇的场所，一个与学生互动倾听意见和建议、共同成长的场所，而不应该是摆弄权威或是发布真理的场所。"师道不是霸道"，为师不尊，为生不敬是教育的悲哀也是社会的悲哀。

二　师生关系案例

（一）贵阳六中案

案件回放：案件发生在 2007 年 9 月 27 日，刚过完 18 岁生日不久的孟超，用匕首刺死了同班同学何小厉（化名），引发惨案的原因是他们的一位 45 岁的语文教师（原班主任）王永丽和这两名年轻的学生同时产生了不正当的关系，中年女教师与班上两名男生保持恋情，最终，一名男生杀死了另一名男生，贵阳少年杀人事件呈现的是青春的绝望、沉沦。案件发生的第二年即 2008 年 11 月 4 日，贵州省高级人民法院作出终审裁定，维持贵阳市中级人民法院对贵阳六中师生三角恋故意杀人案被告人孟超的死刑判决决议，而这位老师被学校"双开"。①

案例分析：

1. 列出重要关系人：女教师王永丽、凶手孟超、被害人何小厉（三人是三角恋关系）

2. 列出重要相关事实：

（1）王永丽（45岁）承认"与孟超是师生恋"；

（2）她和何小厉是"师生恋"；

（3）两个男生彼此嫉妒仇恨，身心都受到影响；

（4）从友谊到敌意，从朋友到仇人。

3. 找出道德问题：

什么是"师爱"？怎样理解"师爱无边"？

4. 提出解决方案（正、反方案）：

方案 A　理性的教师应该阻止这种畸恋。

方案 B　利用学生的纯真满足自己的私欲。

5. 解决方案的道德评估（按照主要的西方伦理理论思想进行分析）：

（1）效益论（功利主义，Utilitarianism）

理性对待自己的生活和各种关系	容易将私情和个人情绪带到工作中
热爱学生和自己的工作	在工作中较任性
师爱是一种大爱，具有包容性	混淆工作与个人生活、感情
平等对待每一个学生	以个人偏好处理师生关系
及时制止师生间、同学间不当言行	过度偏爱个别学生，言行过当
虽有短时不解、不快，但益于学生身心发展	冲动，失去理性判断，影响青少年成长

（2）义务论（Deontology）

原则一：普遍化原则

教师工作的特殊性就在于教育对象是活生生的个体，有思想有感情却都尚未定型，正因如此才需要教师的教育、引导与关爱，教育工作要求教师有爱心，人之常情难免也会偏爱某些学生，但教师的爱应该是"给予

---

① "贵阳六中师生恋事件"，http：//baike.baidu.com/view/11508912.htm? fr = aladdin。

之爱"而非"需求之爱",不应将个人私欲加在被教育对象上。

原则二:自律原则

教师为人师范的潜移默化对学生有深刻而长久的影响,这就要求教师须是一个理智之人,有清晰的判断力、较强的自律能力来约束自己的言行,避免受到社会的不利影响,也禁止自己的个人生活渗透到教育教学工作中。

(3) 德性论(Virtue Theory)

社会对教师的期望和教师职业本身的特征都要求教师的爱是神圣的、无私的、高尚的,不容掺杂半点私情杂念,严于律己是保持为人师表的根本保证,"克己内省",完善自我修养。

(4) 关怀伦理(Care Ethics)

原则一:人际关系原则

师生关系——师生关系的纯粹性和纯洁性,是终身为父的传统意蕴。

同学关系——正常的人际交往,同伴关系对青少年有较大、较直接的影响。

原则二:同理原则

老师的立场——老师的言行,无论是喜是怒都应该有分寸,有深度的同时还有尺度。

学生的立场——身心都正在成长中的学生会喜欢甚至崇拜某个老师,这是正常的心态,在一个班级里,老师是公众人物,是被关注的对象。

6. 形成两难情境的实际限制:

接受所谓的"感情",也许会获得短时的欢悦,每一个学生都愿意被老师关注。

拒绝所谓的"感情",也许会令人不快,但要理性对待,要为学生负责。

7. 最后的决定:

(1) 具体可行步骤

王老师不仅失去理性地跨越了身份、年龄等这些伦理的界限,如飞蛾扑火般烧毁了她本人与两个学生的世界,两个年轻人甚至为此付出了生命的代价。

(2) 意外状况处置

就像这场爱恋本身之不伦——不合常理一样,案件的结果同样让人震惊,年轻的心难以承受情感之重,又何以承受生命之轻。当人们充满同情对两个年轻稚嫩的生命欷歔惋惜时,可曾想过应该由谁来承担这场恶果?

师爱无边，教育无痕，仅对教师处以行政手段（解职）是否能回馈她的行为所带来的代价？对这样的"隐性"恶行是否也应承担同等分量的责任？西方国家的"行业排除"处罚，使有这样品性和不良记录的人终生远离教育行业的做法值得我们借鉴。

结果及影响：两个花季少年生命的代价，"爱心教师"悄然消失，被"双开"了却没有对她进行刑事追究。教育是成年人保护未成年人，这是人类共同的价值尺度；教师要引领学生的健康成长，这是全世界教师共同的职业准则。英国有过类似的教师，性质和情节都不如王永丽严重，被判处多年监禁；美国这么自由的国家也是如此。而对这样的教师我国该如何问责？这显示出我国法律规则的漏洞。

（二）北大教授指控情人敲诈 30 万

案件回放：近日有一篇名为《北大教授指控情人敲诈 30 万》的报道发出，经调查发现报道中涉及的报案人确实是北大教授。北大校方对此事高度重视，立即成立了调查工作组，秉承着查清事实、认定责任、严肃处理的原则，进行了全面而细致的调查，经调查核实情况发现，报道中涉案的报案人就是该校教师。校方发表声明指责该教师的行为影响了学校声誉，造成了严重且恶劣的影响，必须严肃处理，决不姑息，该教师目前已被停止工作，解除了教师职务。"北大教授"和丽江女"高中生"小丽的婚外恋，以女"高中生"涉嫌敲诈 30 万元身陷囹圄，教授"解除教职"而两败俱伤。纵观整个事件，北大教授既是法律层面上的受害者，同时也是道德上被指责的加害者。在这起夺人眼球的桃色新闻背后，隐藏着一个山里女孩试图改变自身命运的努力，以及社会流俗对传统伦理的侵袭。最终，海淀检方对小丽作出不予起诉的决定并将其释放。①

案例分析：

1. 列出重要关系人：

丽江女小丽　北大教授

2. 列出重要相关事实：

（1）丽江古城邂逅，有好感；

（2）小丽数次来京幽会，年龄差 26 岁；

---

① 刘杰、穆奕：《北大教授指控情人敲诈 30 万》，《京华时报》2011 年 8 月 22 日。

（3）帮助她上学的承诺及失信；

（4）指控其敲诈勒索，罪名不成立。

3. 找出道德问题：

名牌大学教授诱骗单纯女孩失身。

4. 提出解决方案（正、反方案）：

方案 A　相处两年，如果真心相待，可以有好的结果。

方案 B　即使分手，也应为自己的行为负责。

5. 解决方案的道德评估（按照主要的西方伦理理论思想进行分析）：

（1）效益论（功利主义，Utilitarianism）

知人情，懂法律	你情我愿
发乎情，止乎礼	乡下孩子无知好骗
教师只是职位，与感情无关	以身份为诱饵
婚姻状况属实	告诉对方单身
真心相处，以诚相待	利用对方的信任与好感
真爱就应负责	没有责任感

（2）义务论（Deontology）

原则一：普遍化原则

人非草木，孰能无情。这说来也是合乎情理。

原则二：自律原则

知道自己身份，对婚外之情就应该发乎情，止乎礼。

（3）德性论（Virtue Theory）

教师留给社会的形象定式是知书达理，有知识、有教养，这些也许都曾给那个女孩子带来希望和憧憬，也是两人交往最主要的理由。以至于直到最后这个女孩都"不后悔"。

（4）关怀伦理（Care Ethics）

原则一：人际关系原则

长幼关系——长者可以关心年轻人，有条件的可以帮助贫穷的，特别是学业、事业上的帮助。或叫"贵人相助"，或叫"善心善举"。只要意诚。

异性关系——男女可以相爱，可以跨越身份和年龄，只要心真。

原则二：同理原则

教授的立场——爱美之心人皆有之，不过是想顺手折花。

学生的立场——崇拜、希望、梦想……以为这就是爱、是幸运。

6. 形成两难情境的实际限制：

尽人意：爱的承诺应该兑现；帮助学习的承诺也应该付诸实现。

戏人生：不过是个感情游戏。

7. 最后的决定：

（1）具体可行步骤

可以给予感情的允诺，结婚也是结局；或者自己已婚，明知是感情游戏，也应想办法帮助上学，起码尽到善意。

（2）意外状况处置

以为乡下孩子单纯好骗，就以帮助上学为诱饵，以离婚为理由，更以大学教师的身份为光环为自己的形象增加筹码，却不想为这一切后果负责。其实，这本身就是一场骗局，是人的品质恶劣，更玷污了教师的形象。"破釜沉舟"曾是他们短信里的词语，也是这个事件最后的结局。只是又一个"解职"能否让公众满意？

结果及影响：这个北大教授违背基本社会伦理，采取欺骗方式骗取女孩感情的极端不道德的卑劣行为，应该受到全社会的谴责。作为社会精英的大学教授，其私人道德的下滑，会直接影响到所教授的学生，会逐渐扩散到整个公共道德领域。教授们的知识再多，若品行不敢恭维，简直就是教育的悲哀、社会的悲哀！更应受到公众的谴责。

三　学术腐败案例

（一）海归学者学术不端被免科研权利

案件回放：王志国因学术不端被免去科研权利，其实验室也被关闭。加拿大方面已冻结其科研经费，并永久取消其资助资格。"我澄清一下，王志国是被解雇或者说是被开除了，而不是像中国国内媒体所报道的仅'免去科研权利'。王志国门下的在读研究生必然要全部转给其他教授，他的实验室关了，他的夫人可能也要失业了，因为她夫人在他的实验室担任技术员。"近日，加拿大魁北克华人教授协会主席、加拿大蒙特利尔综合工学院教授嵇少丞接受《中国青年报》记者独家采访时指出。"王志国事件"在中加两国都引起了较大反响。在加拿大，因违反科研准则而被解雇的事件在蒙特利尔大学心脏病研究所近60年历史上还是首次发生，所以，包括加拿大《环球邮报》等知名媒体在内的报纸、电视台纷纷予以报道。在中国，王志国担任了哈尔滨医科大学心脏研究所所长，同时也入选了中组部公布的第四批"千人计划"名单，因此，他受到处理在国内也引起了广泛关注。加拿大魁北克华人教授协会主席嵇少丞说学术造假是学者的自杀行为。①

案例分析：

1. 列出重要关系人：

学者王志国

2. 列出重要相关事实：

（1）两篇论文造假；

（2）关闭实验室，被解雇；

（3）累及家人；

（4）蒙特利尔大学60年首发案件。

3. 找出道德问题：

学者作假，玷污学术道德。

4. 提出解决方案（正、反方案）：

方案A 科学在于求真、务实，王教授可以在科研和职务方面二选一。

方案B 心存侥幸，以为是小错误可以蒙混过关。

5. 解决方案的道德评估（按照主要的西方伦理理论思想进行分析）：

（1）效益论（功利主义，Utilitarianism）

求真务实，严于治学	学问、行政两手齐抓
严格个人学术修养	缺乏严谨的治学习惯
求质不求量	突击出成果
坚持学术原则	偶有懈怠，心存侥幸
不会有严重后果	低估了国外学术环境的纯净

---

① 官方微博：《海归学者论文造假 因学术不端被免科研权利》，《京华时报》2011年9月5日。

(2) 义务论（Deontology）

原则一：普遍化原则

每个人都会遇到名与利的诱惑，越是地位高、影响大的人，越应该增强心理防范，切记因小节而失大体，特别是走出国门的成功人士都背负着国家的荣誉。

原则二：自律原则

科学家有国籍，学术无国界。既要维护国家的学者形象，又要尊重科学规律，严谨、认真、踏实、务实是每一位科研工作者的基本素养。康德说过，道德不是指导如何幸福，而是指导如何才配享幸福。成功人士更应三思自己如何配得荣誉和名誉。

(3) 德性论（Virtue Theory）

"科学面前来不得半点虚假"是永恒的学者品德。

(4) 关怀伦理（Care Ethics）

原则一：人际关系原则

国际影响——跨出国门的人士已经不仅仅代表个人，他背后是凝重的祖国荣誉。

国内效应——国外对学者造假的严重处罚也许会对国内专家及科研环境起到一个警示和净化的作用。

原则二：同理原则

本人的立场——科研与行政、国内与国外，事情太多，有时真的难以招架。

他人的立场——为人才折翼而惋惜的人有之，幸灾乐祸的人亦有之。

6. 形成两难情境的实际限制：

尽心科研：科学研究的过程是寂寞的清苦的，容不得一丝浮躁。

急于求成：没有科研成果何以见人。

7. 最后的决定：

(1) 具体可行步骤

可以放弃行政职位，也许会少一些虚名；可以以真实状况示人，那样不会满足虚荣。

(2) 意外状况处置

弄虚作假，急于求成，无异于竹篮打水。一生功名万骨枯。

结果及影响：学术造假在加拿大被视为学者的自杀行为！一个没有"科研诚信"的人，就没有资格再做科学研究以及大学教授，这是加拿大大学和社会所达成的共识。科学研究的意义在于求真求实，科学家在科研中作假，无疑是监守自盗。王志国事件被看得如此之重要，原因在于他的这些研究及相关课题是属于全球性的课题，所有的科学家对于公布或发表的成果都将共同享有，达到了最高的科研水准。

中国学术界应向国外学习，必须严肃处理所有学术不端行为特别是学术造假行为，否则光提高科技经费投入是没用的，依然没有好成果出来。相反，急功近利，就会作假，科研就失去它本来应有的意义。

（二）西安交大原教授李连生造假国家奖被撤销

案件回放：由西安交大能动学院原教授、博士生导师、长江学者李连生主要负责的"涡旋压缩机设计制造关键技术研究及系列产品开发"项目，此项目在2005年时荣获国家科学进步奖二等奖，此项目中因其个人存在严重的学术不端行为，将他人成果任意为其所用，目前科技部撤销了其所获奖项，这也是我国首例因学术造假而撤销的获国家科学技术进步奖项的项目。[①]

案例分析：

1. 列出重要关系人：

西安交大原教授李连生

2. 列出重要相关事实：

（1）将他人成果任意为其所用，以虚假材料报奖；

（2）我国首例因学术造假而撤销的获国家科学技术进步奖项的项目。

3. 找出道德问题：

贪图功利，为了名誉、荣誉不惜造假

4. 提出解决方案（正、反方案）：

方案A　没必要弄虚作假，但很可能不会得奖。

方案B　现在学术腐败挺正常，大家都这么做，无所谓。

5. 解决方案的道德评估（按照主要的西方伦理理论思想进行分析）：

（1）效益论（功利主义，Utilitarianism）

---

① 赵永新：《我国首次撤销国家科技进步奖获奖项目》，人民网，2011年2月10日。

注重学者风范	认同当前氛围
严谨治学态度	注重功利
尊重事实，甘于平淡	急功近利，弄虚作假
但求无愧我心	改头换面，他人不知
不会有大的影响	可以瞒天过海
坚持原则	也许别人也会这样

（2）义务论（Deontology）

原则一：普遍化原则

现在国内学术环境浮躁，功利心重，更多的学者其实希望能有一个公平纯净的学术氛围。

原则二：自律原则

（3）德性论（Virtue Theory）

洁身自好是知识分子不应丢弃的美德。

（4）关怀伦理（Care Ethics）

原则一：人际关系原则

师生关系——学术不端之人如何为人师表？弄虚作假之人何以引人向善？

同事关系——更在意何以立足，还是成为大家前车之鉴？

原则二：同理原则

个人立场——别人也有造假行为，只能自认倒霉。

他人立场——希望更多的学者能引以为戒，而不只是文人相轻。

6. 形成两难情境的实际限制：

潜心研究：科研结果不可能一蹴而就，需要经年累月的平淡和辛劳，需要学者的耐心和隐忍，这个过程，本身就是对学术素养的历练。

急功近利：看到他人成就的光环，看不到光环之后的艰辛。心气浮躁，急于求成。

7. 最后的决定：

（1）具体可行步骤

可以不沽名钓誉，可以不贪求虚荣，可以不必弄虚作假，诚实的代价就是甘于平淡。可是见到别人功成名就之后，还有谁能承受心理失衡？

（2）意外状况处置

弄虚作假的结局就是"见光死"。学者造假已经不是第一例，但因学术造假被撤销国家奖项的实属首例。国内学术不端已引起国际关注。香港《太阳报》2009年8月6日以"校长带头抄袭 斯文败类横行"为题写道：内地学术腐败愈来愈严重，被揭露的沽名钓誉之徒层次亦愈来愈高。近日武汉理工大学校长周祖德被指涉嫌论文抄袭，此前已有辽宁大学副校长陆杰荣、西南交大副校长黄庆、广州中医药大学校长徐志伟等被指抄袭论文，并且全部获证实。

结果及影响：大学既是象牙塔也是社会的灯塔，它不仅仅是培养大学生，而且也是产生民族精神和社会价值的地方，同时它还有一个重要的功能，即点化整个民族和国家的功能。大学校长是一所大学的灯塔，大学校长抄袭论文，会把大学导向错误的方向，使更多的人误入歧途。……中国学术界抄袭事件层出不穷，既有人才评价体系要求评职称必定要发表论文而产生的急功近利这个根源，也有某些专家不甘做学问的寂寞，追名逐利的心态在作怪。……2009年3月，国家教育部曾向各级教育主管部门和高等院校下发了《关于严肃处理高等学校学术不端行为的通知》，但这一纸公文，似乎并没有发挥多大的阻吓作用。事实上，抄袭行为相当于变相的盗窃，它涉及学术道德、学术规范，甚至是牵涉到了刑事犯罪，如果今后把学术腐败纳入到刑律之中进行究治，就会把一些学术抄袭者逐出学校送进监狱，势必可以使得学术风气变得更加端正。

美国著名的《Nature》杂志撰 Publish or perish in China（《中国科研，不发表即灭亡》）中写道："学术不端已经到了令人不安的程度"，许多人将这些不端行为的首要原因归结为急功近利的文化。缺乏对造假者严厉的制裁措施，即使在令人瞩目的案件当中也付之阙如，是学术欺诈猖獗的原因之一。"对于这一令人侧目的丑闻，它没有得到相应的处理，这就发出了一个错误的信号。"[①]

四 同事关系案例

（一）两教授的口水战

案件回放：2007年11月，四川大学教授钟华发表文章批判北师大教

[①]《自然》杂志网站，2010年1月14日，http://www.nature.com/news/2010/100112/full/463142a.html。

授季广茂的《嬗变》一书文题不符、出现常识性的错误等。此后，北师大教授季广茂先后在其博客上发表八篇文章给以回击，称川大这一教授下流无耻，该事件引发众多网友的热议，只因对文章的一个批判却引来了对川大教授的人身攻击，在北师大教授的博客中出现了对川大教授及家人的各种谩骂和侮辱，用词不当，肮脏无忌。网友大多以为此事是斯文扫地的学术界丑闻，并建议把季广茂评为中国素质最差的教授。①

案例分析：

1. 列出重要关系人：

北师大教授季广茂　川大教授钟华

2. 列出重要相关事实：

（1）川大教授钟华撰文批评北师大教授季广茂《嬗变》一书；

（2）北师大教授季广茂爆粗口，指名道姓地侮辱和谩骂；

（3）以恶骂回应学术批评"做回畜生"。

3. 找出道德问题：

正常的学术之争引来的是斯文扫地的学界丑闻。

4. 提出解决方案（正、反方案）：

方案 A　正常的学术之争，对不同观点可以置之不理，泰然处之。

方案 B　面对批评可以学术回应，以事实服人。

5. 解决方案的道德评估（按照主要的西方伦理理论思想进行分析）：

（1）效益论（功利主义，Utilitarianism）

治学严谨	著作确有疏漏
虚怀大度	不容批评
就事论事，以求真理	自以为是，人身攻击
为人师表，态度友善	言辞粗俗，有失体统
学术探讨	斯文扫地
态度谦和	强势怒骂

（2）义务论（Deontology）

---

① "教授之间的口水战"，http://cd.qq.com/zt/2008/professer/index.htm。

原则一：普遍化原则

且不论教师的著作水平高低，单爆粗口骂人一事已经违反常理，有失体统。

原则二：自律原则

学养渊博，学术严谨，治学端正，严于律己。

(3) 德性论 (Virtue Theory)

教师形象自古就是为人和蔼大度，学识渊博涵养，岂能泼妇骂街？这样的行为失言、失态、失礼、失德、失身份。

(4) 关怀伦理 (Care Ethics)

原则一：人际关系原则

师生关系——粗俗的教师内有高深学养吗？能身为示范吗？

同行关系——即便文人相轻，又何必以最粗俗的方式暴露自己的心虚。

原则二：同理原则

本人的立场——是否可以面对虚言的奉承，也难以承受真实的批评；

对方的立场——忍让到不能忍时，回骂以对。不得已而为之。

6. 形成两难情境的实际限制：

严谨治学：文如其人，真正严谨治学了，可能文章、著作里的瑕疵就会少一些。

学养贫乏：想起小原国芳那句话："真正的教师怎能堕落到只会教书。"学养不足的人又怎配教书？

7. 最后的决定：

(1) 具体可行步骤

如果觉得对方说的正确，就虚心接受；如果觉得意见有分歧，可以相互讨论。

(2) 意外状况处置

在这场学者骂架的风波中没有意外。骂人肯定是故意的。

结果及影响：批评与反批评同时享有平等的权利，当事人要以道德文明的方式展开相应的讨论。然而一篇学术批评文章竟演变成"教授骂教授"的公众事件，大师和大嘴之间只有一步之遥。教授在博客上骂人不是第一次了，清华的旷新年，北大的孔庆东，今天又多了北师大的季广茂，如论他人，也就无所谓了，但是偏偏是在中国顶尖级大学任教的教授们，全然没了教授的矜持，让我们莘莘学子拿什么面对你们？有一天怕是要"羞为人师"了。

（二）饶毅评院士遴选：海归学者落选是因"不会搞关系"

案件回放：每隔两年举行一次的两院院士评选，因其代表着学术最高成就以及至高的科学荣誉，一直是公众与媒体关注的焦点。就在烟草专家谢剑平当选院士所引发的争议还在喋喋不休之时，2011 年参加院士评选但落选的北京大学生命科学院院长饶毅撰写博文，为清华大学生命科学院院长施一公的落选鸣不平，又引起了社会各界的强烈关注。饶毅因何觉得评选不公？院士遴选机制又是否存在问题？饶毅在自己首轮评审便被淘汰后，曾力挺施一公。两人同为"海归"，掌舵北大、清华，在此次院士选举中呼声颇高，却双双铩羽而归。谈及施一公的落选，饶毅直截了当地指出，绝非是学术原因。①

案例分析：

1. 列出重要关系人：北京大学生命科学院院长饶毅

2. 列出重要相关事实：

（1）院士评选；

（2）烟草专家谢剑平当选；

（3）北京大学生命科学院院长饶毅、清华施一公双双铩羽；

（4）饶毅撰文质疑。

3. 找出道德问题：

"中国特色"的学术逆淘汰等效于自身否定。逆淘汰现象，在中国基层出现不少，但受一般尊重的科学家精英团体也是这样，对国家的负面影响可能就不限于科学界。

4. 提出解决方案（正、反方案）：

方案 A　顺应中国国情，学会"关系学"，保障评选无障碍；

方案 B　吃一堑长一智，悄然学会"潜规则"；

方案 C　大胆敢言，直指诟病，倡导学界公正。

5. 解决方案的道德评估（按照主要的西方伦理理论思想进行分析）：

---

① 孙传章：《别把院士评选当成专家的事》，http://news.xinhuanet.com/2011-12/10/c_111232794.htm。

（1）效益论（功利主义，Utilitarianism）

敢于直言不讳	事不关己，何须多言
为人刚直不阿	趋炎附势
不是因为自己的利益而叫屈	谋私利
坚持自己的原则	了解领导的意图
明知会得罪一些人	八面玲珑
注重中国科学技术导向	关注个人名利

（2）义务论（Deontology）

原则一：普遍化原则：

既然大家都不说，自己也不要当出头鸟。

原则二：自律原则：

搞学术的人就应该坚持真理。

（3）德性论（Virtue theory）

坚持知识分子应有的光明磊落。

（4）关怀伦理（Care Ethics）

原则一：人际关系原则

如果大家（至少是学术界）都能坚持正义，不正之风不可行。

原则二：同理原则

现在有几个人敢于直言现实呢？也许只有名校名师有此资本。

6. 形成两难情境的实际限制：

即便直言又能怎样？现实难以撼动。

若不直言，枉为人师，何以言表。

7. 最后的决定：

（1）具体可行步骤

如果从功利之心看，直言陈词也许会影响以后的发展和晋升，明哲保身也许才是生存之道。

（2）意外状况处置

是否敢于承担说真话的后果？

结果及影响：科学家的价值就在于对于科学的理念和思维不同，"饶毅事件"也许会在中国科学史上留下一笔。评选院士具有严格的程序和学术标准，案件中这一院士被淘汰，可能是因为条件不符或是没有达到标准，但值得我们反思的是，为什么总是有人在怀疑某些意外的背后是不是存在一些不可明说的原因。是否科研经费分配不公平、项目评审是否公平、院士论文有没有抄袭等一些科研都直接与经济利益挂钩。应该说，近些年来中国科学界出现的种种问题，使得公众产生了猜想的理由和空间。

五 社会影响案例

（一）"宝马副教授"颠覆了传统师道

案件回放：云南大学副教授尹晓冰在一个全国性研讨会上发出雷语："大学教师全心投入教学是种毁灭。"他自称用在教学上的精力约占1/3。对于在课堂上接打电话的同学，他会很不客气地呵斥道："赶紧把你的破手机扔掉吧，这款手机我去年就用了，我电话号码中有七八个，你能买得起吗？"并用刻薄的话语鄙视学生。①

此前北师大教授董藩的一篇"40岁没4000万不要见我，不要承认是我学生"的博文引发了热议，②当下又出现了尹晓冰这一"宝马副教授"，号召大学教授不要全身心投入教学，表现出了对师道伦理的公然挑战。他的这些言行早已背离了传统观念中教师应有的美德，被舆论称为公然挑衅。在当下物质欲望极度膨胀的年代，难道教师也要变得刻薄、变得拜金吗？

案例分析：

1. 列出重要关系人：

云南大学副教授尹晓冰　北师大教授董藩

2. 列出重要相关事实：

（1）发表反传统师道言论；

（2）态度极端；

（3）利欲熏心；

（4）炫耀的不是学识而是物质。

---

① 张培元：《"宝马副教授"的张狂颠覆了师道》，http：//news.xinhuanet.com/edu/2011-05/23/c_121448031.htm。

② 华静言：《北师大教授"警告"学生：40岁没4000万不要见我》，http：//news.163.com/11/0406/08/70UN0GMA00011。

3. 找出道德问题：

在一个物质欲望极度膨胀的年代，为师者如此拜金和刻薄，师道真已成碎片？

4. 提出解决方案（正、反方案）：

方案 A　物欲膨胀的年代，少几分认真教书，多一些拼命赚钱。

方案 B　不能以世俗心、功利心衡量教师的品性和成就。

5. 解决方案的道德评估（按照主要的西方伦理理论思想进行分析）：

（1）效益论（功利主义，Utilitarianism）

热爱教育事业	教书只是饭碗
甘于奉献、甘于平淡	大学是挣钱的好平台
以桃李天下为乐	少一些精力教书
不为名利所动摇，不为金钱而诱惑	有能力赚钱就赚
内心坚定的衡量标准	相互攀比，虚荣心强

（2）义务论（Deontology）

原则一：普遍化原则

大学之大，在大师。大师之大，在学问，在素养，在情操，在道德，在人格，而非金钱权位、功名利禄。以市侩思维分析，师道作为社会道德的制高点，其水准降低必然导致整体道德水平下滑，其底线陷落必然导致整个道德框架崩溃。

原则二：自律原则

认同教师职业的辛苦和奉献，以淡漠之心站三尺讲台。

（3）德性论（Virtue Theory）

过去人们无数次深情颂扬，老师是"到死丝方尽"的春蚕、"成灰泪始干"的蜡烛。如今却有人表示异议，认为奉献精神等同于自毁，师道、师爱、师尊的温暖何在？

（4）关怀伦理（Care Ethics）

原则一：人际关系原则

师生关系——当老师们都津津乐道于开宝马、发大财、以官场厚黑学操控学术圈时，他们怎么要求莘莘学子弃浮躁而踏实学习、蓄道德而渐成栋梁呢。很难想象不致力于教育事业、仅凭自己的身份和社会的爱戴捞金的教师会热爱自己的工作和所教的学生?

同事关系——有能力的都是会搞关系能挖课题的人,书教得再好也没有用。

原则二:同理原则

老师的立场——这是现在评价体系和整个社会风气的结果,教师也要生存;

学生的立场——教师的价值观会严重影响学生的价值观。

6. 形成两难情境的实际限制:

甘于清贫:学生觉得自己无能,个人、家庭也要在现实中生存。

务实逐利:用于钻研学问的时间、精力肯定少了。

7. 最后的决定:

(1) 具体可行步骤

两位年轻教师的言行可谓"实在",此举真的颠覆了传统师道的深刻意蕴。

(2) 意外状况处置

纯洁的象牙塔之内、神圣的学术殿堂之上,丛林法则、学术官僚化居然被当成圣器膜拜。不以"学霸"为耻,而以"学霸"为荣,这种颠倒的学术荣辱观,其实正是畸形现实生态的全息映射。眼下学术圈似乎处处都离不开跑,从跑课题、跑评估到跑职称、跑评奖、跑项目,在一个处处拼"跑"的语境里,又有多少人能以"板凳一坐十年冷"的功夫潜心治学?

结果及影响:时代在发展,传统师道当然也会不断吸纳新元素,但其核心内容始终不会扭曲或者颠覆。"宝马副教授"的炫耀言行公然挑战传统师道,把社会的不良现实当成了评价教师人生价值的标准,完全颠覆了教师的"红烛"精神,暴露了学术功利化的自私与浅薄。作为教师,不应该无视教师的天职,教授自己不务正业,还有什么底气批评学生,奢谈教学质量与师道尊严?

(二)"范跑跑"案

案件回放:四川都江堰一中学老师范美忠因为地震发生时丢下学生不管,自己第一个冲出教室跑到操场,后又在天涯论坛发帖将此事广而告之，遭到众多网友的群起攻之，鄙弃、谩骂声不绝于耳。网友们在激烈讨论之余还送给他一个外号——"范跑跑"。5月22日，地震发生后的第十天，范美忠在天涯论坛写下了《那一刻地动山摇——"5·12"汶川地震亲历记》一文，表示自己"是一个追求自由和公正的人，却不是先人后己勇于牺牲自我的人！在这种生死抉择的瞬间，只有为了我的女儿我才可能考虑牺牲自我"。这些言论将他推向舆论的风口浪尖。著名的"范跑跑"事件由最初的集体谴责演变为一场道德辩论。①

案例分析：

1. 列出重要关系人：范美忠

2. 列出重要相关事实：

（1）地震发生；

（2）教师先跑；

（3）自我辩护的言论惹争议；

（4）引发有关教师道德辩论。

3. 找出道德问题：灾难来袭，教师是否有义务舍弃自己的生命尽到保护责任？

4. 提出解决方案（正、反方案）：

方案 A　跑了、说了，引争议。

方案 B　跑了、不说，得安生。

方案 C　跑、救人，获英名。

5. 解决方案的道德评估（按照主要的西方伦理理论思想进行分析）：

（1）效益论（功利主义，Utilitarianism）

严格平时纪律管理	大学生学习靠自律
严格管理模式	大学教师学问渊博自然学生喜欢
先查人数再签到，以实际人数为准	以来听课为目的，只要来了就好
坚持自己的原则	对现在的学生无须较真
不会有大的冲突	非但没有冲突，而且相安无事
按到课率给成绩，不来的当然不及格	能及格就给及格

---

①　范美忠，百度百科，http：//baike.baidu.com/link？url＝c。

(2) 义务论（Deontology）

原则一：普遍化原则

任何人都有求生的本能。

原则二：自律原则

教师不仅是传道者，还是监护人，有责任有义务保护学生。

(3) 德性论（Virtue Theory）

教师的崇高品德在于全然奉献，不仅奉献学识、精力、热忱，还包括生命。

(4) 关怀伦理（Care Ethics）

大爱无疆，师爱是一种大爱，应该忘我。

原则一：人际关系原则

师生关系——学生是责怪老师，还是充满理解。

同行关系——教育界的同行是否都意识到自己的责任重大。

原则二：同理原则

老师的立场——如果是其他老师，大难来时会有什么表现。

学生的立场——面对灾难的无助，当然老师是最可信赖的人。

6. 形成两难情境的实际限制：

人性的反思：自己逃生是出于本能，作为教师是否合适？

社会性的反思：职责要求保护弱小，这应该是教师的天职。

7. 最后的决定：

(1) 具体可行步骤

范老师不仅跑了，而且发表了自己的言论，引发全国人民对教师道德的议论。

(2) 意外状况处置

著名的"范跑跑事件"算是近年来关于师德讨论的里程碑：教师的责任到底有哪些？

结果及影响：从法律上说范美忠并没有违犯任何法律，从道德上说他摒弃了社会道德。遇到危险逃生算本能反应吧，但面对一群无助的孩子，为了自己的良心也不能跑。有老师在，孩子才有生的希望和信心。纵览古今，孔子和孟子尊尚礼仪道德，于是他的弟子和他的学说，宣扬的也是仁义道德,进而铸造了我中华民族的整个古代文明。这都是因为他们特殊的职业而产生的影响,因为他们是教师。看来,社会对教师职业有着极高的特殊道德要求,哪怕在生死之间。

以上这些案件有一些共性:就是作为当事人的教师都没有直接触犯国家法律,不能用"合法"或"违法"、"罪"与"非罪"这样的法律范畴概念来度量;而且,他们的所作所为也不是仅限于自身的良心感悟和道德提升这样的内在思想境界,不仅在于指涉个体道德"善"的道德内部,其影响指向工作范围内的同事、学生、学术等职业生活领域,甚至由于社会对教师角色的特殊要求和关注,其言行或多或少地也形成一定的社会影响。这些由个体所形成的集体,每每因为对于道德和道德责任的意识淡漠,或道德意识尤其是道德责任的集体无意识,而给教师形象在现代社会造成众多悲剧性甚至灾难性的后果,甚至造成对教师传统形象的颠覆。

第三节 教师道德的认同危机分析

作为一门古老的职业,教师工作与职业道德的纠葛可谓深矣。究其源头,在于教育关系的生成是出于伦理原理,以非功利性、非强制性为基本特点,因此,在师生及其教育活动共同组成的教育共同体中,教育关系、教育活动乃至作为教育的人格化的教师必定存在着某种神圣性。这种神圣性不仅为一定文化所要求,不仅为社会所认同,而且也必须在教育者和教育活动中得到体现,否则教育或教育者就会因此导致社会认同和教育认同的危机。[①]

一 教师道德危机的表象

前人早有所谓"师道之不存者久矣"之危机的感叹,也有"后世师法渐坏,而今世无师"的呐喊,更有因为无师所造成的"学者不尊严,故自轻其道。轻之,则不能至;不至,则不能笃信;信不笃,则不知自守;守不固,则有所畏,而物可移。是故学者惟俯仰徇时,以希禄利为

---

① 樊浩:《教育的伦理本性与伦理精神前提》,《教育研究》2001 年第 1 期。

急,至于忘本趋末,流而不返"的恶果的分析。如果学问的人只随波逐流,追随时俗,把追求利禄作为当务之急,那么就会至于忘本逐末的境地,像水之趋下而不知回头。

(一) 教师道德脱离社会根基

教师伦理脱离社会根基是指在教育伦理实体的社会生活中,作为存在意义、生活规范的道德价值及其伦理原则体系或者缺失或者缺少有效性,不能对教育活动和教师个人生活发挥正常的调节和引导作用,从而表现为教育社会生活和教师个人生活的失控、失序和混乱。"国将兴,必贵师而重傅;贵师而重傅,则法度存。国将衰,必贱师而轻傅;贱师而轻傅,则人有快,人有快则法度坏。"[①]教育是一项崇高的政治事业,教师的工作关系到国家的兴衰、法制的存废和人心的善恶。教师作为精英阶层较之于常人,本来更应该具有高尚的道德约束性,然而,当传统的道德在社会转型期处于断裂状态,许多精英阶层也堕落成贪得无厌、贪婪成性、道德低下的无德之人。教师道德失范更容易表现出社会精神层面的某种危机和剧烈冲突。一般说来,教师道德失范首先是指这样一种社会状态:在这样的状态中,社会既有的行为范式、价值观念被普遍怀疑、否定,或被严重破坏,逐渐失去对社会成员的有效影响力与约束力,而新的行为范式、价值观念又尚未形成,或尚未被教师阶层普遍接受,对社会成员不具有有效影响力与约束力,从而使得社会成员发生存在的意义危机,行为缺乏明确的社会规范约束,形成社会缺少某种正常交往秩序、行为规范的事实"真空"缺乏现象,呈现出某种紊乱无序状态。

爱因斯坦曾说过:"我认为今天人们道德准则的可怕败坏,来源于我们生活中的机械化和非人性化——科学技术和智力发展的可悲的副产品。人类最重要的努力,是在我们的行为中追求道德。"[②]在进入现代社会以来,特别是进入所谓的后现代社会以后,人类实践活动中客观的、非个人的道德标准丧失了,道德判断的标准只能出于"自我",每个人都可以"自我"地选择他想成为的那种人,选择他喜欢的生活方式。结果这种所

---

① 《荀子·大略》。
② [美]海伦·杜卡丝:《爱因斯坦为人处世——爱因斯坦通信选》,北京出版社1985年版,第61页。

谓的"自我"不可避免地导致了我们社会现实中社会道德本身的解体和不可捉摸的道德相对主义。现代的人们通常把冲破身份、等级和出身等封建传统对个人的制约的藩篱和现代自我的出现看作是历史的进步，而麦金太尔则认为，道德理论是随着社会生活本身的变化而变化的，任何一种道德理论都有其深刻的社会学根基。这种脱离社会规定性的"自我"，即不具有任何必然的社会内容和必然的社会身份的自我，恰恰是当代教师道德问题最深刻的根源所在，因为在社会道德的意义上，教师在庆贺自己获得历史性胜利的同时，却把人类传统师道的社会根基也一概铲除了。那么无论社会发展到什么样态，无论科学技术如何发达，教师职业随着社会的发展和技术的进步，也许摆脱掉的是固有的身份，始终摆脱不掉的是积淀于这种身份之中的永恒的职责。正是现代社会普遍泛行的脱离社会根基的道德相对主义导致了现代社会的"道德裂变"或"现代性道德危机"，这种危机进而推至尚未专业化的教师们。故此，在论证教师伦理的社会根基时，必须厘清以下几种关系：

第一，教师德性与教育实践的关系。要阐明德行就要首先阐明实践，德性与实践的关系是密不可分的，没有德行，实践就不可能维持下去。所谓实践，麦金太尔认为"是通过一定的人类协作性活动方式，在追求这种活动方式本身成果的过程中，获得这种活动方式的内在利益"。德性与实践的关系提醒我们在现代化的过程中，如何处理德性与功利的关系问题。

第二，教师德性与个人生活整体的关系。现代个人生活已被各种角色和职业分割成不同的碎片，不同的生活片段要求有不同的品性，现代社会生活因之也把人们各自遵守的职业道德规范看作是合乎社会整体的道德要求，在这个意义上，作为生活整体的道德要求的德性已没有了践行的余地。

第三，教师德性与教育传统的关系。道德不是抽象的、超历史的，道德就存在于持续着的传统中。而传统的维持就是德性的维持，同时，德性的维持也维持着传统。只有相关德性的践行，才可使传统得到维持和强化。个人生活是这个传统的一部分，每个人都因所继承的东西而具有特殊的道德规定性。处在这样的传统之中，教师就是自己所属的那个历史的一部分。

(二) 传统教师伦理权威丧失

教师权威是一种传统权威（traditional authority），马克斯·韦伯将权威分为三种类型：传统型权威、感召型权威和法理型权威，传统型权威被认为是依靠"人们对古老传统的神圣性以及实施权威者的合法地位的牢固信念"①。传统的权威来自文化所产生的影响力，所含摄的教师专业伦理是文化价值与自我认同。克里弗顿（Clifton R. A）和罗伯兹（Roberts L. W）以韦伯的理论为基础，对教师权威的构成进行了较为严密的规定，提出了教师权威的四个方面：法定的权威、传统的权威、人格感召力的权威和专业的权威。②将传统的权威和法定的权威统称为教师的制度权威，认为这是源于教育制度的权威，是社会文化传统所赋予教师的。

按照前文关于制度的理论分析来看，如果说法定的教师权威源于国家规定的正式制度，那么传统的教师权威就应该源于社会习俗和固有观念形成的非正式制度。因为在人类文明体系中，教师的名称一开始就与某种神圣性紧密关联，中西方文化认同中的教师不只是一个职业，更重要的是一个事业，一个崇高而神圣的事业，教师的活动并不是个人行为，事实上教师是代表国家、民族、社会培养合格的公民和文化继承者，因而对教师有特殊的伦理要求。教师不是简单地从事于训练一个人，而是从事于适当的社会生活的形成。每个教师应当认识到他的职业的尊严；他是社会的公仆，专门从事于维持正常的社会秩序并谋求正确的社会生长的事业。这样，教师总是真正上帝的代言者，真正天国的引路人。③尤其在今天，教师的权威要求伦理精神成为教师的基本人格条件，教师，是伦理精神的象征，是一定伦理的实践者、体现者和示范者。缺乏伦理精神，教育就会模糊甚至丧失自己的人文使命从而失去自身；缺乏伦理精神，就会动摇教育的根本信念，就会因为失去对人的信心而使教育成为不可能和不必要。与一般的教育活动规范不同，教育伦理作为调节人们之间教育活动关系的行为规范，它既是一种善恶规范，也是一种价值取向，以善恶为尺度来规定人们何种行为是应当做的，又有哪些行为是不应当的，以此引导和约束人

---

① [美] D. P. 约翰逊：《社会学理论》，国际文化出版公司 1988 年版，第 282 页。
② 吴康宁：《教育社会学》，人民教育出版社 1998 年版，第 209—210 页。
③ [美] 杜威：《学校与社会·明日之学校》，人民教育出版社 2005 年版，第 15 页。

们教育行为"以善律教"的价值取向,保障教育活动的有序进行。在《世界高等教育宣言》中也要求教师"发挥其智力方面的能力和道德影响,保护和传播被广泛接受的价值观,尤其在出现道德危机的时刻"。

但现在的问题是在整个社会面临道德危机时,教师的权威也受到影响和动摇,原本支撑教师信念与言行的理论支点,在现代社会知识状态的变化中纷纷断裂,形成了质疑教师价值的历史际遇。与基于自身而形成的教师权威的"绝对变化"有所不同,社会变化与学生差异而导致出现的教师权威的"相对变化",如麦金太尔所言,当代道德危机是道德权威的危机,人们无从找到这种合理的权威。而这种权威危机的一个深刻的现代社会根源在于:道德行为者虽然从似乎是传统道德的外在权威(如等级、身份等)中解放出来了,但是这种解放的代价是新的自律行为者所表述的任何道德言辞都失去了全部权威性内容。传统的以教师权威的天然合理性为基础的教育伦理秩序随着社会的发展和时代的进步必将被一种现代的、建立在道德证明或道德印证基础上的教育伦理秩序所取代。这一转变的过程不是一蹴而就的,它表现为新旧价值观和伦理观之间的尖锐冲突。

当前教师权威的失序主要包括传统式的教师权威失效;现实的教师权威失范;理想的教师权威失落。传统教师权威失效是指儒家式的教育模式在当今社会失去了教师权威的作用而不再有效。原来的传统教学主要以教师传授知识为主,是一种经验的传授,教师是知识边界的看守人,成为学生获取知识信息的源头。但是,现代化的资讯手段逐渐消解了旧有的教育模式,年轻人借助网络等新技术手段可以获取更多、更丰富的知识,形成新的知识观,学习和求知成为一种探索的行动或创造的过程,早已摆脱了传统知识观的限制,走向对知识学习的理解与创新。以往所扮演的"知识上位者"的教师角色受到了前所未有的冲击,教师权威日趋削弱也就成为必然。

现实的教师权威失范表现为社会物质生活的提高使得社会中出现了追求浮躁、蔑视道德的风气,这造成了社会的失衡,社会精神涣散,国民道德出现危机,这些势必也会影响到教师的个人追求和群体形象。应该认识到,教师权威一经获得,并不具有永久性,它是一个动态不断生成的过程,教师要通过自身意志与崇高的使命感不断赢得和巩固教师权威,特别是在现代化时代更需要教师通过道德的优先性引领学生。

理想的教师权威失落是指主流的理想沾染了一种短视主义和功利主义的弊端，"商品化的教师权威"的教育伦理危机的到来。受到整个社会功利主义价值观的影响，人们心目中具有奉献精神的"红烛"光芒不再，教师人格威信趋于失落，学校与社会的界限日益淡化。另外，由于现代的机械部分地取代了教师的功能，相对于传统传递确定知识的方法而言，教师个人的知识储备及知识更新相比较于网络更为有限，教师依靠过去的经验和指向未来的预期都会导致教师功能的弱化，教师同时失落在这两个世界之中。它迫切地要求教师改变角色意识，重新定位教师角色的功能。

（三）崇高伦理精神褪色

就教师伦理而言，古代的教师以天道所规定的育人为天职，在天人合一的宇宙目的论的大背景下，教师用他的言行亲身传播天道，上施下孝，养子作善，诠释了教师的价值担当。孔子把探求"仁"并实现"仁"的士阶层视为教师，要求其学而不厌、诲人不倦、教人向善，使前来求学的人都能够成为谦谦君子。对教师的这种角色定位，中西皆然，古希腊的柏拉图把"瞻望至善"理念的哲学家视为教师，认为他的使命就是引领处于黑暗中的无知的囚徒，使其灵魂转向至善的理念，做一个好人。由于教师被视为传播天道的使者，教师凭借天道的终极性和完全性在工作的本质上就高于因社会分工而成的世俗职业，他的神圣性在于教人做真正意义上的"人"。一个"好的技工"并不意味着就可以成为一名"好的教师"，这是对教师精神层面的更高要求和期望。"形而上者谓之道，形而下者谓之器"①，教师完全的天道高于其他职业琐碎的道德，前者是后者存在的基础和目的。

"大道赖人而传。传大道者，为天下之师。"②就教师伦理而言，与古典时代"天道""天职"有所不同，现时代的教师在"去魅"的世俗化进程中，逐步成为社会分工体系中的一个环节，同其他职业一样，是众多普通职业中的一种，没有高高在上，教师伦理已经蜕变为对教师个体欲望的外在约束和强制，蜕变为底线伦理、契约与法。一旦失去崇高和神圣，

---

① 《易系辞上·第十二章》。

② 段正元：《道德学志》，http://www.confucius2000.com/confucian/duanzhengyuan/daodexuezhi.htm。

教师和教育就会失去自身。正因为如此，当教师的"圣者"形象依然留存在人们的记忆中，为现时代人们根深蒂固的一种怀念时，现代性语境中职业教师的表现——一种退却光环，难以再现"太阳底下最崇高"时的种种表现冲击着人们的记忆，"教师"这个曾经以灵魂为业的一类人，师生之"伦"在传统社会其实是讲以"身份"地位为中心的客观的人与人的关系，在今天以种种既非"天道"又非"人道"，既非"记忆"又非"理想"的群体接受着社会伦理的评判。传统的以教师权威的天然合理性为基础的教育伦理秩序必将被一种现代的、建立在道德证明或道德印证基础上的教育伦理秩序所取代。这一转变的过程不是一蹴而就的，它表现为新旧价值观和伦理观之间的尖锐冲突，其核心是教育理念或教育基础的现代性变革。教育权威的失序急切地呼唤一种建立在新的教育伦理基础上的教育权威的重建。

应该认识到，教师的伦理精神，是教育的人文本性的核心。缺乏伦理精神，教育就会模糊甚至丧失自己的人文使命从而使教育失去自身；缺乏伦理精神，就会动摇教育的根本信念，就会因为失去对人的信心而使教育成为不可能和不必要。教育活动中的伦理关系具有三大文化特性。第一，它以一种民族认同的基本的或具有终极意义的关系为教育关系的范型。在中国文化中，教育关系的范型是作为人伦关系基础的血缘关系，因而教育关系具有准家族关系的性质，是那种人伦体系中近似父子的师生关系。这种关系具有先验合理性与现实制约性的特点。第二，它以道德价值为教育关系的价值基础。诚然，在师生关系中也必定有其他社会关系如经济关系、政治关系的内涵，但道德价值的指向是最基本的和最重要的。第三，教育关系的基本原理是伦理原理，伦理原理的基本特点是非功利性、非强制性。教育关系、教育活动乃至作为教育的人格化的教师必定内在地具有着某种神圣性。这种神圣性不仅为一定文化所要求，不仅为社会所认同，而且也必须在教育者和教育活动中得到体现，否则教育或教育者就会因此导致社会认同和教育认同的危机。基于传统伦理精神的"古人不敢轻自为师"[1]。教师不仅"乐于为师"，还要"慎重师道"，才是对教师使命的尊重。

---

[1] （明）黄宗羲：《广师说》。

二 教师道德危机的境遇

在修订本书稿的 2014 年里，陆续还发生了几起与教师道德相关的事件，其中颇有影响的，其一是厦门大学教授涉诱奸女生案。

据新华社 2014 年 7 月 14 日电摘录如下：近日，一则举报厦门大学人文学院历史系特聘教授、博士生导师吴春明猥亵诱奸女学生的帖子在网上热传。昨日，厦门大学公布《历史系教授委员会、系务会联席会议致全系教师的信》作出回应，中止涉事教师吴春明的研究生导师资格，停止其招生和指导研究生。

另一起发生在北京大学。

据《法制晚报》报道："北大一副教授与学生有不正当关系。"深陷传闻的某国女留学生王静（化名）向记者证实，北京大学国际关系学院副教授余万里多次与她发生性关系，致其怀孕。北大校方针对此事回应，余万里与女留学生王某确有不正当关系，影响恶劣，学校目前给予其开除党籍处分，行政处理已经启动。

这两起案件之所以在社会上引起反响，究其主要原因，是因为"名校效应"在起作用，颠覆了名牌高校在人们心目中的"象牙塔顶端"的地位。

然而本文未将其收录评论，是因为这两个事件的共同之处是均发生在成年人之间与情感（或利益）有关。成年人的道德认知与道德判断应该对相应后果有所担当，对这一类事件，一般不以条文规约。好在一致停其教职的共同处理结果也算合乎民意。

但不得不说的是另外两个件事。相继发生在 2014 年 11 月的与教师有关联的这两个事件及后果与此前我们列举的效果则完全不同，忽然将人们已经习惯于将教师置于众矢之的的做法来了个大逆转，不由得让大众反思，原来在师生之间、教师与社会成员之间，以及教师与其他社会关系之间的相互关系并不那么简单。那么，该如何正确对待教师及其工作？

这两个事件分述如下：

事件一：华东政法大学认定教师遭学生泼热水为不法伤害

2014 年 11 月 11 日上午，该校法律学院蒋老师上完第一节课后在上第二节课时进行课堂点名，学生王某没有到课。课到一半时，学生王某走进教室。蒋老师问起为什么不来上第一节课而第二节课又迟到，该生解释说："因为准备复习考研，没有听到上课铃声，所以没有到课堂上课。"蒋老师当时对该学生说："如果连课都不上，怎么能考上研究生？"同时，蒋老师在学生名册中该生名字旁边勾选了"到课"，该生也进入课堂上课。

通报称，课间休息时，该生将蒋老师水杯拿出教室，蒋老师以为该生通过为老师泡水表示歉意。在该生拿着水杯返回教室走到蒋老师跟前时，蒋老师向该生说了声"谢谢"，并伸手准备接水杯。此时，该生突然将杯中热水泼向老师脸部，导致蒋老师面部和背部严重烫伤。

华东政法大学称，根据初步掌握的情况，校方初步认为事件系"教师在正常履职中遭受的不法伤害"。通报称，事发地点位于华东政法大学上海市松江校区。[①]

事件二：家长打完老师后放话"不许动我家少爷"，央媒：查查老爷背景

2014年11月14日上午，吉林市船营区第二十五小学女老师在教室内遭到5名学生家长殴打。据相关部门介绍，事件起因是发生在11月13日的一次学生间的厮打，参与厮打的学生中齐某在班上被称为"少爷"。女老师郭鑫教育了"少爷"等人，随后其父亲便带人来到教室殴打她。打人期间，有人说"以后谁也不许动我家少爷"。

11月15日，新华社发表评论《"少爷"校园逞威，背后的"老爷"是谁》，指出"少爷"等带有封建等级色彩的称谓早已成为历史，没想到现在又还魂了。但是"少爷"还是个小学生，事情的关键是"少爷"背后的"老爷"。"少爷""老爷"是什么背景、有谁撑腰，必须要查查，以给被惊到的师生和公众一个交代。[②]

当这些事情发生，而且是很集中地发生的时候，一直被当成"靶心"的教师也会有本能的反应。当然，身份已经决定了他们不可能去对打、去报复，而只能以文明的、有教养的方式去回应。当网络上出现下列这篇文

[①] 刘刚、赵吉翔：《华东政法大学通报女生泼热水：教师受不法伤害》，《新京报》2014年11月13日。

[②] 谢佼、李双溪：《家长打完老师后放话"不许动我家少爷"，央媒：查查老爷背景》，新华网，2014年11月15日。

字，当这篇平凡的不用渲染、无须炒作的文字一出现，那些诟病教师的声音即刻变哑了。

有人问：你是搞教育的？我回答：不，我只是个老师！

有人问：你是人类灵魂的工程师？我回答：不，我只是个老师！

有人问：你的工作是天底下最光辉的职业？我回答：不，我只是个老师！

有人问：你是吐丝的春蚕，你是化泪的蜡烛？我回答：不，我只是个老师！

可是，对不起，真的对不起，我不知道大家所描述的到底是谁？

我，只是个老师！

有人说：老师应该把自己的所有都奉献给祖国的教育事业！我回答：不，我只是个老师！我要休息，我有自己的家庭，我有自己的孩子，我有自己的爱好，我希望能够心安理得的，像别的行业的人一样享受自己的生活，我希望自己的劳动能够得到社会的认可，我同样希望自己付出的劳动能得到应该有的回报。仅此而已，错了吗？

有人说：你是老师？那你应该能把所有的学生都培养成祖国的栋梁！我回答：不，我只是个老师！我是个平凡的人。我承认学生的成功并不是我的功劳，他们靠自己的聪颖和勤奋成就自己；同样有些学生的失败也不是我所能左右的，我用尽了全力，可是还是一无所获。当家长放弃了，学生自己放弃了，只剩下老师还在努力想改变点什么的时候，这些老师们显得多么的无助。

有人说：你应该明白：只有不会教的老师，没有学不懂的学生！我回答：对不起，我只是个老师，我只知道要尽力去教好学生，做好自己的工作。但是，当学生犯错，我们基于职业道德或者说人性的关怀去指出他们的错误的时候，更多的指责却应验到自己的身上。

我很困惑，我只是个老师，怎么成了保姆？我很困惑，我只是个老师，怎么成了警察？一个维护净土乐园里的宁静与安全的警察。我很困惑，我只是个老师，怎么成了法官？要保护孩子们的安全，有时却连自己的安全也保护不了。我很困惑，我只是个老师，怎么成了医生？我还得是一个既医愚笨又医心病的医生。

> 我是谁？我不知道了！请剥去我身上那些伟大的光辉无比的外衣，用一种平等的眼光来看待我，我只是个老师。我只是在做一个老师应该做的事情，至少在中国这个社会里规定老师应该做的事情。教育不是无能的，教育不是万能的！别把学校当成解决学生一切问题的殿堂，别把老师当成解决一切问题的圣贤，别把教育当成背负一切责任的机器。别给我赋予太多不能承受之重。我只是个老师！！

当面对这样的事件和文字，我们发现，仅用道德或法律来一味要求教师的言行的做法已经有失偏颇了。与以往的道德要求不同的是，伦理不仅涉及一个人自己的生存，而且涉及他人的生存；伦理不仅涉及存在的现实性，而且涉及存在的真实性；伦理不能只建立在各主体相互间的契约上，还要建立在精神的基础上。真正的道德实践本身就是善的。

黑格尔指出："教育学是使人们合乎伦理的一种艺术。"[①]在这个实践活动过程中，"存在着教育者、受教育者以及社会要求三种要素之间的矛盾运动"[②]。进而形成了教育关系，教育关系就是教育情境中所存在主体间的特殊关系。马克斯·范梅南认为："在教育情境中，成人和孩子并不是碰巧相聚在一起的；相反，他们是以一种特别的方式相聚的。他们以一种互相交融的联合方式相聚，这种方式构成了一种关系，一种教育的关系。"[③]它是"一种生活的体验"，是精神性的，而非物质功利的；是互相的心灵沟通，而非单向的情感输出；是基于富有魅力的个性，是与个人的特殊品质紧密相连的。像教育关系这种"建立在必然性基础之上的社会生活中的现实的自由关系"[④]就属于伦理关系，这种关系在本质上属于精神性关系，它必须附着于那些有形实存的具体关系上，并通过它们成为现实的存在。

（一）教育伦理实体中的教师个人人格体

从个体角度而言，伦理实体是一种个别性的普遍性，伦理实体与个人

[①] [德]黑格尔：《法哲学原理》，商务印书馆1961年版，第171页。
[②] 李国庆：《教育学》，陕西师大出版社2001年版，第13页。
[③] [加]马克斯·范梅南：《教学机智——教育智慧的意蕴》，李树英译，教育科学出版社2001年版。转引自赖配根：《由"师生关系"到"教育关系"》，《中国教育报》，2006年8月24日第7版。
[④] 高兆明：《黑格尔"伦理实体"思想探微》，《中国人民大学学报》1999年第4期。

的关系在一定意义上是个别与整体,或者说是社会群体与个人的关系。伦理实体中带有个别普遍性的个体是人格体。

所谓人格体是指应该为一个伦理实体完成某项任务的个人,他是由与其他个体的关系即由其角色来确定,只有在社会中,在与其他人格体的关系中才存在人格体,在这种关系中,"当为"或者"义务"就成为人格体或主体的某种自己的东西,也就是说,只有当伦理实体的需要作为当为而被转移到单个的个体上,并且该单个个体因此而被定义为群体的必要因素时——只是因为他的必要性,他才拥有为能够满足他的义务所必需的权利,才产生一个人格体。处于某一伦理实体中的"一个人必须做些什么,应该尽些什么义务,才能成为有德的人,这在伦理性共同体中是容易谈出的:他只需做在他的环境中所已指出的、明确的和他所熟知的事就行了"①。

人格体存在于对某一服务于群体的,并在这一意义上是客观的"适应秩序"之中,如果人们仅仅局限在诸个个体的需要上,那人们永远也达不到人格体。"人们应该力求使每一个人不做任何与共同体的福利和安全相违背的事,和不停止做被认为对共同体有益的事。"在伦理实体关系中,主体不是某种划一的东西,而是与各种角色相适应的东西,谁只要扮演了一个以正直这种要求为其内容的角色,谁就会特别认识到在调和各种要求和设置作为一以贯之的线路的自我时所存在的两难。若以自我批评的心态进行判断,就知道个体的世界与人格体的世界是异质的,二者不能融为一体。人不与人交往时,可以仅仅作为个体活在个体的世界里,并且在其中充分体验自己的快与不快,但是只要与人交往,个体就必须活在人格体的世界里,必须在其中履行作为人格体的义务,被强制烙上人格体的印迹。一个个体只是另一个个体的环境。而要想从中解脱,只有通过自身不能获得而必须通过诸个个体的联系才能完成,以至于个体性作为标准的说明图式必须被人格性基于规范的确定性所替代。只有当一群互不相关的个体变成一个群体,并且以支持群体的存续为个体义务的,即产生超越诸个个体的规范。当规范主导着伦理实体的相互关系时,也就是说,当这种规范给行动提供了标准的解释模式时,社会才是现实的——社会是人格性交

---

① [德]黑格尔:《法哲学原理》,商务印书馆1961年版,第168页。

往的社会。

(二) 教育伦理实体中的教师集体主体性

道德的主体不只是个体，而且还有实体，即具有或已经获得伦理性的那些集体。"从事实上看，道德的主体从来不是哪一个个人，而是当时的道德集体；由此可见，道德的每一次改变，并不是出于某一个人的决心，而只能是一个对某种意见和利益进行激烈而又理智的争论与商讨的结果。"①"伦理实体"是具有必然性的社会关系结构，是特殊性与普遍性统一的社会关系体系，"客观的伦理实体是人伦关系、人伦秩序的实体化；主观的伦理实体是人伦原理、人伦规范的实体性体现。"②伦理实体是由多样必然联系而形成的社会关系结构。"伦理实体"是个人的偶性存在，是相对于个人而言的，"唯有客观伦理才是永恒的并且是调整个人生活的力量。"它是个人的本质，规定了个人的义务内容，个人从伦理实体中获得自身存在的价值规定。"伦理实体"是人类自我立法的关系体系，"代替抽象的善的那客观伦理，通过作为无限形式的主观性而成为具体的实体。具体的实体因而在自己内部设定了差别，具体的实体因而在自己内部设定了差别，从而这些差别都是由概念规定的，并且由于这些差别，伦理就有了固定的内容。这种内容是自为的必然的，并且超出主观意见和偏好而存在的。这些差别就是自在自为地存在的规章制度"③。这种伦理实体具有一定规范或范型的关系体系，主体通过对这些规范或范型的关系体系的自觉意识，将它们表达出来，即成为外在的规范要求。④

伦理性的实体是个体生活和意义生成的场域，个体的自由并不是独立于或脱离于伦理实体，而是浸润在实体当中并通过个性化的方式表现出来。教师职业实体与个人主体也只有在"精神"层面上才是统一的。"精神是这样的绝对的实体，它在它的对立面之充分的自由和独立中，亦即在互相差异、各个独立存在的自我意识中，作为它们的统一而存在：我就是我们，而我们就是我。"作为伦理现实的精神是一切个人的行动的不可动

---

① [德] 库尔特·拜尔茨：《基因伦理学》，华夏出版社 2001 年版，第 203 页。
② [德] 黑格尔：《精神现象学》（下卷），贺麟、王玖兴译，商务印书馆 1979 年版，第 4—5 页。
③ [德] 黑格尔：《法哲学原理》，范扬、张企泰译，商务印书馆 1961 年版，第 164 页。
④ 高兆明：《黑格尔"伦理实体"思想探微》，《中国人民大学学报》1999 年第 4 期。

摇和不可消除的根据地和出发点。伦理实体与自我（主体）具有内在的同一性，"伦理性的实体，它的法律和权力，对主体说来不是一种陌生的东西，相反地，主体的精神证明它们是它所特有的本质。在它的这种本质中主体感觉到自己的价值，并且像在自己的、同自己没有区别的要素中一样的生活着。这是一种甚至比信仰和信任更其同一的直接关系"①。

（三）教育伦理实体中的制度性质

为教师道德立法，首先应当取决于我们对"法"这个概念的理解：是将其当作一般意义上的"法律"，还是解释为像边沁所说的"可认识的规则"？前者所言之"法律"为权威性国家立法的总称；后者所言之"规则"是指制度范畴内的有效技术表达。与法律相同的是，伦理学同样包含着一些原则；而与法律规范相区别的是，伦理规范的性质不同。无论是现实情况的发展还是制度理论的进深，对教师道德的制度建构已经不能仅仅停留在已有的法律概念上了。事实上，只有以真正愿意遵守的道德意愿为基础，各种条约、法律和协议才会得到遵守。

所谓专业伦理规范（professional ethics code）或专业伦理守则（codes of ethics），是指一个专业团体为了揭示其成立要旨、价值理念及服务精神，作为其成员行为抉择之价值判断基础、维护专业团体共同利益所发展出来的一套行为规范，它是一个专业团体成立的重要条件。透过专业伦理守则，专业团体可以防止悖论行为的发生、维系专业人员之立场，并提升专业之声望与公共之信任。

教师专业伦理规范，是指教师专业领域的行为规范，以此规范教师执行专业时对其个人、他人及社会的行为，其所涉及对象包括学生、学生家长、同事及社会大众等。②借由遵守专业伦理规范，教师乃得以成功地扮演其教学与辅导的专业角色，并进而维护教育专业团体声誉，顾及教师本身及全体学生之共同利益与福祉，具有能为协助专业团体成员表现出专业行为，维护专业团体共同利益之价值。

在任何专业领域中，如果专业自主性愈高，而且影响社会大众福祉愈

---

① ［德］黑格尔：《法哲学原理》，范扬、张企泰译，商务印书馆1961年版，第166页。
② 蔡淑婷、陈冠名：《我国教师专业伦理守则之探析》，道客巴巴，http://www.doc88.com/p—092106077764.html。

大,则对于专业自律要求愈强,所以在各种专业团体内部,一般都会制定"专业信条"或者"专业准则",规范和约束团体成员在执行工作或与他人互动时的一切行为,以确保服务水平、增进社会福祉、赢得大众信赖。每个专业团体的信条或准则的内容会随着其专业特性有所差异,但基本精神往往一致,规范了成员的个人德性和社会责任。与其他社会职业相比,教师劳动具有教育性、示范性和复杂性,教师劳动的特性就体现在他育人价值或者道德性上,知识的传授和人格的培养在教师劳动过程中无法分离。"道德是个人身上的'群体本能'(herd-instinct)。"[1]

教师劳动的复杂性还表现在教师在劳动过程中要面临各种复杂的人际关系、教育活动的双向互动,以及教育结果的深远影响等诸多方面。这种道德特殊性是基于对教师劳动的专业认可基础上,是基于教师专业工作和专业发展特点与实际而形成的教师伦理道德,在具体内容上,它也不再是一般道德规范在教育行业里的简单演绎与应用,它包含了道德原则、伦理规范与追寻美德的完美体系。

专业伦理规范的功能主要体现在:第一,不仅能使社会大众借此了解该专业服务之宗旨,而且能协助刚入本行的新人了解该行业的专业理念或专业行为的内涵,以适切地扮演专业角色。第二,可客观表达出该行业的价值观,作为该行业里不同个人价值观冲突时的客观指标。第三,是所有专业人员应遵守的道德规范,不仅有助于预防专业人员不道德行为的产生,而且亦可作为其从事专业服务时行为的指标及面临困难的参考与指引。第四,专业伦理规范实际上是专业向社会大众签署的一份服务契约书,保证专业的质量与责任,有助于专业形象的提升及成员对自身的认同。

教育作为一种伦理实体,"如果没有系统的合理的伦理规范,公众或其他行业团体将代之设立一套规范,这门专业将因此丧失其道德自主性"。处于教育伦理实体中的教师由于其服务对象、职业地位和扮演角色的特殊性更需要具备相应的专业伦理规范。杜威的"教师的职业精神"中阐明教师应对于知识所应负的责任、教师对于学生应负的责任、教师对

---

[1] [德]弗里德里希·威廉·尼采: Laurence Gane and Kitty Chan, Nietzsche, Icon Books Ltd. 1998年版,第52页。

于社会应负的责任，表明了对传统偏向内心教师道德的伦理超越，不仅保留了传统道德的内在规定性，还有处理种种关系时的外在伦理秩序，以及维系内外秩序的伦理规范要求，教师身处内在道德、外在秩序和伦理规范的核心，其公众形象尤为引人关注。

法律是一回事儿，道德又是另外一回事儿，二者的范围显然不同。从学理角度分析，显然伦理规范更适合作为道德立法，更符合道德哲学的逻辑性。美国两种类型的教师伦理规范给我们以很好的启示，提示我们可以从教师道德个体和教师道德群体两个不同的责任主体进行规范，这两个规范维度能够更有效地作用到每一位教师。

三 两种教师制度的相互作用

道德体系和法律规定原则上是互不相同的。道德是一种对利益的评价，法律是根据这种评价所作的规定；道德是获取内在安宁的理性手段，而法律是获取外在安宁的理性手段；道德依据的是行为的内在价值，法律则有其社会行为基础。"法律的目标"并不应当直接是"实现道德"，但法律和道德是相互关联的伦理部门。当我们对道德与法律有了这样基于伦理的认识，就应当承认正式制度与非正式制度的关系不应是位阶高低的问题，而是指其来源和权威所能及的影响力的不同，二者虽未必相抗衡，但是在非正式制度中的意识形态可以在形式上构成某种正式制度安排的"先验"模式，使得法理权威多少能够推翻传统权威的文化压力。

（一）教师伦理规范与教师法律的区别

虽然教师伦理规范与教师法律在本质上同属于制度范畴，但二者的区别依然非常明显：

第一，教师法律与伦理规范产生的条件不同。法律是随国家的产生而产生的，教育的工具性价值也使得古代教育法能够为统治者服务；而侧重于伦理道德的教师非正式规范的产生则与人类教育活动形成同步，是维系一个社会教育的最基本的规范体系，如果没有非正式道德规范的强有力的隐性作用，整个社会的教育理念就会分崩离析。

第二，教师法律与伦理规范制定主体不同。教育法律是由国家制定或认可的行为规范，具有明确的内容和具体的规定；而教师非正式道德规范的内容早已存在于人们的习惯意识之中，给整个社会留下了对教师形象的刻板印象，通过教师的言行表现出来，有较强的原则性，也是社会评价教师言行的隐性标准。

第三，教师法律与伦理规范调整范围不尽相同。从深度上来看，教师非正式伦理规范不仅调整教师的外部行为，还调整教师的行为动机和内心活动，它要求教师根据崇高的教育意图而行为，要求教师为了表达善去追求善。法律尽管也考虑人们的主观意识，但法律并不惩罚主观过错本身。从广度上看，符合法律调整的，一般也首先符合道德的调整。

第四，教师法律与伦理规范作用机制不同。教育行政法规或法律作为国家行政法，是靠国家强制力保障实施的，这种强力可以理解为行政手段；而非正式道德规范主要靠社会舆论和传统力量以及教师自律来维持，虽然没有强制手段，但巨大的社会力量仍然可以产生强大的评判效能。

第五，教师法律与伦理规范内容不同。教育行政法规规定的是教师的法律权利和法律义务，属于法律范畴，一般要求权利义务对等，没有无权利的义务，也没有无义务的权利。而非正式规范作为道德规范一般只规定义务，并没有对等的权利，属于一种绝对的义务、道义的义务。

（二）教师伦理规范与教师法律的联系

教师伦理规范与教师法律两者相辅相成、互为补充、彼此制衡。二者关系具体表现为：

第一，教师非正式制度向正式制度的转换。作为伦理规范的非正式制度可分为两类：第一类制度是实现教育有序化所要求的伦理道德，即正常维系教育活动必不可少的"最低限度的道德"；第二类制度是那些有助于提高教师生活理念、增进人与人之间紧密关系的原则。其中，第一类非正式规范通常可以转化为教育行政法规，通过制裁或奖励的方法得以推行；而第二类道德是要求较高的道德，一般并不适宜转化为教育法规，仍以精神价值追求保有其永恒的地位，指导着教师崇高职业信仰，如若不然就会混淆法律与道德，结果是"法将不法，德将不德"①。

第二，教师非正式制度对正式制度的作用。教师非正式制度包括教师伦理规范，都是教育法律的评价标准和推动力量，是教育法律的有益补

---

① ［美］博登海默：《法理学—法哲学及其方法》，邓正来译，华夏出版社1987年版，第361—365页。

充。因为首先，教育法律应包含最低限度的教师道德，没有道德基础的法律是一种"恶法"，无法获得教师的尊重和自觉遵守；其次，教师自身的伦理道德对法的实施有保障作用，"徒善不足以为政，徒法不足以自行"，教师职业道德水准的提高，法律意识与道德观念的加强，对法的实施都起着积极的作用。最后，教师伦理规范对法有补充作用，法的调整范围是有限的，更多不宜由法律调整的，或者本应由法律调整但因立法滞后而尚"无法可依"的行为，都可以由非正式制度来调整。教师非正式制度对正式制度起了补充作用。

非正式制度是历史的积淀与文化的演进的结果，是正式制度形成的前提。虽然与器物文化相比，非正式制度处于文化的最深层次，变化较慢，需要长期缓慢的生长和培育，然而非正式制度是制度体系不可或缺的构成内容，是正式制度产生、发展和有效运行的前提，成为教师伦理的核心内容，对教师制度的发展具有不可低估的作用。制度演进的内生和渐进特点，使得教师非正式伦理制度的演化成为教育制度发展和教育体制变革至关重要的问题。

本章案例所反映的教师道德危机，是一种敬业精神和教育价值追求的危机，即"师道"的危机；所反映的教师非正式制度的危机，是作为教师行为准则的危机，即"师德"的危机。"如果不明确作为敬业精神与教育价值追求的师道与作为教师行为准则的区别，很可能使这两者都难以到位。"[1]道生之，德畜之。教师职业所要求的内在拘束力与外在制约力都是通过理性的立法自身立定规则的，这种基于道德观点所作的有关行为"对"与"错"的判断在法律制定未周延的范围之外，特别需要靠伦理规范发生作用，"师道"与"师德"就形成了建构良善教师专业伦理规范的两条路径。内在的价值追求失丧，外在的行为规范失效，提醒我们必须从师道、师德这两条迷失的道路中找回往日的荣光。

---

[1] 陈桂生：《师道实话》，华东师大出版社2009年版，序第1页。

第四章　价值取向:回忆曾经的师道如光

何谓"道"？春秋时子产说："天道远、人道迩，非所及也。"世界必有其规则，是为"天道"；"人道"是一种对做人基本价值的追求，成为一种是否还称得起为人的底线。所谓师道，主要指"为师之道"，"师"字意为"范也；教人以道之称也"。这里的"师所教之道"，应该既包括自然规律的天道，也包括为人处事的人道。"师道"是我国传统教师教育思想之集萃，是中国传统教育思想贡献给全人类教育理念的瑰宝，对中华民族特有的教师道德观念和教育价值取向具有重要影响。

早在《诗·小雅》中，"赫赫师尹，民具尔瞻"已描写出教师的形象，意思是德行善道让百姓高山仰止的人，才能称之为教师。至于现代的师道观，可从两方面解释：其一是个人的方面，其二是社会的方面。[①]就个人方面而言，凡教育事业，其成功者，根源在爱。教育者绝对希望被教育者获得幸福，因此对被教育者，锻炼其身体、启发其智力、修养其情感、练达其意志，以遂（适应）被教育者个人的发达进步之希望，这是教师的真爱，融于真爱的教育，指教育者所尽心尽力的职务，才可以称得上是神圣的志业。从社会角度而言，教育者的天职包括三部分：须结合过去与将来社会、永久地保持国家生命、并构成社会有机关系。为什么说教育可以结合过去与将来社会？因为被教育者自然是接受了前人的精神产物，并形成后代之未来社会者。教育者付出的感化力和传授的智慧能力，无非是过去社会的精神遗产。将来的社会虽不是由教育者亲手创造，却是由教育者承前启后作用的连接而成，所以，文化的传承是教师的首要天职。为什么说教育者能永久保持国家生命？因为国家的持续发达，主要在

[①] 张子和：《大教育学》，福建教育出版社2009年版，第21—22页。

于国民的教养，而这种教养则是教育者最直接的任务。由此看来，教育者承载着延长国家生命的又一天职。为什么说教师能构成社会的有机联系？因为一个人在幼年时，并不明白各种社会关系，只为个人利益驱动。年龄稍长，同情心与想象力逐渐发展，但范围也仅囿于一家一乡，哪能通晓复杂的社会关系？教育者的事业，就在于能够使被教育者深知社会的性质，以及与个人的联系，不应拘泥于个人的狭隘，而应承担社会赋予的职责，尽职尽责。一人如此、人人如此，社会乃可以组合而成一个完整的大的有机体。这种教育，即是教育者的天职。教育者的天职是神圣且高尚的。谁能恪守这样的职责呢？必须得是个人道德与特殊使命相匹配的人。

今天回忆师道，是为了识别和描述过去已丧失的师道，评价以往师道的客观性和权威性，这既是历史的又是哲学的任务。一个有着共同利益（善）的共同体，对共同利益（善）的共同追求，是传统德性能够赖以存在的一个基本社会条件，厘定德性传统的现代意义和价值系统，使传统重开新生面，这是我们义不容辞的责任。

第一节　中国古代"师道"论

一　"师道"之由来

上海辞书出版社 1980 年出版的《辞书》中对"师道"这一词条的注释有三：师承；求师学习之道；为师之道。这里所讲的是为师之道，主要涉及教师的教育价值追求。

（一）"师道"之出处查考

"师道"一词，虽为古今学者常用的教育术语，但在近代出版的几本著名的教育大辞典，如《教育大辞典》（唐钺　朱经农　高觉敷编，商务印书馆 1930 年版）和《中国教育辞典》（中华书局 1936 年版）都没有收录；一般的辞典，如《辞源》《辞海》也没有列入，由此看来"师道"的出处很难考证，其确切含义也难以追究。据最早文字记载，"师道"一词始于汉代。汉元帝帝师萧望之曾向朝廷上奏推荐匡衡时，有"衡经学精习，说有师道可观览"之语[①]，但这并不能表示两汉之前无"师道"一

---

① 《汉书·匡衡传》。

词所指称的事态。

后来到东汉经学大师恒荣上书请辞太傅一职，奏书中有写道："今皇太子以聪睿之姿，通明经义，观览古今，储君副主莫能专精博学若此者也。……臣师道已尽，皆在太子，谨使掾臣汜再拜归道。"[①]恒荣认为太子经学已经完成，上疏谢道："臣下有幸得在帷幄，讲经几年，可智学浅短，无以补益万分。现在皇太子凭着聪明的资质，通明经义，观览古今，没有哪位太子能专精博学像这样的。这真是国家的福……天下的幸运。臣师道已尽，其他皆在太子。"再到唐朝韩愈的《进士策问十三首·其十二》也曾明确指出："由汉氏以来，师道日微，然犹时有授经传业者"；这正是《师说》发出"师道之不传也久矣"感叹的深远历史背景。韩愈直抒胸臆且不拘泥于固定体式的文风独树一帜，被称为"韩文"，以致"后学之士，取为师法"（《旧唐书·韩愈传》），"师道"一词也因为受这种文风的影响而流传甚广，风靡天下，经久不衰。《师说》一文更被后代作为名篇而竞相选录，如宋代姚铉（967—1020）编的《唐文粹》，清代姚鼐的《古文辞类纂》，清代曾国藩的《经史百家杂钞》，近代吴曾祺编的《涵芬楼古今文钞》，张相的《古今文宗》等，以及过去私塾常用的《古今观止》和近代印制的国文教材均将《师说》作为收录内容。历代学者也很喜欢沿用"师说"这一标题，或进而拓展，或反诘批判，各抒己见。虽然所持意见各有不同，但是对于发扬光大师道思想的意思却是相同的。

（二）"师道"之词源释义

如果从词的起源来查考其含义，那么儒学家萧望之所说的"有师道可观览"就是指的"师法"，即学有渊源，说本师授，是那个年代教育的特色。东汉时期帝王名师恒荣也说过："臣师道已尽，皆在太子"，是指对太子已经"通其业，成就其道德"。这里恒荣所说的"师道"，其意思已经不囿于师法，而是可以认为是对为师之道的解释了。唐太宗时所撰写的《晋书·王祥传》中记载王祥被任命的一段："高贵乡公即位……天子幸太学，命祥为三老。祥南面几杖，以师道自居。天子北面乞言。"这里的"师道"一词，其用意显示在唐初对"为师之道"和"尊师之道"已

---

① 《后汉书·恒荣传》。

第四章 价值取向：回忆曾经的师道如光　　139

有区分。

韩愈将"师道"分为两层解释，一是传统认为的"传道、授业、解惑"，这实质上讲教师的本职；而对师道的真正解释，是在韩愈的《原道》中："博爱之谓仁，行而宜之之谓义；由是而之焉之谓道，足乎己，无待于外之谓德。仁与义，为定名；道与德，为虚位。故道有君子小人，而德有凶有吉。"就是说，博爱叫作仁，合宜于仁的行为叫作义，按照仁义的原则去做叫作道；内心具备仁义的本性、不需要外力的帮助和支持叫作德。仁和义有确定的内容，道和德却没有确定的内容，所以道有君子之道和小人之道，而德有吉德和凶德。所以必须将普遍（或基本）道德价值与那些由特定制度或习俗所规范的行为准则区分开来，譬如对信仰的忠诚，做人的诚信等，属于普遍道德价值，是道；至于具体的纲常伦理要求，则是特定的可变的行为准则，是德。

从韩愈之后，按照后世所说的师道的各种含义，可以分为"为师之道""尊师之道"及"求师之道"。师道的重心当然是在"为师之道"。

（三）"师道"之论说继续

从唐代韩愈《师说》开始，以师道为主题的"师说"层出不穷。除柳宗元答韦中立、答严厚舆"论师道书"以外，尚有宋代柳开《续师说》、王令《师说》、李贽《真师二首》、张自烈《续师说》，清明之际黄宗羲《续师说》与《广师说》，清代翁方纲《拟师说》、章学诚《师说》、姚莹《师说》，以及胡微元《师说》等。表明在中国古代，"师道"已成为通用概念。[①]

二 "师道"之首现

（一）"师道"之论始于《学记》

查考早先有才德之贤人关于师道的论述，可以从《礼记·学记》开始。《学记》的内容汇集了古代的教育学说，而成为儒家教育理论的经典之作。在以后各朝代教育家的教育方法论说中，尤其有着博大精深的影响，而且以宋儒为最大。其中所论述有关教学的方法、教师的选择以及为师之道的理论极其详尽。

[①] 陈桂生：《师道实话》，华东师大出版社2009年版，第67—68页。

《学记》中认为之所以要慎重择师进行学习，主要有两点理由：

因为教师是教学的主导，教学主要由教师来进行，教学的成败，主要取决于教师质量的好坏。因此首先重要的是谨慎择师。"择师不可不慎重。"《学记》中认为："三王四代惟其师，此之谓乎！"就是说"古代君王以选择教师为首要任务"。教师是已有文化的示范者和传递者，"首先王之道，以待后之学者。"在人类文化传承的洪流中，教师是守先待后者，过去的文化，由教师来保存；未来的文化，是由教师形成的，教师好坏的选择，关系到文化的兴衰。这应作为慎重选择教师的第一个理由。

另外，"凡学之道，严师为难。师严然后道尊，道尊然后民之敬学。"其实在求学的过程中，尊敬老师是最难做到的。老师受到尊敬，然后真理学问才会受到敬重，真理学问受到敬重，然后人们才会敬重学问。因此选择老师必须慎重，能够严格选择老师，老师质量就可以达到优良。优秀良好的老师，也必能对自己要求严格。以真理学问作为天下的榜样、模范，然后学生开始知道真理学问应得到尊重，学术也得到尊重。正因为如此，学生有求学的志向，老师能用自己的行动作出榜样示范，影响学生的思想、性格，这才是真正为了学生，也收到事半功倍的效果，这应是慎重选择教师的第二个理由。

（二）"师道"之律载于《学记》

既然要慎重选择教师资格，那么为师之道，即作为老师所应具备的条件，就应更加明确分析。那么，优秀的老师应具备哪些条件呢？

首先，"记问之学，不足以为人师。"仅仅靠背诵和记忆前人的东西而没有自己的见解和想法，这样的人是不足以给别人当老师的。当然，记问之学是知识丰富，教师有很强的记忆力，并熟悉古代帝王的治世之道，凭此丰厚知识方可应对学习者的问询。因此学识渊博是作为教师应具备的第一个资格条件，但仅有此条件还不足以成为教师。

其次，又提出："大学之法，禁于未发之谓豫；当其可之谓时；不陵节而施之谓孙；相观而善之谓摩。此四者，教之所由兴也。发然后禁，则扞格而不胜；时过然后学，则勤苦而难成；杂施而不孙，则坏乱而不修；独学而无友，则孤陋而寡闻；燕朋逆其师，燕辟废其学；此六者，教之所由废也。君子既知教之由所兴，又知教之由所废，然后可以为师也。"《学纪》在总结"教之所由兴"和"教之所由废"的重要规律时指出：

"大学之法，禁于未发之谓豫，当其可之谓时，不陵节而施之谓孙，相观而善之谓摩。此四者，教之所由兴也。"这被称为"大学之法"的豫、时、孙、摩，就是使教学成功的四个基本原则。豫，就是预防性原则。在学生不良行为发生前就加以防范叫作预防。如果不良行为发生之后再去禁止，积习已深就难以矫正。所以这个原则要求教师在教学上要有预见性。时，是及时施教原则。"当其可之谓时"，抓住最佳的时机，及时施教，因势利导，就会取得良好的教育效果。否则，"时过然后学，则勤苦而难成"。孙，是循序渐进原则。"不陵节而施之谓孙"，教学必须遵循一定的顺序（"孙"），根据学生的年龄特征和接受水平妥善地安排教学进度。否则，"杂乱而不孙"，不按顺序教学，就会使教学陷于混乱而难以收到效果。摩，即学习观摩原则。"相观而善之谓摩"，学友间相互观摩，相互学习，取长补短，就能共同进步。否则，"独学而无友，则孤陋而寡闻。"如果欲望已经产生然后才加以禁止，那么教育也不起作用。适当的学习时机过后才去学习，就是辛勤刻苦也难学成。杂乱无章地学习而没有顺序，就会使头脑混乱而失去条理。单独学习而没有学友，就会孤陋寡闻。结交不好的朋友会违背师长的教训。不庄重的交谈，会贻误自己的学习。这六项是导致教育旷废的原因。君子既知道教育获得成功的原因，又知道教育失败的原因，才可以做别人的老师。必须明白了这些教育教学的基本原理，然后才可以成为教师。

再次，《学记》中记述道："君子知至学之难易而知其美恶，然后能博喻；能博喻，然后能为师。"教师要了解学生学习的难易，才质的美恶，作为启发诱导的依据。主张由浅入深，从易到难，从简单到复杂的教学顺序，并因材施教，这是作为一个好教师的必备因素。教师还必须能够了解学生在学习中的差异："钝者至之难，敏者至之易；质美者向道，不美者叛道。"学生的反应有快慢之分、性格有温顺平和与倔强叛逆之别，了解人与人的差异，才能因材施教，用广博的知识使人晓喻，才能有次序地引导他人进行学习。同时深入浅出、旁征博引，能够用浅显的语言讲述深奥的哲理，而对于深奥的道理又可以化作浅显易懂的比喻。有这样的教学艺术，然后才能成为教师。

最后，"学然后知不足，教然后知困。知不足然后能自反也。知困然后能自强也。故曰：教学相长也。《兑命》曰：'敩学半，其此之谓乎！'"

说的是学习之后可以知道不足的地方，教过别人之后也可以发现理解不透的地方。知道自己的不足，这样以后能反过来要求自己；发现理解不透的地方，然后能使自己学识更丰厚。这就是所谓的"教学相长"。《尚书·兑命篇》说教育别人所起到的效果，其中有一半就是使自己增长德行学识，教学互进。就是这个意思。人的生命是有限的，而知识却是无限的。因此教师必须"日知其所亡，月无忘其所能"。每天都能懂得以前不懂的知识，每月都能不忘掉已经学会的东西。孔颖达注疏说："不学之时，诸事荡然，不知己身何长何短；若学，则知己之所短，有不足之处也……不教之时，谓己诸事皆通，若其教人，则知己有不通，而事有困弊，困则甚于不足矣……凡人皆欲向前相进，既知不足，然后能自反向身而求诸己之困弊，故反学矣……知己困而乃强之，是教能长学善也。学则道业成就，于教益善，是学能相长也。"不学习的时候，各种事情都无拘束，不知道自身的长处、短处；如果学习了就知道自己的短处，存在不足的地方。教师不教的时候，说自己什么事情都通晓，如果去教人，就知道自己有都通的地方，事情有了不通达、困难的时候，困难则大于不足。人们都有追求进步，既然知道自身不足之处，然后能自我反省，发现自身的困难弊端，因此反而加强学习。人也多少有松懈倦怠的时候，既然知道了困惑，然后能自强不息的学习，自己就不会再松懈倦怠了。知道自己的短处而尽力加强学习，这也是教能促进好好学习。学习了则取得了学业成就，也有助于教，这是学习能促进的地方。不能自我反省和自强不息学习的人，是不能够好好教学的。因此教师必须继续进修学习，自强不息。

综上所述，只有那些躬亲进取，渊博学识，精通教育原理，丰富教学艺术，并且能退而学习进修、自强不息的人，然后才能成为合格的教师。

三 "师道"之标准

《学记》是从教学原理论述作为教师应具备的条件，但真正对教师精神追求有所集中体现并被信奉为师道标准的，首推《礼记·儒行》。

（一）师道与儒行的关系

首先，儒与师道原不可分。由于孔子为教师之祖，又是儒家之宗，所以后人多将教师称为"师儒"，继而那些优秀的教师、大师才被誉为"师儒"。以前多称老师为"师儒"，缘于孔子是儒家学派的宗师，也是开创私人担任教师的鼻祖。《史记·儒林列传》说:"自孔子卒后,七十子之徒,散游诸侯,大者为师傅卿相,小者友教士大夫。"看来孔子的弟子们,大都以老师作为自己的职业。《汉书·艺文志》也记载:"儒家者流,盖出于司徒之官,助人君,顺阴阳,明教化者也。"儒家这个流派,大概出自于古代的司徒官,他们帮助国君,顺应自然,宣明教化。涵泳于六经的文章当中,特别注意仁义之间的事务,远遵尧舜的道统,近守周文王、武王的礼法,尊崇孔子为师表,来加重他们言论的重要性,在各派道术当中最为崇高。可见儒与师本来就有联系,原本就是不可分的。

其次,师与儒更不可分。后来汉代董仲舒主张"兴太学,置明师,以养天下之士"。是因为当时"师异道,人异论,百家殊方,指意不同",那时老师所述的道理彼此不同,人们的议论也彼此各异,诸子百家研究的方向不同,意旨也不一样,所以提倡推明儒术,抑黜百家,凡"不在六艺之科,孔子之术者,皆绝其道,勿使并进"。建议以儒家思想作为选官的前提,凡是没有学习"诗、书、礼、易、乐、春秋"(六艺)孔子儒家思想的人,要断绝其升迁的道路。汉武帝采纳了董仲舒的建议,设置博士官职,设立弟子员,尊重老师、推崇儒学,因而天下的教师都被儒家学派独占。教师和儒学更不可分了。

最后,以儒行标榜师道。"师儒"一词,最早见于西汉末年的《周礼》。其《地官·大司徒》记载:"以本俗六,安万民……四曰联师儒……"。郑玄注释说:"师儒,是在乡里从事礼乐教化的人。"又有《天官·大宰》中记载:"以九两系邦国之民……三曰师,以贤得民;四曰儒,以道得民……"。郑玄注释说:"师,诸侯师氏,有德行以教民者。儒,诸侯保氏,有六艺以教民者。"只有师与儒是最特殊的,是以"贤"或"道"来得到民众的信赖,是个人权威而不是法定权威。清代的何凌汉撰写《宋元学案序》中进一步说明:"《周官》经曰:师以贤得民,儒以道得民,郑注以德行六艺分属师儒,盖以小成大成别之,实非有区域也。"认为郑玄所区分的德行六艺,其实指程度上的差别,而非实质上的差别,师和儒是一体的。自从汉代以后,儒家流派多用设帐授徒的方式来教授徒弟,以老师为职业,而大师也都成了大儒。因为《史记》称"自孔子卒,京师莫崇庠序,惟建元元狩间,文辞粲如也,作《儒林列传》",道出司马迁对本传写作旨趣的概括,即尊儒的学术旨趣,表彰推崇儒家仁义的人师大儒,《汉书》以后多是效法和继承前人的这一思想,作《儒林传》来宣扬孔子的为师之道。后世逐渐将优秀的老师为师儒。并以"儒行"来标榜"师道"。宋代司马光在哀悼张载时作诗云:"造次循绳墨,儒行无少忝,师道久废阙,模范几无传。"这是最好的证据了。

（二）儒者的理想标准

梳理了这一渊源之后,再来看看在《礼记·儒行篇》中记载儒者的理想标准,也就是古代读书人的行为标准。《礼记·儒行篇》共有十六条分述,一条总结。涉及内容如下:

  论述儒者的自立精神:"儒有席上之珍以待聘,凤夜强学以待问,怀忠信以待举,力行以待取,其自立有如此者。"

  论述儒者的仪容仪表:"儒有衣冠中,动作慎,其大让如慢,小让如伪,大则如威,小则如愧。其难进而易退也。粥粥若无能也,其容貌有如此者。"

  论述儒者的个人修养:"儒有居处齐难。其坐起恭敬,言必先信,行必中正;道涂不争险易之利,冬夏不争阴阳之和;爱其死以有待也,养其身以有为也。其备豫有如此者。"

  论述儒者的待人接物:"儒有不宝金玉,而忠信以为宝;不祈土地,立义以为土地;不祈多积,多文以为富。难得而易禄也,易禄而难畜也,非时不见,不亦难得乎?非义不合,不亦难畜乎?先劳而后禄,不亦易禄乎?其近人有如此者。"

  论述儒者的立身独特:"儒有委之以货财,淹之以乐好,见利不亏其义;劫之以众,沮之以兵,见死不更其守;鸷虫攫搏不程勇者,引重鼎不程其力;往者不悔,来者不豫;过言不再,流言不极;不断其威,不习其谋。其特立有如此者。"

  论述儒者的刚强坚毅:"儒有可亲而不可劫也,可近而不可迫也,可杀而不可辱也。其居处不淫,其饮食不溽;其过失可微辨而不可面数也。其刚毅有如此者。"

  论述儒者的自立精神:"儒有忠信以为甲胄,礼义以为干橹;戴仁而行,抱义而处;虽有暴政,不更其所。其自立有如此者。"

  论述儒者的清廉奉公:"儒有一亩之宫,环堵之室,筚门圭窬,蓬户瓮牖；易衣而出，并日而食，上答之不敢以疑，上不答不敢以诌，其仕有如此者。"

论述儒者的忧虑思念："儒有今人与居，古人与稽；今世行之，后世以为楷；适弗逢世，上弗援，下弗推，谗谄之民，有比党而危之者，身可危也，而志不可夺也，虽危起居，竟信其志，犹将不忘百姓之病也。其忧思有如此者。"

论述儒者的宽容大度："儒有博学而不穷。笃行而不倦；幽居而不淫，上通而不困。礼之以和为贵，忠信之美，优游之法，慕贤而容众，毁方而瓦合。其宽裕有如此者。"

论述儒者的推举贤能："儒有内称不辟亲，外举不辟怨。程功积事，推贤而进达之，不望其报。君得其志，苟利国家，不求富贵。其举贤援能有如此者。"

论述儒者的以诚待人："儒皆闻善以相告也，见善以相示也；爵位相先也，患难相死也；久相待也，远相致也。其任举有如此者。"

论述儒者的特立独行："儒有澡身而浴德，陈言而伏，静而正之，上弗知也，粗而翘之，又不急为也；不临深而为高，不加少而为多，世治不轻，世乱不沮；同弗与，异弗非也。其特立独行有如此者。"

论述儒者的严谨律己："儒有上不臣天子，下不事诸侯；慎静而尚宽，强毅以与人，博学以知服；近文章，砥厉廉隅；虽分国如锱铢，不臣不仕。其规为有如此者。"

论述儒者的交友之道："儒有合志同方，营道同术：并立则乐，相下不厌；久不相见，闻流言不信；其行本方立义，同而进，不同而退。其交友有如此者。"

论述儒者的尊重谦让："温良者，仁之本也；敬慎者，仁之地也；宽裕者，仁之作也；孙接者，仁之能也；礼节者，仁之貌也；言谈者，仁之文也；歌乐者，仁之和也；分散者，仁之施也。儒者兼而有之，犹且不敢言仁也。其尊让有如此者。"

论述儒者的精神境界："儒有不陨获于贫贱，不充诎于富贵；不恩君王，不累长上，不闵有司，故曰儒，今众人之命儒也妄，常以儒相诟病。"

一个儒者应当有怎样的行为,是君子之儒还是小人之儒,他的作风以及人格的规范,在《儒行篇》中说得很清楚。这些所列儒者的品行有主次重轻之分,如"儒有衣冠中,动作慎,其大让如慢,小让如伪,大则如威,小则如愧。其难进而易退也。粥粥若无能也,其容貌有如此者"、"儒有居处齐难,其坐起恭敬"等,讲的是待人接物和日常生活规范,就属于次道德;而"可亲而不可劫也,可近而不可迫也,可杀而不可辱也"、"上弗援,下弗推,谗谄之民,有比党而危之者,身可危也,而志不可夺也,虽危起居,竟信其志,犹将不忘百姓之病"、"戴仁而行,抱义而处;虽有暴政,不更其所"、"苟利国家,不求富贵"、"可杀不可辱"等,则属主道德。各种道德间有主次轻重之分,有普遍要求与特定规范之别,具体的行为作风及人格规范类型有异,是儒者完美形象的高度概括,集中体现了古代"师儒"的标准,也反映出尊师重道的民族传统。

(三)《儒行篇》的现代启示

《儒行篇》一文用的是"儒有……"的表达式,十六条行为准则分别指向十六种儒者类型,构成儒家教师道德谱系的理想人格。如果说"礼"是中国古代人人之礼、普遍之礼,那么"儒行"就是特殊的礼,教师之礼,内含师道,外显师德,可以说《儒行篇》是师道与师德的完美合一,也是最早的合一。自古至今,《儒行篇》对历代立志为师成儒的人的言行起到了极为重要的规范作用,即使历经千年历史风尘的洗礼,淳美儒者之风范,即教师的"楷模"形象始终不曾改变,并在今天始终对我们建构教师伦理规范起到重要的指导作用。

四 "师道"之演进

(一)先秦时期:师道尊严逐渐形成

从商代开始,经西周、春秋,直到战国时期,"师"最终由原本管理军事的官转变为以从事教育活动为主的群体。教师地位逐步提升,教师形象也逐渐清晰。孔子为教师树立了光辉典范,为"万世师表";孟子提出"君师一体"的观点,提出教师的道德与技能并重;战国后期"师道尊严"观逐渐形成;荀子的师道观是先秦师道观的集中体现。"师道尊严"的本义,实际是在强调对教师的绝对尊重,最早见于《礼记·学记》中:"凡学之道,严师为难。师严然后道尊,道尊然后民之敬学。"郑玄在

《礼记注》中注解为，师道尊严中的"严"也是尊敬的意思，严师即尊师。"疾学在于尊师"、"为学莫重于尊师"，因道尊而师圣。

(二) 秦汉魏晋：师道动摇与加强

秦代实行愚民政策，禁私学，采取官师合一的吏师制以及焚书坑儒一系列组合措施，师道沉沦，先秦师道传统走向发生严重偏离，文化教育出现倒退。

两汉时期师道尊严沉沦的师道得以恢复，教师地位得以回升，对师的要求也进一步提高且更加明确化，要求德才兼备，师以载道，以坚持儒家的道德标准为首要标准，太学"博士"的选拔方式和标准变化就是一例。另外在教师形象描述上也体现了"德才兼备、以德为先"，并且有逐渐拔高的走向。要求教师"不言而信，不怒而威，师之谓也"。[①]王充在《论衡》中提出具备教师资格需"通人"以上。何谓通人？"通书千篇以上，万卷以下。敷畅塞闭，审定文义，而以教授为人师者，通人也"。而那些"趋为师教授，及时早仕，汲汲竞进，不暇留精用心，考实根核"者不配做教师。

魏晋时期多元文化相与激荡与融汇，师道似乎有所弱化，但以"至德"为代表的教师"模范"形象仍然是教师呈现在社会上的主流形象，师道在世道多舛的魏晋时期仍得以维持和加强。

(三) 唐宋时代：师道的淡化与重构

隋唐时期，佛老思想活跃，"安史之乱"后轻道重利思想兴盛，出现了耻于从师的风气，师道有所淡化。韩愈柳宗元为维护教师"楷模"形象积极行动，力图恢复两汉传统，重振师道。教师论名作《师说》透露了中唐时期教师地位弱化以及社会风气中师道日渐沉沦的状况，并阐明了韩愈的师道观。

两宋时期，随着理学兴起，重塑教师的楷模化形象，维护师道，提倡尊师成为这一时期的主潮。对于教师的任职标准、职责更加注重从道德层面拔高要求，有着强烈的楷模期待，呈现出非功利主义的价值取向。在义与利、理与欲的取舍上旗帜鲜明。要求教师遵循师道，即尧舜周孔之道，而非用心于末、追名逐利。这也是宋儒力图扭转自魏晋隋唐

---

① (汉) 韩婴：《韩诗外传》。

以降逐渐形成的"轻德重才"教师观和"轻德重利"价值观的一种高调登场。

（四）元明清：师道渐远与转型

元代师道走向有所偏离，教师地位呈现下降趋势，流传"九儒十丐"之说。到了明清时期，儒学教育的工具化功利化倾向抬头，儒学教育异化为获得功名利禄的一种工具。对于择师、为师的标准，明清人多有记述："真诰裴君云：求法事师，莫择乎贵贱，勿随长幼。人无贵贱，有道则尊，古者贤圣上学得其师，名为更生；不得其师，名为乱经，无其师，道不自生也。"[①]明代著名的"前七子"之一，文坛领袖何景明在《师问》中，借回答学生疑问，提出了"古也有师，今无师"的观点，表达其对师道渐远的担忧。随着师道渐远，私学教书只为稻粱谋，官学教师普遍视学官为"冷官"。教师地位和教师的载道传道功能逐渐走低。但儒家学者们仍然不厌其烦宣扬"师以载道"的文化传统，表现出对教师"楷模化"形象的向往和追求。

五 "师道"之评述

中国教育传统中教师地位之重要，对师道之重视，要求教师担负起社会导师、人伦领袖的职责，皆缘于古代中国以教育为政治之基础的缘故。正因为如此，古代的圣人先贤不仅自己亲身为师，而且对为师之道进行深入评述，在此陈列一些，以飨佐证。

（一）孔子说师道

首先来看看中古历史上最大的师儒——孔子——是如何剖析为师之道的。孔子用三句话来解释师道的三层含义。

第一句是"温故而知新，可以为师矣"。朱熹在他的《论语集注》中解释为："温，寻绎也。故者，旧所闻。新者，今所得。言学能时习旧闻，而每有新得，则所学在我，而其应不穷，故可以为人师。若夫记问之学，则无得于心，而所知有限，故学记讥其'不足以为人师'，正与此意互相发也。"就是说温的意思是寻找头绪，故指以前的知识。新指今天所

---

① （宋）李昉：《太平御览卷六百五十九》，http：//www.msgz.org/guoxue/Class3G/53648.html。

得的收获。这句话是说如果学习能够不断地整理旧日所得，必然会有新的收获，作为教师应该不断地反复复习，以最新的理解教育学生，这样才可以为人师。反之，如果只是死记硬背，并无心得体会，所掌握的必然有限，也就是《学记》里所谓的"不足为人师"。"不足为师"正是与"可以为师"相对立的。原来教师孜孜不断地反复体会，才是知识的源头活水，以此方法方能取之不尽、用之不竭，只有达到这样的境界才可以为人师。汉代王充在《论衡·谢短篇》中也写道："知古不知今，谓之陆沉。……知今不知古，谓之盲瞽。……温故知新，可以为师。古今不知称师如何。"唐代孔颖达《礼记·序》曰："博物通人，知今温古，考前代之宪章，参当时之得失。"只有在知识和见识方面能达通古今的人，才能在现实中事事处处得心应手，处于主动地位。孔子主张成熟的人才知识结构是"温故而知新"，讲的就是这个道理，只有具备了这样的知识结构，才能给人当老师。

　　第二句是"三人行必有我师焉，择其善者而从之，其不善者而改之"和"见贤思齐焉，见不贤而内自省也"。这两句有共同的意思。三人行走，都有值得学习的人，更何况天下全国之内，又怎么会没有给予应答的人呢。因此孔子天资聪明又好学，向人请教又不感到羞耻，时刻在学习，处处学习。在诸多典籍中有记载，孔子向老聃学习礼教，向苌弘学习乐理，向郯子请教官制，向师襄学习弹琴，以及进入太庙，不懂的地方就向别人请教。只要有善言善行的人有可取的地方，都去向人学习，何必要有固定的老师传播呢？看见德行好或有才干的人就要想着向他学习，看见没有德行或才干的人就要自己内心反省是否有和他一样的错误。

　　第三句是："当仁不让于师"。面临着仁义，就是老师，也不必同他谦让。这句话与"吾爱吾老师，吾更爱真理"（亚里士多德语）的意思有些类似。作为老师，应当和学生一起把追求真理作为志业，真理所在之地，也不是老师能拿自己的见解而去曲解误读的，学生也不能以教师言论盲目顺从而不加思考，况且教师的德行功业也未必达到最高成就，因此当仁不让，以此来告知学生应当时时学习，处处学习，力求青出于蓝而胜于蓝，温故知新并把握时代，不能拘泥于保守思想，从而阻止自己接受新事物。

（二）孟子说师道

孟子曰："人之患，在于好为人师。"① 汉代赵岐注解为"师哉师哉，桐子之命，不慎，则有患矣"。因为教师的责任是培养人，所以他的一念之差也许就成为学生终身的祸患；他的一点闪失，也许会贻害而留下百年之忧。学生的幸福，有相当一部分与教师言行有关，所以，为人师者，岂能言而无实、言而不慎呢？人所担心的，在于并不了解自己、没有能力可以做老师，却偏偏喜欢去教导别人的人。不能胜任教师一职而又成为教师的，必然会埋下隐忧。这也就是孟子所说的当老师不是件容易的事，必须出于慎重的考虑。

凡经过深思熟虑而决定以教师为终身职业的人，当以天下为己任，以教学为责无旁贷的义务和天职，孟子曰："君子有三乐，而王天下不与存焉。父母俱存，兄弟无故，一乐也；仰不愧于天，俯不怍于人，二乐也；得天下英才而教育之，三乐也。君子有三乐，而王天下者不与存焉。"一乐，是天伦之乐；二乐，是良心之乐；三乐，是职业之乐。那些先知先觉的教师以教学为他的天职，并以教育英才为至高境界，是由于教育是极其神圣的使命，事关人类将来的幸福，理想社会的实现，有待于天下公民的共同参与。况且人类文化不断发展而趋于接近理想，只有卓越英才才能肩负此责，庸凡之众，仅能享受却不能创造。唐代的柳宗元虽然多次用"人之患，在于好为人师"这样的话谦虚地避开师名，然而对于向他请教"言道，讲古，穷文辞"的好问者，从未闭口不言，并且讲述得都很详细周全，实际上已经是人之师了，同时能够感受到教育后生使之成为先知先觉的人这一天职与乐事，柳宗元可以说深受孟子的遗教。

所以孟子眼中的教师是他理想中认为的大丈夫，是那种"居天下之广居，立天下之正位，行天下之大道；得志，与民由之；不得志，独行其道。富贵不能淫，贫贱不能移，威武不能屈，此谓之大丈夫"。

（三）荀子说师道

荀子否认性善。认为"其善者，伪也"，认为有的善是伪善，不认为个人有良善的品德能力，而认为社会环境的影响更为重要。因此，对个人而言，荀子主张"隆师而亲友"，强调要尊敬老师、和善地对待朋友，引

---

① 《孟子·离娄上》。

导人的自然本性，改造人的恶性，使之树立道德观念并不断的积累善行；对于国家而言，主张"贵师而重傅"，重视老师和师长的示范作用，强调用礼仪法度进行政治教化。《大略篇》说："国将兴，必贵师而重传。贵师而重传，则法度存。国将衰，必贱师而轻传。贱师而轻传，则人有快。人有快，则法度坏。"贵师的原因在于注重传道，传道的结果是法度存而国家兴旺。如果不贵师，那么道就不会广为传播，法度就会崩坏，没有了秩序，国家自然要灭亡。所以尊师重道的重点落在了道上，因为师长们是掌握了道的一群人，所以尊敬他们，希冀他们将其所学内容毫不吝惜的全盘托出授予学生，才是最重要的事情。

《儒效篇》说："人无师无法而知，则必为盗；勇，则必为贼；云能，则必为乱；察，则必为怪；辩，则必为诞。……有师法者，人之大宝也；无师法者，人之大殃也。人无师法，则隆性矣；有师法，则隆积矣。"这一层含义，尤为重视教师的社会作用，认为人在无师无法的情况下就会出现盗、贼、乱、怪、诞这样一些情况，而有师长、有法度，则是人类最大的财富。《荣辱篇》又说："人无师、无法，则唯利之见耳"，"人无师、无法，则其心正其口腹也"。这就是说人若有老师指导，有法度约束，风俗习惯能改变人的思想，保持一种习俗的时间长了就会改变人的本质，善也可以不断积累而形成，而能通于神明，与天地相并存，就是人生中最有价值的事情了。否则，恶性趋于极端，放任性情、放纵欲望，不知礼节仁义廉耻，只会唯利是图，这些都是人性恶。

荀子认为"人虽有性质美而心辨知，必将求贤师而事之，择良友而友之。得贤师而事之，则所闻者尧舜禹汤之道也；得良友而友之，则所见者忠信敬让之行也。身日进于仁义而不自知也者，靡使然也"[①]。一个人虽有好的素质，又有较好的辨别能力，但一定还要找到贤师并师从他，选择良友并结交他。自己一天天地进入到仁义的境界之中而自己也没有察觉到，这是外界接触使他这样的啊。如果和德行不好的人相处，那么所听到的就是欺骗造谣、诡诈说谎，所看到的就是污秽卑鄙、淫乱邪恶、贪图财利的行为，自己将受到刑罚杀戮还没有自我意识到，这也是外界接触使他这样的啊！好的教师，在于可以帮助人们改变本性中的恶，以人格教化为

---

① 荀子：《荀子·性恶篇》。

主体，不断矫正学生的本性。

由于认识到人性需要改变，荀子特别注重教学方法，认为教师的人格感化甚至超过了书本教学。因此，荀子所谓的师道，侧重于强调教师人格。《致士篇》中："师术有四——而博习不与焉：尊严而惮，可以为师；耆艾而信，可以为师；诵说而不陵不犯，可以为师；知微而论，可以为师：故师术有四——而博习不与焉。水深而回，树落则粪本，弟子通利则思师。"由此看来，教师应具备以下四种资格：第一，教师应有严肃端庄之气象，使学生肃然起敬；第二，教师应崇信圣人之道，即孔子的师儒之说，老而弥笃；第三，教师讲学应系统完整，条理分明，程序井然，因材施教；第四，教师应深知精深的道理并能论述对人的启发。这样的老师，学生自然不会忘记他的教养之恩。

（四）扬雄《法言》中的师道观

西汉文学家、思想家、教育家扬雄对师道最简洁的概括是"师者，人之模范也"[1]。在扬雄看来，"人之性也善恶混，修其善则为善人，修其恶则为恶人"，人的本性有善有恶，培养端正善的品德行为就是善人，发展恶的品行就成了恶人。[2]扬雄评述道，有人认为："学无益也，如质何？"曰："未之思矣。夫有刀者礪诸，有玉者错诸，不礪不错，焉攸用？礪而错诸，质在其中矣。否则辍。螟蛉之子，殖而逢，蜾蠃祝之曰：'类我，类我。'久则肖之矣！速哉，七十子之肖仲尼也。"对刀和玉加以磨炼和雕琢，它们的本质就在其中形成了，否则就不能成刀和玉了；孔子的七十二弟子也很快变得像孔子一样，这正是得益于孔子的言传身教。学习，是为了培养端正人的本性。观察、聆听、言谈、容貌、思想，都是人性的组成部分。只有通过学习，行为才会端正；否则，行为就会邪恶。"学则正，否则邪。师哉师哉！桐子之命也！务学不如务求师。师者，人之模范也。模不模，范不范，为不少矣。"将老师赞誉为可以左右学生一生命运的人，教师个人的素质、品德以及教学成效的优劣，对那些受教育的年轻人前途命运起决定性的作用。若其品不足以为模，其学不足以为范，却要贸然成为老师，无法给学生以引导和帮助，那就等于加害学生。所以，"师

---

[1] 扬雄：《法言·学行篇》。
[2] 扬雄：《法言·修身篇》。

之贵也，知大知也。"①扬雄认为理想的教师是"知大知"的人，即博闻强识并能坚守正道的人。

并且，"君子仕则欲行其义，居则欲彰其道，事不厌，教不倦也。"②由此看来，扬雄充分肯定教师的地位和作用，认为真正称得上教师的是那种知大知而为人之模范、本诸身而训诸理、学不厌而教不倦的人。而教师教育人的方法有两点：一是因材施教，使每个人都成为他自己。《五百篇》说："仲尼，神明也，小以成小，大以成大，虽山川、丘陵、草木、鸟兽，裕如也。"扬雄对孔子也推崇备致，把孔子比作神明；二是解答迷惑，改变不良品行，端正正义的主张。学者，是人之模范，所以，学者应该更加严格要求自己！《学行篇》说："一哄之市，不胜异意焉；一卷之书，不胜异说焉。一哄之市，必立之平；一卷之书，必立之师。"学者的本质是什么？西汉思想家扬雄一针见血指出："学者审其是而已矣！"

由此看来，老师因为明白大道理而为大家的模范，不断自觉地修养自己，而用圣人的道理给人以教化引导，学习不感到厌倦，教人不觉得疲倦。

（五）韩愈的《师说》

韩愈的《师说》是中国古代第一篇集中论述教师问题的文章。他认为教育的过程是一个先觉觉后觉，先知传后知的过程，教师闻道受道在先，并在教学活动中起着主导作用，因而学生要学习道，就必须尊重师长、尊重师道。他提出了"道之所存，师之所存"的求师原则，以道为求师的标准。韩愈的《师说》家喻户晓，其"师者，所以传道授业解惑也"遂成为精辟概括师道的名言佳句。后人不断对韩氏的"道""业""惑"进行注解并发扬光大。曾国藩在《求阙斋读书录》中的解释是这样的："《师说》中的传道，说的是修己治人之道；所说的授业，指的是古人诗、书、礼、乐、书、数这六种技艺；所谓解惑，就是解答在修己治人和六艺学习过程中的疑难问题。"郑宗海（晓沧）先生的《广师说》中，则用"当代教育学之名辞"这样的称谓来解释"师道"，并认为传道者就是"社会遗传之递与"。"社会遗传，自是包括先民思想与行谊上之精华

---

① 扬雄：《法言·问明篇》。
② 扬雄：《法言·五百篇》。

而言,换言之,即人类社会上所经认为有利益与有价值之技术知识理想等而言。"授业就是传授某种技术业务或学问。教师对于学问的态度、对于人生及宇宙的看法,经常会伴随传授技术或学问而影响学生,所以说传道与授业也是不可分的。至于解惑,郑晓沧先生有其另类的解释,他认为解惑实指循循善诱,以培养学者自己的解惑能力,因为学习的成就源于思考,而思考则因疑惑而引发。这种对于传道、授业、解惑的解释,是至今最为精确恰当的。

其实,《师说》一直以其巨大的作用力影响着后世。如宋朝王令的《师说》中就强调教师不应追逐细枝末节而应力求探寻做人和求知的本源,传播圣人之道,辨别政治之本。有感于"师道久不振",宋朝的潘兴嗣在他《师道诗》中主张"务尽道德业,不取章句辞。庶几昔人风,炳然复在兹"。还有宋之王令《师说》、明之王世贞《师说》上下篇、清之章学诚《师说》、姚莹之《师说》三篇、胡薇元之《师说》、明之张自烈《续师说》、清之黄宗羲《续师说》、《广师说》、翁方纲《拟师说》二篇以及1938年《教育通讯》第11期郑宗海(晓沧)《广师说》,等等。[①]古往今来的先师先哲都共同地认为为师之道在于以传道为主,可见韩愈倡导功不可没。

(六)周敦颐《通书》中的师道观

宋人周敦颐在他的《通书·师友篇二十四》中是这样论"师道"的:"天地间,至尊者道,至贵者德而已矣。至难者得人,人而至难得者,道德有于身而已矣。求人至难得者有于身,非师友则不可得也已。"这是说在宇宙天地之间,至尊者是道,至贵者是德。道,既是天道,也是人道;德,得到天道、人道即为有德。为师者必须"道德有于身",强调教师人格的力量。

在《通书·师第七》:"或问曰:曷为天下善?"曰:"师。"曰:"何谓也?"曰:"性者,刚柔善恶,中而已矣。……惟中也者,和也,中节也,天下之达道也,圣人之事也。故圣人立教,俾人自易其恶,自至其中而止矣。"其中,"师道立,则善人多"已成为颂扬师道的千古绝句。所以朱熹揭示得很到位,"师者所以攻人之恶,正人之不中而已矣。"教师

---

① 萧承慎:《师道征故》,台湾师大书苑2000年版,第3—4、124—125页。

要传承道义，首先就得严于律己。公于己者公于人。

（七）章学诚的《师说》

清代史学家、思想家、教育家章学诚之《师说》中将教师分为"可易之师，与不可易之师。其相去也，不可同日语矣。"可易之师是未见其独立且人所共知共能的授业解惑的人，传递明确知识，不带个人成分。这类知识像转移物体时人人都可以做的那个搬运工；而不可易之师是传道者，是学问专家。"可易之师"与"经师"相当；"不可易之师"与"人师"相似。可易之师与不可易之师的差别与明确知识与默会知识相对应。正是那种不可言传的知识才构成学统。因而一个优秀的老师，只向学生传递显性知识的成果及方法是不够的，还应该向学生示范隐性的认识信念、概念框架、方法技巧等。"不可易之师"的不可易，是因为他们传授的知识有强烈的个人化特点。章学诚还认为老师的权威是被神圣地赋予的："盖人皆听命于天也，天无声臭，而俾君治之，人皆天所生也，天不物物而生，而亲则生之，人皆学于天者也，天不淳淳而诲，而师则教之。"人群之中有三种权威：君、亲和师。服从这三者就是服从天。而面对"师道失传久矣"的局面，章学诚发出了"有志之士，求之天下，不见不可易之师"的感慨！

（八）胡承诺的《读书说·师说》

胡承诺认为教师的作用在于以光明正确的道路来指点人生，不仅仅在知识上的传授，更主要的是对人一生的影响。"师也者，以正道决人所行者也。"因此，教师的态度要"诚恳以求之，省察而思之，勉力以赴之"。就像现在说的没有教不好的学生，他认为"三者备，而后其人可教也"。教育的内容分为两类："圣人之教，有品有节。品，品类也；节，节文也。"所谓品，就是指道德教育；所谓文，才是指知识教育，这两种教育不仅内容不同，方法也有别，"分别其类，各有区域涂径可以寻求。"教师本人对这两种教育的程度及影响也很重要"匆论高下浅深，皆切于所教者之身心"，"故理之微者不可示中人，道之大者不可告俗士"。胡承诺强调教育的功效是巨大的、深远的，通过教育，人人都可成才。"故有熏陶浸灌，有严惮敬畏，有兴起慕效，随其所值而皆有获。""所以王政之时无穷人，教化之门无弃才也。"

六 "师道"之内涵

因为中古古代注重师道,对师道的内涵也作了深入的剖析。就为师之道而言,"殆不可有学诣而无德行之师",说的就是师道的内涵。古人认为,仅有学术造诣还不足以为人师,只有同时兼备深厚学养和优良品德的人,才能够称得上是"人师"。

(一) 经师别于人师

何为人师?荀子在《儒效篇》中说:"近者歌讴而乐之,远者竭蹶而趋之,四海之内若一家,通达之属莫不从服,夫是之谓人师。"临近的人们歌颂且爱戴他,远方的人们竭力奔走投奔他,凡是讯息所及之地没有人不顺从佩服的,这样的人可以称作人师。正如梁实秋先生所言"盖极形容德学俱隆之士之所以为大众所推崇"之人。

荀子虽有"人师"之说,但实际被誉为"人师"的,是始于后汉陈国的郭泰。晋朝袁宏在《后汉书灵帝纪上》记载"经师易遇,人师难遭",是首次以"人师"美誉郭泰,从此"人师"一词就成为尊崇师道的美称。所谓经师,是"专门名家,教授有师法者",可以讲解经义,教人以学问的人;而所谓人师,则是"谨身修行,足以范俗",德行才识并皆卓越,可以为人师表的人,不懂专治一经,不必在朝在位。自此而始有了"人师"与"经师"的区别,"经师易求,人师难得"也逐渐成为"为师"与"求师"的正确目标。

对"人师"的解释还有很多。比如《韩诗外传》中"智如泉源,行可以为表仪者,人师也"。简而言之,人师就如同贾谊说的《新书·官人篇》:"知足以为源泉,行足以为表仪;问焉则应,求焉则得;入人之家,足以重人之家;入人之国,足以重人之国者,谓之师。"[1]因为他是那种"至德可师"的人。"人师"之所以比"经师"更难能可贵,是因为经师们常常只精通某一方面知识或技能,而人师则是那种"博闻强识而让,敦善行而不怠"[2]的人。既"德望为时所服",而又"能以

---

[1] (西汉)贾谊:《新书·二十二子》,(清)卢文弨校,上海古籍出版社1986年版,第753页。

[2] 《礼记·曲礼上》。

德行引人"，常以自己的言行感染他人、引导他人。所以说"以身教者从，以言教者讼"①，只有身体力行、以身试教的人才能实现"圣化"。董仲舒在《春秋繁露·玉杯》中写道："是故善为师者，既美其道，有慎其行，齐时蚤晚，任多少，适疾徐，造而勿趋，稽而勿苦，省其所为，而成其所湛，故力不劳，而身大成，此之谓圣化，吾取之。"这就是所谓善为人师、胜于经师的人啊！在我国古代，先知哲人们论说教育也有了类似主张。比如，《易经·乾卦》中提道："进德修业"，进德为先，就是指要提高道德修养，扩大功业建树。孔子传授的科目有德行、言语、政事、文学，而将德行设为诸科之首；荀子《劝学》中说："君子之学也，入乎耳，著乎心，布乎四体，形乎动静"。宋代张载在《经学理窟·义理篇》中说："为学之大益，在自能变化气质。"这些都主张道德重于知识，价值观的养成比知识的传授更重要，也就是人师较之经师为世人所尊重的最主要原因。

（二）丰神意态之魅力

古人颂扬师道时，经常会提到教师的"丰神意态"。所谓丰神意态，是指儒雅、秀逸、平淡、自然的气质，可以理解为教师个人全部人格对他人的影响和感化，具有不可思议的影响力，是一种人格的力量。构成教师丰神意态的要素有学识渊博、方法练达、志趣高超、行为谨严。

唐代柳宗元认为"不师如之何，吾何以成"？认为无师便无以明道，充分地肯定了教师在人成长过程中的重要地位和作用。贾谊《新书·官人篇》中论述"知足以为源泉，行足以为表仪。问焉则应，求焉则得。入人之家，足以重人之家，入人之国，足以重人之国者，谓之师"。智慧足以成为他人的思维来源，举止也是别人所效仿的，只有具备这样的至高德行才可以做别人的老师。对于教师的仪态心胸，古人多有溢美之词，比如黄庭坚赞周茂叔为人洒脱，形容他为"光风霁月"；师儒的丰神意态，其感人之深，的确如朱熹赞程颐颢如"瑞日祥云，和风甘雨"那般，赞周敦颐如"风月无边，庭草交翠"。这种宽广心胸的确是不可估量、无以言表。

---

① 《后汉书·第五轮传》。

(三) 大化民俗之功能

优秀教师的言传身教，绝不仅仅只是其弟子门徒的表率，更大的作用在于可以化民成俗，成为天下的楷模。"夫所谓道者，在人伦日用之间，体之以心，践之以身，蕴之为德行，发之为事业，非徒以为工文辞取科第之资已也。"① 认为道，存在于人伦物理之间，用心体会，亲身实践，将自己的感悟积蓄起来内化为德行，阐发为教育，所有这些，并不是作为换取高官厚禄的资本。所以追随其学习的"合则孝德而问业，孜孜以性命为事；散则传语而述教，拳拳以善俗为念"。对于移风易俗、匡时救弊的情形而言，教师就是通过一代一代潜移默化而逐渐实现的。教师能够"吐辞为经，举足为法，绝类离伦，优入圣域"②，以远离世俗，追求真理作为自己特有的生活方式。所以，"师得其人，则长吏敬之，民庶服之，故教行而化兴，不然则否"③。择师传道，教之所兴，道之所行，不然则否。唐代柳宗元进一步阐述了社会不尊重教师的危害性。他说："今之世，为人师者众笑之，举世不师，故道益离。"认为不重视教师就是不重视教育，不重视教育就不能培养出合格的管理人才，没有合格的管理人才，社会就不能稳定，"举世不师，故道益离"的思想有深刻的社会意义。后北宋著名理学家周敦颐也说过"师道立，则善人多；善人多，则朝廷正而天下治矣"。这句话正是强调教育的社会功能的至理名言。

七 "师道"之尊严

我国古代的尊师不仅停留于对教师地位的高度重视，而且还形成了一定的礼法，师之能严更多地缘于自古而兴的尊师之礼，以"礼"之正式体现为师之尊。中国古代对教师的尊重敬拜之理，表现在生时以"束脩"为礼，"西席"称尊，死后则发"心丧"为悼词，常行祭祀之礼。古代种种尊师之礼仪，都表现出"天下不得而臣，诸侯不得而友"的重道敬学之风，更是以重视师道，敬重学识，崇尚美德，酬报功劳为品德，理所应当重视并加强尊师之礼。

---

① （明）萧雍：《赤山会约》后序。
② （唐）韩愈：《进学解》。
③ （元）虞允文：《虞道园文选》。

(一) 释奠与祠祭

《学记》中说"化民成俗，其必由学"。又说"建国君民，教学为先。且'三王四代唯其师'"。可见教育教学是建国兴邦的大业，而成就这一大业的就是教师。所以古代称王的人，常以释奠祭菜的方式来体现敬重师道，劝人求学。《礼记·文王世子》中记载："凡学，春官释奠于其先师，秋冬亦如之。凡始立学者，必释奠于先圣先师，及行事必以币。"说明周代的官学中就有释奠先圣先师的礼仪。《学记》中有"大学始教，皮弁祭菜，示敬道也"。讲的是开学的时候，官员和师生们都必须身穿礼服，头戴皮帽，准备肴馔，来祭拜先圣先师，举办隆重的开学典礼以表示对文化知识的敬重。释奠为上古时的国家大祭，仪式非常隆重，自宋朝陈祥道撰写《礼书》中记载"古者释奠，或施于山川，或施于庙社，或施于学"。之后，后世就以"释奠"一词专称那种祭祀先师的隆重大典；而"释菜"（祭菜、舍采），则从一开始就是专门为学校成立、开始施教时祭奠先师先圣必行的礼节。这种尊礼先师的礼节到汉代又发展为以独尊孔子为释奠的中心，独称孔子为"至圣先师"，将孔子抬升为代表整个国家、民族文化的形象。一个国家屹立于世，必有坚实的基石；阐述释奠祭菜礼的演进及推崇孔子的礼仪，当然不仅仅是供敬仰而已，它的意义发人深省，邀人共勉。

《后汉书·礼仪志》中记载"明帝永平二年三月，上始帅群臣躬养三老、五更于辟雍。行大射之礼。郡县道行乡饮酒于学校，皆祀圣师周公、孔子，牲以犬"。这是汉代学校恢复上古祭祀圣师之礼的写照，也成为后世学校祭祀孔子最为开始的记载。此后，历代释奠大礼，或由主管祭祀的人主持，或由皇帝天子亲自主持，虽然制度各有不同，但其有序隆重从未改变。《隋书·礼志》中记载北齐礼制："新立学，必释奠礼先圣先师，每岁春秋二仲，常行其礼。每月旦，祭酒领博士已下及国子诸学生已上，太学、四门博士升堂，助教已下、太学诸生阶下，拜孔揖颜。"《明史·志二十六》记载唐朝时"圣师之祭，始于世宗。……左先圣周公，右先师孔子，东西向。每岁春秋开讲前一日，皇帝服皮弁，拜跪，行释奠礼"。至宋高祖时，设释奠为大祀，从这时起，释奠与国家社稷之祭具有同等尊严及同等隆重，礼仪也趋于愈演愈繁之势。清末虽然仿照西洋教育制度，但《奏定学堂章程》中仍规定"至圣先师孔子诞日，春仲秋仲上丁释奠"。民国以后，方才废除释菜之礼和供奉的"圣人牌位"，当时教育部规定的《学校仪式规程》中，仅规定孔子诞辰为纪念日，1939年教育部规定孔诞日为教师节，当时文件写道："查尊师重道，自古就是如此。我集大成者至圣先师孔子，继承了唐虞三代的宏伟典范，为万事人伦的表率，在中国文化学术与民族历史上固已金聲玉振，继往开来，即在世界历史上，亦若景行高山，为贤哲所向往，际此民族复兴，期望止于至善，合宜把孔子诞辰，定为佳节，寄寓兆民康乐之中，深寓景仰至圣之意。兹定每年八月二十八日为教师节，即以表彰圣德，亦以振奋群伦。"虽然各个时代和民族各有其为之敬仰的圣人，但在中华大地，能够成为整个民族的中心且能使人心悦诚服、崇奉有加、无可替代的，再也没有像孔子这样的了。历代释奠祭孔，其重要理由在于教师为建国兴邦之本，只有尊师重道，才能教化于民，化民成俗。今天之所以再来回顾释奠祭菜的演进，缅怀崇尚孔子的礼仪，当然不仅仅只供后人景仰，更多的是发人深思并以此作为后世师道尊严的荣耀和尊师重道的鼓舞。

（二）"天地君亲师"之供奉

民间之尊礼先师，除在家塾或私塾中设立"大成至圣先师孔子之神位"外，家家户户则在正堂屋的神龛上供奉"天地君亲师"的牌位（民国建立，君权取消，而此五字牌位仍存在于民间的神堂上，仅仅有将"君"字改为"国"字者，可见其影响之深邃）。

我国古时以天、地、人为三才。《易·系辞》中说"易之为书也，广大悉备，有天道焉、有人道焉、有地道焉，兼三才而两之"。又说"天地设立，圣人成能"此三才者，为建国兴邦之根本。除"崇效天，法效地"之外，人道之中也有三尊。《白虎通·封公侯篇》"人有三尊：君、父、师"。这都是以君亲师为人道中的三位至尊。在《国语·晋语》中则更为详细，"民生于三，事之如一：父生之，师教之，君食之。非父不生，非食不长，非教不知，生之族也，故一事之。"

"天地君亲师"五字并见于古籍者，则有《荀子·礼记》《礼记·礼运篇》《大戴礼记·礼三本篇》《荀子·礼论篇》说："礼有三本，天地者，生之本也；先祖者，类之本也；君师者，治之本也。无天地，恶生？无先祖，恶出？无君师，恶治？三者偏亡，焉无安人。故礼，上事天，下事地，尊先祖，而隆君师，是礼之三本也。"（《史记·礼书》曾引述此语）又说："父能生之，不能养之；母能食之，不能教诲之；君者，已能食之，又善教诲之。"《大戴礼记·礼三本篇》所载与《荀子·礼论》所云，仅仅是字句上略有不同。其言说："礼有三本，天地者，性之本也；先祖者，类之本也；君师者，治之本也。无天地焉生？无先祖焉出？无君师焉治？三者偏亡，无安之人。故礼上事天，下事地，宗事先祖，而宠君师，是礼之三本也。"《礼记·礼运篇》说："天地四时，地生财货；人，父母生他，老师教他，这四条，如果国君能够真确利用，就能立于不出错之地。"天地君亲师的合祀，大概源于此类思想也。

（三）束脩之礼

古代学生与教师初见面时，必先奉赠见面礼物，表示敬意，见师之挚，初则为"菜"。"菜"为"芹藻一类"或"频蘩一类"，实际就是蔬食菜羹而已。这种蔬菜虽然微薄，选取其洁净的部分，来表达敬道及厚意也。自孔子始，或因为社会之进化，礼仪比较隆重，则以"束脩"为礼。孔子说"自行束脩以上，吾未尝无诲焉"。束脩，后人一般解释为肉干。《谷梁传》说："'束脩之问，不行竟中。'可知古者持束脩以为礼。然此是礼之薄礼，厚礼则包括有玉帛一类，以上囊括了所有礼物。"干肉虽然为礼之薄也，也是表达虔敬敬道之心。礼丰是更为稀罕的玉帛类。孔子有教无类，诲人不倦，凡是奉礼来求学的，没有不教诲的；不奉礼来的，则不教之。后来孟子记述说"教亦多术矣，予不屑之教诲也者，是亦教诲之而已矣"。非礼而不教，这种做法本身就是一种教育。这话也只有孔子敢说，也只有孔子能说！

束脩的致送，表示学生对教师的尊敬。见师必持束脩以为礼，直至现在的私塾，这种风尚尚存。但礼虽存，而名已经变了，多称见师之礼为"贽敬"；而称束脩为学费矣。《北史·周本纪》所载武帝天和元年，"诏诸胄子入学，但束脩于师，不劳释奠。释奠者，学成之祭。自今即为恒式。"看来束脩之礼已发展成为常态。等到盛朝唐代，束脩的礼仪，越发隆重。其国子学，"生初入，置束帛一筐五匹，酒一壶，干肉一托盘"，为"束脩之礼"；而太学、广文馆、四门馆、律学、书学、算学，"凡六学，束脩之礼，督查考核和科举时都如同国子学。"这是开元礼。《开元礼》的纂集是"功成制礼、治政作乐"传统的产物，其结构之缜密，叙述之精详，都是前所未有的，堪称中华礼学的旷世大典。即使在中国古代礼学史上，《大唐开元礼》也是最为重要的典籍之一。教师在接受此项礼物时，还须奉行相当的礼节，场面尤为庄严，俨如迎接天子。

尊师实为我国之美德，像"束脩"这样至恭至敬的拜师礼，在今天看来，其认真隆重的场景仍然令人肃然起敬。但是随着社会的发展，礼节被认为是繁文缛节而逐渐废弃，学生与教师平等相待，虽多了一分平等，却少了应有的庄重。

（四）"西席"与弟子之礼

近代一般普遍将家庭教师尊称为"西席"，或者称为"西宾"，而学生的父亲和长兄则自称为"学东"或者"东家"。据顾炎武《日知录》中考证："古人之坐，以东向为尊"。因此"西席"是"宾师之位"，也是对教师的尊称。梁章钜《称谓录》卷八记载："汉明帝尊桓荣以师礼，上幸太常府，令荣坐东面，设几。故师曰西席。"由于皇帝安排老师坐西席，于是人们就把家庭教师，甚至所有老师尊称为西席了。尊师之礼多记载在《礼记》中。如将教师尊称为"先生"亦是始于《礼记·曲礼》："先生与之言则对，不与之言，则趋而退。"隋唐间儒学家孔颖达解释道："谓师为先生者，言彼先己而生，其德多厚也。"宋代陈澔注解称"先生者，父兄之称。有德齿可为人师者，犹父兄也，故亦称先生。以师为父兄，则学生自比于弟子，故称弟子"。后又有《弟子职》一文，讲的是弟子所应遵守的常则，是一部内容最全面、篇章最完整、记述最明晰、年代也最久远的校规学则，从另一个侧面反映出教师在学生心目中的地位。历代号称圣君贤王的人都以尊师为美德。近代以来，这些传统的尊师之礼因其烦琐、老套而逐渐被新的教育思想和形式所替代，遂生礼亡之叹。昔日曾国藩以"侮师"为"居家四败"之一。现在看来，不要求学生尊敬师长实为公民训练、道德教育失败的发端。

（五）理胜义立与师严道尊

当教师的一定要按照道义行事，后才会得到人们的尊敬。《吕氏春秋·劝学》："学者师达而有材，吾未知其不为圣人。圣人之所在，则天下理焉。在右则右重，在左则左重，是故古之圣王未有不尊师者也。尊师则不论其贵贱贫富矣。若此则名号显矣，德行彰矣。故师之教也，不争轻重尊卑贫富，而争于道。其人苟可，其事无不可。所求尽得，所欲尽成，此生于得圣人。圣人生於疾学。不疾学而能为魁士名人者，未之尝有也。

疾学在于尊师。师尊则言信矣，道论矣。故往教者不化，召师者不化；自卑者不听，卑师者不听。师操不化不听之术，而以强教之，欲道之行、身之尊也，不亦远乎？……故为师之务，在于胜理，在于行义。理胜义立则位尊矣，王公大人弗敢骄也，上至于天子，朝之而不惭。凡遇合也，合不可必。遗理释义，以要不可必，而欲人之尊之也，不亦难乎？故师必胜理行义然后尊。"就是说教师之所以获得尊重是因为他是按照为人师表的道义而要求自己的；教师必须首先自尊，不自尊就无法教化他人，因其不尊也没有人肯听从他。没有人肯听从就不能取信于人，强加于人的教法是无法收到任何教育效果的。

《学记》上也说："师严然后道尊，道尊然后民知敬学。"所以教师必须严格要求自己，遵循为师之道，按社会要求的道义履行自己的职责。只有这样，才能使其所代表的知识文化为人所接受，"不言而信，不怒而威"，以自身的影响，使大众认识学习和求知的重要性并努力求学。

教师怎样才能严于律己呢？《吕氏春秋·诬徒篇》："达师之教也，使弟子安焉、乐焉、休焉、游焉、肃焉、严焉。此六者得于学，则邪辟之道塞矣，理义之术胜矣；此六者不得于学，则君不能令于臣，父不能令于子，师不能令于徒。"其意思是说，精通于教的老师，他能善于使学生安心、乐意、从容、活泼、严肃、庄重地学习。如果能做到这六者，邪恶之路就被堵死了，真理正义之途便开通。而能否做到"六者得于学"，重要的是教师对学生一定要有深厚的感情，并以此去感化学生，使他们觉得老师温柔、敦厚，可敬可亲，从而安心学习，乐于听从老师教诲，即使是严厉的批评，他们也可以接受。

八 "师道"之重心

师道的重心，在为师之道。教师在学校工作中能否得到别人的尊敬，除了看一位教师的学识和能力之外，更看重这位教师是否能以身作则地做人师。那些通晓经学的要旨，品德端正，且以掌握道理取胜，人格独立的教师，方值得大家尊敬。师严而后道尊。如果教师不能严以自律，那么就不可能"重道"，若不能重道，也就没有尊师可言。教师是因其有"传道"的能力和高尚的品德才被人们所尊重的。所以，尊师，首先得有可尊之师；向教师学习，也得有可值得学习的老师。所以说，师道的重心首先还在于教师自身的榜样力量。

另外，如果为师之道失却了应有的尊严，也首先应追究教师的责任。"道之未闻，业之未精，有惑而不能解，则非师矣"①，由此看来，师道之不得流传，难道是弟子的过错吗？实际上是教师不当行为导致的。难怪，古往今来人们心目中向往的教师是在修养上"知博而不杂，修行而不怠，气清而容肃，年耆而愈笃"；在学识上，"三纲五常知所出，河图洛书知所在"。如果真有这样的教师，"虽在千里之外，尤担簦而往从，况其迩者乎！"②，相反，如果是这样一位对知识识记错误，为人孤僻固执，满嘴大话却对人刻薄，是那种"记丑而谬，行孤而坚，齿尊而德薄"的人，则"去之唯恐不速，况其远者乎"。亦趋亦去，从学生的动态就可以看出教师学行人品的优劣了。所以，如何当好教师，是每一位执教者应扪心自问的问题啊。

第二节　国外学者说师道

由于东西方文化的差异，西方并没有类似"师道"的说法，对"师道"或"职业观"概念的形成和理解亦各有不同。日本与中国一衣带水，有切割不断的文化牵连，受中华文化影响，自古也有"道统"的理念，甚至在某些方面更甚于中国。日本对"师道"诠释之大家，当推近代学者小原国芳。

一　小原国芳论"师道"

日本学者小原国芳针对近代以来教师重术轻道、重利轻道德倾向，重新提出师道问题，对于师道的本义、内容重新加以解释，以说明道、术之区别和教师重道的意义。

（一）师道之本义

在日本，师道的倡导者山鹿素行在《山鹿语类》中提出，"师者，志也；志者，尽人之道也"。作为继承者，小原国芳将之演绎为"所谓师

---

① （清）黄宗羲：《续师说》。
② （清）胡承诺：《立教篇》。

道,就是在永恒世界中追求永远之道的意思,就是以坚定不移之心遵从理性启示,有一种'绝对皈依的感情'"。小原国芳将教师的教学活动分为"道"和"术"两类,术是技术、技巧;道指宇宙大法,有大道、大法、法理、理性之类的高深意义。至于"道"和"术"的关系在于:认为"师"不是靠片段的知识和手头的技术,而是以全人格来感化人。若只教以取胜,而忘却了道,可哀可悲!

(二)教师之信念

小原国芳认为教师工作是仅次于侍奉神祇的圣职,不可堕落到光传授知识,还必须有扎根于坚定信念的"道"。以作学校老师而自卑的教师就不可能培养出伟人来,教师要有天下第一等人的自豪感,要有独立、自尊、自信、自恃的伟大精神和高尚情愫。教育者如果想到"要培养人""要提高对方",就必须在他本人心目中产生"更高的东西是什么"这样一种不断前进的意欲,要不断恋慕、追求作为永恒创造者的宇宙大道。

(三)师道之极致

小原国芳提出作为优秀的教师,无论是服装、住宅、食物以及为此而产生的金钱欲,还是延续生命的性欲以及为了精神成长的求知欲……都要肯定为"善","不否定物,不拒绝地上的生活,但必须用精神来净化'物',用精神来指导物欲。……这是上天赋予教师的伟大使命。"

(四)师道的内容

小原国芳认为教师必须是"全人",提出要成为全人型教师。因为教育是人所追求的重要价值之和谐的体验,教育内容具有人的一切文化,因此教育必须是绝对的全人教育。教师的绝对价值体现在"真""善""美""圣"这四个方面。教师自己应该首先是哲学家,并在教育中贯穿善和美,还能提出进行必要的宗教教育,以及健康教育和劳作教育等诸项内容。小原国芳还介绍被日本称之为"试行学校"的德国 Versuchsschule 教育,那种教育"不是考试、不是填鸭、不是死记硬背,而是为了自我尝试、探求、追究、创造、劳动、操作"而进行的教育。

(五)师道的标准

遵从先驱山鹿素行提出的"人之范、行之则,乃为师;唯有志于为人之道者,乃为师;众望所归,而不得不为人师者,可谓真正之师"的主张,小原国芳自己设计了理想意愿中完美的"师道"标准,主要包括以下十二条：

(1) 热情、信念、使命感。教师只有以爱的热情施教，才能给学生心灵以影响。

(2) 理性主义者的欲望。教育是没有物质实惠的神圣事业，物质欲望强的人不可能成为教育者。

(3) 诚心诚意为孩子们祈祷。

(4) 尊重人的尊严，尊重个性教育。康德的人格维护律实际上是教育的第一要义。

(5) 创造、研究、探求、发明，理性地追求。

(6) 接近孩子、与孩子共同生活、亲切游玩。

(7) 教师应该是烦恼的拯救者。

(8) 需要取得信赖。

(9) 懂得健康、风度、幽默的人。

(10) 学问和技能。

(11) 国际精神。

(12) 爱——最大、最强的力量。

"师道"原是根植于东方文化中的概念。小原国芳在他的《师道论》中列举了很多生动的事例，洋溢着追随师道的崇高热情，虽然关于师道的思想并未完全展开，但他推崇师道的精神依然可以领会，那就是教师应以自己的职业为事业，对教师之职有敬畏之心。这些都不是仅仅依靠制定和实施"道德规范"就能解决的问题，而更多地体现为教师的教育价值追求的心向。①

二　西方传统教师职业观

"道"属于东方，是中国哲学中的一个重要概念。西方国家并没有"道"的理念。但西方传统的职业观由于受到宗教根深蒂固的影响，认为劳动和工作不仅是生存的手段，也代表着一种生命的价值取向，在宗教教义中，工作受到最高尊重，工作能力和技艺受到最高礼赞。

(一) 宗教职业观

每一个人来到世界上都是按照上帝赐予的才能受到委托的，基督教认

---

① [日] 小原国芳：《小原国芳教育论著选》（下卷），人民教育出版社1993年版，第325页。

为一个人所从事的职业就是其"天职",是上帝对他的"召唤"。按才受托的比喻①及天职的理念提醒我们,应该最大化地利用上帝给予我们的才能,这样我们也将更多回馈。树立"凡你手做的事,要尽力去做。"②"在最小的事上要有忠心"③ 的职业素养。

首先,工作是生命的礼赞。根据《圣经》,在有第一个人的时候,就有了工作的委托。上帝让亚当"修理看守"伊甸园,人堕落后,工作仍是上帝管教和恩典的一种委托,人必须汗流满面地耕作才能得到食物,之后,人的工作范围不仅包括务农,还涉及科学及艺术。工作始于伊甸园,工作关系到人参与创造的行为,工作创造了一个物和价值的世界,旨在完成上帝的委托。任何人都不能摆脱这项委托。④生命的起源、生存的过程和生活里的工作本应就是神完美旨意的体现,正为此缘故,生命就应是一种神圣的礼赞。

其次,工作是生命的使命。在神学和信仰的识辨中,人的存在也是一种使命的肯定。打从人的受造,神对人说:要生养众多,遍满地面,治理这地。耶和华将人安置在伊甸园,使他修理看守。在此我们看到了神所托付于人的使命和工作。从神将那人安置在伊甸园,使他修理看守这几句话中,我们看到了人生存使命中的特派和差遣。除了认定生存的使命外,人应当识辨自己的位置,也就是神为他所安置的地方。当神将人安置在伊甸园里时,他的指示非常明确,不是"理这地"而是"修理看守"。不是广义的使命而是狭义的指派,是做"分内的工作"。在这种识辨中,人当知道自己的"伊甸园"是什么。人的事业常会因使命和工作的混淆而产生问题。工作的目的只是为了赢得生存的必需品吗?单为生活,甚至单为争取得到生存的权利吗?工作的使命就是在神所安置你的"伊甸园"中"修理看守"、做成你分内的事,让你完成神计划中为你所存留的那份差事。

还有,工作是乐趣的享受。人为追求工作的效能和效率在工作和心境感受上,都离不了对工作终极目的的肯定。工作虽是一种必须,但在人类生存的过程中这些必须都会在人的心境和乐趣的互动中,得到肯定和延

---

① 《圣经·马太福音》第 25 章,14—30 节。
② 《圣经·传道书》,第 9 章,10 节。
③ 《圣经·路加福音》,第 16 章,10 节。
④ [德]朋霍费尔:《伦理学》,上海世纪出版集团 2007 年版,第 173 页。

续。工作若没有乐趣，人只是牛马机械，到头来，工作就是做完成了，赏报也得着了，但工作的人却充满了失落感。人若是赚得全世界，赔上了自己的灵魂，有什么益处，人还能用什么换回他的灵魂呢？正为这缘故，没有乐趣的工作如同地狱，工作有了乐趣诚如天堂，工作的人未必得等到工作有成果，已是心满意足了。果子只是一种意外收获时的必然乐趣而已。工作的乐趣到底是什么？除了生命的礼赞、生命的使命，工作已不再单是一种义务，而是一种生命喜乐泉源的流露。

宗教职业观最为突出的表现，集中在马克斯·韦伯的"天职"思想当中。"人是为事业而活，而不是反过来（为事业而存在）。""你须为上帝而勤劳致富，但不可为肉体、罪孽而如此"。在《新教伦理与资本主义精神》一书中韦伯如是说。这一说法无非是向我们展示了他的天职观思想。纵览《新教伦理与资本主义精神》一书，我们可以察觉，其"天职观"思想有三层含义：首先是以劳动作为人生根本目的的求职观念。用韦伯的话来说就是"上帝的旨意已毫无例外地给每一个人安排了职业，人人必须各事其业，辛勤劳作。每个人都必须坚持不懈地践行艰苦的体力或智力劳动，这是他最主要的工作"。其次是以"服从圣意"为宗旨的分工观念。基督教、新教主张劳动分工和职业分工是神意安排的直接结果，正规的职业是神赐给每个人最宝贵的财富，主张以劳动分工的成效来洞悉上帝如此安排的美意。最后是以"克尽天职"为目标取向的财富观。一种职业的道德标准必须根据它能够为社会提供的财富多寡来衡量，追求财富的目的不为满足个人贪欲，而是为了荣耀上帝。从这三个层面分析，我们不难发现韦伯天职观的意蕴就在于：作为上帝的选民必须为了回报上帝的恩惠。在韦伯看来，经济伦理概念是基于宗教心理和实用情景对个体行动的直接驱动力。经济伦理一方面是某种宗教核心思想的外部体现，同时又是制约每个人行动表现的力量源泉。[①]

（二）西方学者的职业观

柏拉图在《理想国》一书中，对职业进行了深入阐述，认为"技艺

[①] 向贵勇：《从天职观中看韦伯思想的启示意义》，中国社会科学网，http://www.docin.com/p—97108504.html。

除了寻求对象的利益以外，不应该去寻求对其他任何事物的利益"①。各种技艺有各自的德性，遵循各自的德性，便是善。

杜威非常强调教师的职责。他指出："无论哪种职业，都有它自己的精神。职业的精神是悠久的又是伟大的。所以职业之于个人生老病死、往来嬗变异常迅速而职业之精神则亘古长存。"职业的精神既然如此之悠久，所以能发展它的理想、精神、习惯，足以感化职业者是他们有共同的目的，并且忠心于他们的职业。在《我的教育信条》中，杜威认为："教师不是简单地从事于训练一个人，而是从事于适当的社会生活的形成。"杜威也将教师看作肩负"天职"的人，"教育家在社会上不止做分内狭小的事业，还要做社会的领袖，做教育政治家，负指导社会舆论的天职……教育家亦看教育做神圣，看自己做僧侣，深信教育为改进社会的唯一方法。"②麦金太尔继承并发展了古希腊的德性论，他认为要阐明德性，首先要阐明实践。他所谓的实践就是通过一定的人类协作性活动方式，在追求这种活动方式本身的卓越的过程中，获得这种活动方式的内在利益。人们在实践活动中所获利益有内在利益和外在利益之分，所谓外在利益，就是在一定的社会条件下，人们通过任何一种实践可获得的权势、地位或金钱；外在利益是某种个人财产和占有物，它的特征是某一人得到的越多，其他人得到的越少。内在利益是某种实践本身就具有的，除了这种实践活动以外任何其他类型的活动不可能获得，这种利益只有根据参加特定实践所取得的经验才可能识别和判断，那些缺乏经验的人是无法判断的。内在利益获得不仅给个体带来益处，它更有益于参与实践的整个共同体。③内在利益是与德性相连的，而外在利益则与德性相分裂，因为它们只利于人自身，而不利于他人和群体。麦金太尔强调实践的内在利益实际上就是强调德性在实践中的重要作用，这一观点使我们认识到在教师的教学实践活动中，教师德性是活的教师职业内在利益的要素——既是教育实践本身的成果（社会贡献之卓越），又是教师个体内心的充实。

---

① 柏拉图：《理想国》，郭斌和、张竹明译，商务印书馆1986年版，第24页。
② 单中惠主编：《杜威在华教育演讲录》，教育科学出版社2007年版，第424—441页。
③ ［美］麦金太尔：《追寻美德——伦理理论研究》，龚群、戴扬毅译，中国社会科学出版社1997年版，第238页。

(三) 视教育为信仰的专业观

由于受到传统宗教的文化影响，国外的学者常常也将教育信仰当作教师德性的构成要素之一，如杜威说过"教师不应忘记研究学问的精神和职业价值的提高，以及对教育应有的信仰"。所谓"教育信仰"，是人们对教育活动在个体和社会发展过程中的价值及实现方式的高度信服和尊重，并以此作为教育行为的根本准则。[①]相对于教育教学所需要的知识与技能来说，对于教育的态度，特别是对于教育的信仰，应该是作为一名教师更为根本性的东西。我国教育学家陶行知先生曾说，真正的教育家要有孔子之热忱，基督之博爱，释迦牟尼之忘我精神。其实，这也就是要有一种播种文明、育化他人、造福社会的信仰。美国是通过"教育者誓词"来表达和深化这种教育信仰的。

> 我在此宣誓，我将把我的一生贡献给教育事业。我将履行作为教育者的全部义务，不断改善这一公共事业，增进人类的理解和能力，并向一切为教育和学习作出努力的作为和人表示敬意。我将这些义务当作我自己的事业，并时刻准备着，责无旁贷地支持我的同事们做到这一点。

> 我将时刻注意到我的责任——通过严格的多知识的追求来提高学生的智力，即使非常辛苦，即使受到放弃这一责任的外界的诱惑，即使遇到失败等障碍而使之更加困难，我也将坚定不移地执行这一许诺。我还将坚持不懈地维护这一信念——鼓励并尊重终身学习和平等对待所有的学生。

> 为了忠实地完成这一职业义务，我将努力保证做到努力钻研所教内容，不断改善我的教育生活并使在我教导下的学生能够不断进步。我保证寻求和支持能提高教育和教学质量的政策并提供所有热爱教育的人一切机会去帮助他们达到至善。我决心不断努力以赶上或超过我希望培养的素质，并坚持和永远尊重一个有纪律、文明以及自由的民主生活方式。

> 我认识到我的努力可能会冒犯特权和有地位的人，我也认识到我

[①] 石中英：《教育信仰与教育生活》，《清华大学教育研究》2000 年第 2 期。

将会受到怀有偏见和等级捍卫者们的反对，我还认识到我将不得不遇到那些有意使我灰心，使我丧失希望的争论。但是，我将仍然忠于这一信念——这些努力和目标的追求使我坚信它与我的职业是相称的。这一职业也是与人民自由相称的。在这次集会的所有人面前，我庄严宣誓，我将恪守这一誓言。

亚里士多德曾经说过，"实践中的智慧就是道德意愿（Moral Will）与道德技能（Moral Skill）的结合。"任何一种"道"的确立都是以知识为基础的内心认同、体验和反省的过程。只有真正愿意遵守道德意愿，各种条约、法律和协议才可能得到遵守。"师道"所蕴含的伦理层面，即那些有约束力的价值观、不可或缺的标准以及内心深处的基本态度层面，仍然属于教师的内心世界，是良心的范畴，是"心灵"的领域，而这些意愿、价值观等内心判断都是属于规则的法理层面和属于提出具体解决办法的操作层面本身所无法实现的。

无论是中国传统的师道观，还是西方经典的天职论，曾经"师道之不存久矣"的叹息和今天面对教育伦理危机的反思，我们都希望并寻求在中国古代教育思想和现代教师伦理理论之间架设由此通达的桥梁，一方面，从中国古代教育思想资料中发掘精华，解构和领悟那些富有中华民族思维特色的意蕴丰富的教育哲理和诸多独特的概念、范畴；另一方面，运用现代道德哲学的深邃理论。总结和归纳现代伦理学的研究成果，重构我国古代教育思想中"师道"范畴、命题、理论的科学内涵及其意义，使之在今天仍能成为指导教师行为、升华职业美德的精神食粮。

通过对东方文化中师道的回顾与学习，使我们能以一种宗教般的热忱投身教育事业，此正是韦伯所说的"志业"。现代师道应追求三种境界：第一，崇真求道。真是师道的第一精义。因为师道从本质上说，是教育规律的反映，科学性、客观性是师道的基本属性。所以，师道修养首先要解决一个对教育规律、教育科学的态度问题。崇真就是要尊重教育规律、崇尚教育科学的真理法则。如孔子所云："子绝四，毋意、毋必、毋固、毋我。"就是告诫人们在真理面前不要自以为是，固执己见，随意臆测。第二，布善行道。在师道的哲理中，真是指教育规律，属认识范畴；而善指教育目的，属价值论范畴。因此，在师道修养中，要实现由真向善的转化，引导教师遵循教育规律，形成教育信念和树立教育理想。第三，至美悟道。教师在塑造新人的教育创作活动中就会体验到那种令人神往的身与心、愿望与才能、主体与对象和谐交融的师道合一的审美愉悦，实现现代教育要求的教师伦理责任。

第三节 关怀的责任——当代教师责任伦理

所谓责任，康德将其解释为"由于尊重规律而产生的行为必要性"[①]。他认为，责任是一切道德价值的源泉，合乎责任原则的行为虽不必善良，但违反责任原则的行为肯定都是恶邪。在古代，教师职业作为一种兼具"秀外"（即教育手段、教育技巧和教育风格）与"慧中"（即教育者的学术修养与道德精神）的特殊行业，必须"慎重师道"。如果"道之未闻，业之未精，有惑而不能解，则非师矣"。本不能为师，而强以为师，"则是为师者之罪也"[②]。而在文化和价值多元的现代社会，教师作为变革的因素，在促进相互理解和宽容方面，其作用的重要性从未像今天这样不容置疑。变革的迫切需要赋予教师巨大职责。因此，能与不能成为真正人师的界分，就在于对教师责任内涵的理解、认同与担当。

一 教师责任的伦理性质

对教师责任的伦理性质探究，实际上是追问教师责任究竟是何种责任？仅因为教师是一种职业就将教师责任定位于职业责任的判断未免太简单了，还需通过辨析教师是一种"职业"还是一种"志业"为前提的超乎职业责任之上的教师责任的伦理规定性。

（一）教师责任伦理性质的表象

首先，从传统人伦观看教师责任的伦理性质。"道德随着践行道德的能动者而发生变化。"（亚里士多德语）从教育组织与授业职能发生开始，教师的品性与授业行为正当性就受到人们的关注，在中国古代率先形成的"师道"概念，就包含了深刻的伦理意蕴。我国清代思想家、教育家王

---

① [德]康德：《道德形而上原理》，苗力田译，上海世纪出版集团2007年版，第7页。
② 孙培青：《中国教育史》，华东师范大学出版社2007年版，第269页。

夫之在论证为师之道时已明确提出:"师弟子者,以道相交而为人伦之一……故言必正言,行必正行,教必正教,相扶以正。"这里已将教师的责任划入伦理范畴。教师责任是基于伦理之上产生的责任,是师生关系中的责任;师生关系是教育活动中最基本的最重要的人际关系,也是一种特殊的人际关系。其特殊性主要是"指师生在教育过程中所发生的直接交往和联系,既有工作关系、组织关系,也有心理关系、伦理关系"。"伦理"是一种特定的人和人之间的关系以及对这种关系的领悟和治理,这里既包含人与人已形成的某种客观关系,也包括通过人为地有意识地调节所构成的特殊关系。也就是说由于伦理是人与人之间的关系,如果人没有领悟到这种关系是什么,或对这种关系没有自觉意识,就不能认为已形成伦理关系;那只是存在而已,只是一种"自在"而非"自为"的关系。"教师的工作也不可堕落到光传授知识。还必须像耶稣所说的'我就是道'那样,有扎根于坚定信念的道。"小原国芳"有坚定信念的道",就是一种明确意识"人之范,行之则"方可"乃为师"的教师伦理责任。我国古代大教育家孔子的"一日为师,终身为父"的理念,罗马教育家昆体良"让教师首先唤起他个人对学生的父母般的情感"的思想,都是将师生关系比作血缘关系以凸显教师如父母般的特殊伦理责任。德国伟大的教育学家赫尔巴特更是尝试性地提出由伦理学决定教育目的,认为教育的对象是人,教育活动涉及人格发展的全部,因此教育本身就带有伦理目的;他甚至曾经明确总结出把五种伦理规范作为教育的终极目的。

其次,从现代契约论看教师责任伦理性质。"无论对什么样的民主社会来说,道德状态最终的检验就是这个社会中的孩子们。"这是新教神学家狄特里希·邦霍夫的理念,可以说明教育对社会及未来的重要性。教育社会学认为,教师承担着向学生施加符合社会要求的影响,这一社会责任便意味着教师与社会之间存在着一种"契约关系"。也就是说,教师是因其与社会"签订"了"契约"而向学生施加符合社会要求的影响的,并不只是从家长手中接来他们的子女,而是从社会系统中领来未成年者。社会将这些需要接受教育的成员交给教师,期待教师对他们施加符合社会要求的影响。所以,教师必须以教育者的身份出现,完成社会所赋予的这一任务;否则其自身便得不到社会的认可,不成其为教师。因此,教师承担对学生施加符合社会要求的影响这一社会责任,是教师与社会之间的

"契约"的产物。"契约"这种基于约定而产生责任的关系，是当今社会一种新的伦理关系。

基于"契约"这种社会约定，教师的品性与态度远比其他职业从业人员的品性与态度更容易受到公众关注。当教师的职业素质与社会期待存在着距离或相去甚远时，便不能充当名副其实的社会代表者，也就不能很好地履行对学生进行个体社会化这一社会责任。所以，人们普遍认为应该要求教师比一般公民达到更高的标准和行为。这也就不难理解，为什么类似"范跑跑"这样的行为发生在一般公民身上与发生在教师身上受到社会公众不同评价的原因。所以，像教师这样的职业需要比其他行业对从业人员的个人行为有更多的要求，这种要求不仅是合职业性的、合道德性的，更是合伦理性的。

（二）教师责任伦理性质的含义

在人类社会生活中，有些责任是普遍地适用于所有人的，那是每一个作为"人格体"所应承担的基本义务；而有些责任是特殊的有区别的，那是由于我们在社会中所承担的特殊角色——职业的不同。传统职业观认为，职业是"为了满足社会生产和个人生活需要，人们所从事的具有一定社会职责的专门的业务和工作。"这种观点，将职业行为解释为两种旨向：一种是相应于谋生的需要，职业行为关联的是利益交换；另一种是相应于事业成就，职业行为关联的是服务社会。这两种旨向都只有一个出发点，那就是一个人因为占据了一定的社会角色而必须承担的责任和要求。这种责任，是职业责任；这种要求，是职业要求。德国18世纪末19世纪初著名的主观唯心主义哲学家和教育家费希特曾将"职责"这一概念界定为："职责概念包含着三种确定的东西……首先，在一切确定的职责中都有某种确定的行为，而在一切可能的职责之外的任何其他行为则是违背职责的……其次，职责认识已经确定，恰恰在这种情况下应该以某种方式去行动……最后，这种职责绝对要求服从，而将其他一切冲动都置于脑后。"可以看出，费希特对职责的三种划分，仍没有突破传统职业责任的语境。

现代社会是一个以职业生活为中心的时代，职业是"以社会分工和劳动分工为前提而形成的"一种"社会关系"，是"一定的人们赖以进行基本社会活动的专门业务，以及因此人们对社会承担的特定职责"。这里的"社会关系",不仅包括因谋生而产生的利益关系,还包括普遍存在于社会生产和管理领域的各种人际关系;这里的"专门业务",不仅指技术分工及由此而形成的角色特征与社会职位,还包括真实自我与职业角色存在内在区分的可能;这里的"特定职责",是指超越以内在德性为中心的传统职责,而转化为以社会规则为中心的伦理职责。所以,现代社会的二重性(社会性、专门性)使得对从业者的要求不能只停留在"行业规范"中,还必须从个体道德领域过渡到社会伦理领域,从而形成责任的伦理性质。

教育历来就是一个复杂的多面体,在现代社会教育领域中各种社会伦理关系又以教师为核心,因此对教师责任的评价就不能仅仅停留在既有的合法性和合情性上,即用已有的教育法律来衡量该与不该以及社会舆论评价的好与不好等层面上,还应从教师行为的"合理"——合伦理性上分析。因此,教师责任的伦理性质就是从道德哲学的角度审视教师行为的伦理内涵,将作为人性的善与恶(good or evil)通过对身为教师这一社会职业行为与特殊责任的分析与规约,在承认并满足教师合理利益需求的前提下,激发教师的"教育良知",由"教化权力"转变为"同意权利",教师以自己的特殊责任通过伦理规约处理与学生、家长和社会的各种人际关系。可见,教师职业伦理就是出于教师特殊责任的伦理。从本质上讲,教师行为应该是一种以自由意志为前提,由个人美德和责任能力共同决定的伦理责任行为。

二 教师责任伦理性的特征

法国社会学家埃米尔·涂尔干明确提出"道德特殊主义",认为有不同的道德形式适合于个人所组成的不同群体。如今,将教师的责任还局限在"传道、授业、解惑"的历史范畴,已不能满足社会对教师行为规范的要求与对教师价值倾向的评价了。德国社会学家马克斯·韦伯从社会学角度提出教师对学生的"生命"所能提供的帮助表现为以下三方面:"首先,是得到关于技术的知识……其次,学会思想的方法、思考的工具和训练……最后,就是清明,……并且必须假定,身为教师本身已经清明。"根据韦伯的意思,"依据事理来管理"仅仅是"忠于职守的义务","唯有将事务在主观上把自己与它联系,并以热情献身于此,方能称得上是一种

'志业'（Beruf）"。从伦理学角度厘清教师责任伦理性的基本特征，有助于为社会评价教师责任搭建一个理性的制度平台，亦使教师得以洞悉自身责任新的意蕴。

（一）教师的伦理责任是道义责任

康德把职责分为正义职责和道义职责，主张想要自己的行为在道德上成为善良，就必须是为了责任而责任。对于责任的剖析，最为经典的莫过于他的"三个命题"——第一，行为的道德价值不取决于行为是否合乎责任，而是在于它是否出于责任；第二，一个出于责任的行为，其道德价值不取决于他所要实现的意图，而取决于他所被规定的准则；第三，责任就是由于尊重规律而产生的行为必要性。他认为道义职责是一种伦理的职责，是通过采取和实施赋予达到一定责任目的以分量的行动计划而完成的。根据康德的观点，需要深思这样几个问题：教师责任是"合乎"还是"出于"？其行为是出于"意图"还是"准则"？他们是否尊重教育规律而从事教育活动？事实上，现代社会要求教师的责任合伦理性，其行为要出于"准则"，要尊重教育规律而开展教育教学工作。据此，可以认为，教师责任既是一种与确定公共职位有着直接关联的政治性的职责承担，也是一种基于社会公共伦理精神和普遍伦理要求的道义承诺。这两个方面都是教师的道义责任应该承担的。

（二）教师的伦理责任是客观责任

现代组织伦理学将责任伦理分为客观责任和主观责任。美国行政伦理学专家特里·库帕认为，客观责任是来自于法律、组织以及社会对应于从事公共管理活动者的合理期待，属于一种外界控制。这种外界控制的主要形式就是伦理准则，它代表了通过组织和职业联系而施加在个人身上的价值观，与从外部强加的可能事物相关。客观责任具有两种形式：第一是职责，表现为对他人负责；第二是义务，表现为对事情负责。二者的关系为，义务是根本，职责是确保义务在等级制结构中得以实现的手段。客观责任侧重于伦理的宏观层面，其重点是基于人类天性所具有的被动性、反应性和顺从性，即人们应当服从规律和组织目标，个人行为应当为组织文化所左右。这种客观的伦理责任，可以帮助教师在履行自己的职责时对面临的伦理问题提供解决困境的方式和方法。如果把伦理责任与其他道德要求相比较，罗尔斯认为伦理责任具备以下几个特点："它们是作为我们自愿行为的一个结果产生的,这些自愿行为可能是明确地给出的或者默默地承担的,……再者,职责的内容总是由一种制度或实践确定的,这一制度或实践的规范指示着要求一个人做的事情。最后,职责一般是归之于确定的个人的,即那些一起合作以坚持他们的制度安排的个人。"[①]罗尔斯将义务解释为由制度规定的、分派给某些职位的任务和责任。罗尔斯的解释强调了在职责中应将制度作为一种必要条件。

（三）教师的伦理责任是公共责任

美国的一些著名的公共政策研究专家对公共责任见解颇深。托马斯·R. 戴伊教授认为,公共责任最基本的内涵是"在不同个体之间就哪些行为能够为人接受以及行为者使用何种方式为其行为辩护达成共识"。杰克逊指出,公共责任一词意味着"对曾经做过、正在做和计划做的事情作出解释和辩护……在一方有权要求就其行为进行解释这一点上,可以说后者对前者负有责任"。凯登则强调,公共责任是"行为主体对其职责负责,他们受外界评判机构的控制并对其汇报、解释、说明原因、反映情况、承担义务和提供账目"。他认为公共责任有三层含义：在行为实施之前,公共责任是一种职责,负责任意味着具有高度的职责感和义务感,行为主体在行使权力之前就明确行使权力所追求的公共目标；在行为实施过程中,公共责任表现为主动述职或自觉接受监督；在行为实施之后,公共责任是一种评判并对不当行为承担后果。教师职业的社会公共性,使得其责任是一种多层次、多维度的公共责任,涉及法律责任、政治责任、职业责任等多个方面。作为美德的师道是自然之事,而责任与义务则是人为之事。责任的伦理规约并不是一种简单的所谓外在"必须",而是现代社会的基本伦理诉求。1993年在美国芝加哥召开的第二届世界宗教议会上通过的《走向全球伦理宣言》,突出强调了人类伦理责任在当代社会生活中的不可替代性,认为全球伦理是对有约束性的价值观、不可取消的标准和人格态度所形成的一种基本共识。把伦理学原理应用于制度的订立和分析中,早在美国罗尔斯将伦理学从纯学理式的知识论探究转向道德实践规范的重新建构之后,已成为国际社会行业制度发展的主流趋势。

[①] ［美］约翰·罗尔斯：《正义论》,何怀宏等译,中国社会科学出版社1998年版,第113页。

就教师专业这一最具代表性的社会公共组织而言，得以建立和维持的核心凝聚力就是建立具有伦理性质的行业制度，从而对教师责任进行伦理规约；并且，与以往关注制度的科学性有所不同，对教师责任伦理的研究应该着重于通过制度本身是否合理的道德追问来解释其内蕴的利益矛盾和冲突。"理论先行无论对于政府的政策选择还是对于社会的价值认同，都显得甚为重要。从现在开始就应该有意识地建构教育的基本价值范式，并在这一价值范式的引导下，设计社会发展需要的新的政策和法律框架。"[1]

---

[1] 劳凯声：《变革中的教育权与受教育权：教育法学基本问题研究》，教育科学出版 2003 年版，第 11 页。

第五章 实践取向:教师伦理制度变迁

"道"在昭示一切,"德"则承载道的一切。"德"乃"道"之用,是"道"的载体,是"道"的体现;人们可以认知"道",也可以创造"德"。道与德实为灵魂与形式的关系。就教师职业而言,人类在长期社会生活中逐渐形成的教师伦理和我国特有的师道、师德理念,无法通过正式律令予以规定,只能借以具有特殊制度性质的伦理规范来表达。教师伦理规范作为合理的应然存在,究其实质是一种"遵从的邀请"①,属于特殊的非正式制度。以规范性制度形式确证道德对教师的要求——这就是教师伦理规范制度的实质——制度道德。

近几年通过为道德立法以对师德形成约束的声音此起彼伏。为道德立法,首先应当取决于我们对"法"这个概念的理解:是将其当作一般意义上的"法律",还是解释为像边沁所说的"可认识的规则"?前者所言之"法律"为权威性国家立法的总称;后者所言之"规则"是指制度范畴内的有效技术表达。显然,同为条条框框的东西放在不同的学科领域就有了不同的解读。将为教师道德立法的理念置于何种语境才能使道德立法得以成立与实施,这是讨论教师道德立法问题首先要解答的问题。本章主要从历史资料中发现和解决"立什么"——规范内容的选择和"怎样立"——规范的范式问题的研究。

第一节 教师伦理规范的历史渊源

教师是个古老的职业,在人类教育活动中,在中外教育的历史实践

---

① [德]马克斯·舍勒:《伦理中的形式主义与质料的价值伦理学》,倪梁康译,商务印书馆2011年版,第330页。

中，许多有价值的教师伦理规范或教师伦理思想，以类似条例、制度的物化形式被保存了下来，不仅对当时的教师活动有指导作用，也有益于当今教师伦理规范制定的反思和参考。

一 中国古代教师伦理规范

中国自古尊师重教，在我国各个朝代都有对教师德行的具体要求。

（一）上古时期的教师伦理规范

在尧舜时代，传说契被选作了司徒，承担起育人的重任。"司徒"这个称谓，后来演变为一种官职，推其本义，就是管理和教育学生的意思，也就是现在的教师。《列女传》中"契之性聪明而仁，能育其教，卒致其名"，可见契的"能育其教"在教育方面作出重大贡献。契"聪明而仁"，"聪明"是天赋，是见识；"仁"是爱心，是品格，二者兼具，遂能担负起育人的责任。契恐怕是我们中华民族的祖先为后世树立起来的第一个师表风范了，"聪明而仁"的秉性，也可视为我国最早的教师职业道德标准。

《书·舜典》曰"敬敷五教在宽"。尧舜时期的"敬敷五教"不仅提出了实施教育的目的是"五教"，更主要的是还涉及对教师问题的探讨，"敬""敷"两字颇值得回味。"敬"是对教育者职业态度的要求，"圣贤进德修业，不离一敬"。"敬"的反义词是"肆"，就是随意、放任、不负责任的意思，就是无法履行教书育人的责任。"敷"是传播、流布的意思，教师要传经布道，不仅自己懂得做人的道理，还要有以天下为己任、兼爱他人和诲人不倦的精神。

（二）春秋时期的教师伦理规范

荀子是战国末期最后一位儒学大师，主要集中强调教师的尊严，要求教师要具备一定条件、严于律己以及讲究教法等几个方面。"礼者，所以正身也；师者，所以正礼也。无礼，何以正身？无师，吾安知礼之为是也？"[①]他把教师与天、地、君、亲并立为人极。认为教师是一切社会行为的准则。他说："言而不称师谓之畔，教而不称师谓之倍"，倍畔之人是不能容于社会的。教师必须具备四个条件："尊严而惮"（要有威信和品

[①] 荀子：《荀子·性恶》。

德），"耆艾而信"（要有丰富的经验和崇高的信仰），"诵说而不陵不犯"（讲学明白、逻辑性强），"知微而论"（深知精微而能发挥）。至于必须具备的广博知识与学问还不在内。在这里，荀子把教师的德行、信仰、能力、知识及其在学生中的威信等统一起来加以考察，作为对教师职业素养的基本要求，这是很有见地的。

孔孟学派的《礼记·学记》是我国历史上，也是世界历史上最早的一部教育专著，它从教师教学工作的角度提出了一些教学过程中的伦理问题，成为后世衡量教师教学工作的标准：第一，教师要懂得教育的基本规律、教学原则和方法，以及影响教育得失的各种因素。第二，教师要尊重学生的主观能动性，教学必须善开导、鼓励、启发，能在学生成长的过程中体现出自己的知识、智慧；能从不同角度诱发开导学生，"能博喻然后能为师"。因此，教师必须深研业务，了解学生，否则"记问之学"是不足为人师的。第三，教师的教学语言要简洁、精当、周密而生动。

（三）秦汉时期的教师伦理规范

秦代基本取消了官私学校教育，实行"吏师"制度，以官吏为师，主要学习官方的法律文件，其目的在于以此统一思想和国家的意识形态。根据《睡虎地秦墓竹简》中的《语书》《为吏之道》等，对"吏师"有如下要求：

> 精洁正直，廉而毋刖。廉洁敦慈，谨慎坚固。审悉毋私，审当赏罚。凡治事，遏私图。
> 良吏：恶与人辩治，不争书。
> 恶吏：易口舌，恶言而易病，喜争书。瞋目扼腕以示力。
> 口，关也；舌，机也。一堵失言，四马弗能追也。

这里更注重人品的正直勤恳、廉洁奉公，尤其忌讳像儒生那样只会搬弄书本，其价值取向较多地否定单纯书本知识的学习。

汉代教育尊儒学一家，儒家教育的伦理精神贯彻整个教育，从两汉选拔博士（太学教师）的慎重和严格要求即可窥见一斑：

《汉书·卷十》记载"古之立太学，将以传先王之业，流化于天下也。儒林之言，四海渊源，宜皆明于古今，温故知新，通达国体，故谓之博士。否则学者无述焉，为下所轻，非所以尊道德也"。

《后汉书·朱浮传》李贤注引《汉官仪》说："生事爱敬，丧没如礼。通《易》《尚书》《诗》《礼》《春秋》《孝经》《论语》，兼综载籍，穷微阐奥。师事某官，见授门徒五十人以上，隐居乐道，不求闻达，身无金痍痼疾，卅六属不与妖恶交通，王侯赏赐。行四科（指醇厚、质朴、谦逊、节俭四项条件），经任博士。"

第一段引文是汉成帝的诏书，规定博士必须做到德才兼备，要"明于古今"、"通达国体"，还要有"温故知新"的治学能力，为人师表，使学者有所述（即祖述、"继其志"），又可以尊为道德风范。第二段引文是留存的东汉时期推荐博士的"保举状"，同样体现了对博士的德才两方面的严格要求。

汉代学者扬雄在《法言·学行》中将"师"与"范"相联系，首次形成"师范"观念，认为教师应当为世人模范，"师者，人之模范也。"要求教师要做到严于律己，乐教、学而不厌、诲人不倦、言行一致、以身作则。这对后代教师的职业道德的发展产生了深刻的影响。

南北朝时期教育伦理的发展值得一提的是北魏献文帝对教师任职条件的明文规定："博士取博关经典，履行忠清，堪为人师者，年限四十以上。助教亦与博士同，年限三十以上。若道业夙成，才任教授，不拘年龄"，《四库全书·北史》不仅一般地提出了教师的德业道术以及人生经历的要求，而且规定了破格的条件。

（四）唐宋教师伦理规范

唐王朝建立以后，建立了严格的教师选拔制度，使儒家的教育伦理完整地制度化（如学校招生制度上的严格的等级化，教学内容的统一化和科举考试的相对公正性等）。单说选拔教师，当有京官五人取保，选拔标准有四：一曰"身"，体貌丰伟；二曰"言"，言辞辩证；三曰"书"，楷法遒美；四曰"判"，文理优长。四事皆可则取。[①]录取以德行为先，其次量才，以定"留""放"。唐朝对文官考绩的法定标准为"四善二十七最"，所谓"四善"专指品德：一曰德义有闻，二曰清慎明著，三曰公平可称，四曰恪勤匪懈。都是职业品德和态度方面的要求。"二十七最"则

---

① （北宋）宋祁、欧阳修：《新唐书·选举志下》。

规定了不同行政责任的工作准则，是二十七种官职的最高要求和评价标准。教职为"训导有方，生徒克业"，"礼义兴行，肃清所部"，"职事修理，供承强济"①。学校教师（博士、助教）则按工作量和工作成绩考核："诸博士、助教皆计当年讲授多少以为考课等级"②。这种考核迁升须经礼部对当年教学工作量、教学及业务水平等综合考核："其有通经力学者，必于岁之杪，升于礼部，听简试焉。课生徒之进退，必酌于中道，非博雅庄敬之流，固不得临于是，故有去而升于朝者。"③可见是将业务水平、道德品质和教学效果三者综合考核的。此外，校长和教官还必须要求是德高望重的名师。唐朝法律还规定，教师必须以教学为主要工作，不得兼任他职；一门课未讲授完，不得调离，也不得充任他职。

宋代规定国学博士的职责是"掌分经讲授，考核程文，以德行道艺训导学者"④，教官由朝官推荐，要求通晓儒术，品行端正，不得犯有公私罪，年龄在30岁以上，有两年以上为官经历。

南宋淳熙六年（1179年），朱熹在庐山东麓的白鹿洞创办了书院，亲手制定著名的《白鹿洞教条》和《白鹿洞书院学规》是我国古代师德规范和学生守则最完整、最清晰的论述。

《白鹿洞教条》原文：

父子有亲。君臣有义。夫妇有别。长幼有序。朋友有信。

右立教之目。尧舜使契为司徒，敬敷五教，即此是也。学者学此而已，而其所以学之序，亦有五焉，具列如左：

博学之。审问之。谨思之。明辨之。笃行之。

右为学之序。学、问、思、辨四者，所以穷理也。若夫笃行之事，则自修身以至处事、接物，亦各有要，具列如左：

言忠信。行笃敬。惩忿窒欲。迁善改过。

右修身之要。

---

① （北宋）宋祁、欧阳修：《新唐书·选举志下》，http：//www.360doc.com/content/13/0409/11/313676_ 277104735. shtml。

② （北宋）王溥：《唐会要·卷六十六》，http：//www.guoxue123.com/shibu/0401/01thy/。

③ 尚永亮：《柳宗元集·卷二十六》。

④ （元）脱脱：《宋史·一一八卷》。

正其谊，不谋其利。明其道，不计其功。
右处事之要。
己所不欲，勿施于人。行有不得，反求诸己。
右接物之要。
宋淳熙七年 朱熹

同时还颁布有《白鹿洞书院学规》：

1. 五教之目：父子有亲，君臣有义，夫妇有别，长幼有序，朋友有信。
2. 为学之序：博学之，审问之，慎思之，明辨之，笃行之。
3. 修身之要：言忠信，行笃敬，惩忿窒欲，迁善改过。
4. 处事之要：正其谊不谋其利；明其道不计其功。
5. 接物之要：己所不欲，勿施于人；行有不得，反求诸己。

古代书院和学校的"学则"，其称不一，又叫"教条""学则""轨范""揭示""规训""戒勉"等，实际所指都是相同或相近的，其内容对包括教师和学生在内的学校全体成员都有约束作用，之所以对教师和学生不作分别的要求，依据的是《易经》上的一句话——"君子以朋友讲习"。由于朱熹的提倡和努力，白鹿洞书院不但在其后数百年间弦歌不辍，发展成为"天下书院之首"，"代表了中国近世七百年的宋学大趋势"（胡适），且由此开始，开启了近千年来古代书院的教育传统。朱熹手订的这则《白鹿洞教条》，更是被历代教育家作为师德信条而奉持不渝，例如明代大学者、教育家王阳明就曾说过："夫为学之方，白鹿之规尽矣"。"白鹿洞教条"系统梳理了古代先贤，尤其是先秦儒家关于教育问题的经典论述，它既是学生问知求学的条规，也是教师从事教育的规范。首先，明确了孟子提出的"五教"就是教育的宗旨，"学者学此而已"。其次，将孔子《中庸》所提出的"博学之、审问之、慎思之、明辨之、笃行之"作为教书育人的路径，并且强调前四者是为了穷理致知，属于认识的范畴；而所列"修身之要""处事之要""接物之要"都是"笃行之事"，属实践范畴。朱熹认为，人的认识不能脱离实践，并且实践能提升人的认识——"知之愈明,则行之愈笃,则知之益明"。这个循环反复的过程,也就是教育的过程,在这个过程中,对于教育者自身而言更应不断修身进德。这是中国教育史上值得特别纪念的一件大事。这是我国古代关于师德规范最完整、最清晰的一次表述。此后,王阳明又在此基础上提出了"致知力行""知行合一"的主张,作为对朱熹的师德观的发展。

(五)元代的教师伦理规范

元代百年是一个值得特别关注的历史时期。灭宋统一后,朝廷颁布了《学官格例》,对教师的选拔、保举及标准都作了详细的规定。规定"前进士人员"中的"士行修洁"者,经过公众推举,申报有司批准,"堪充教授"。如"不系前进士人员"而"学问该博""年高德劭"者,则需"经各道提学同本道按察司文资正官公坐出题,当面引试所习经、赋各一本,全篇考校文理优长",凡"中程式者","本人别有所业文字"(经义、词赋、诗文十篇为额,内诗不过五篇),并许缴呈上司,经批准后,方可充任教授或其他教官。"学正、学录已下","至考满当升教授者",也要"引试程文"①。此外还规定,教师必须廉洁奉职。学官如果不以教务为事,专心于损公肥私,必视其情节轻重,予以严惩。教授聘任期满,提调官勘得别无侵欺粘带,"或在任有行止不臧,忝居师度者,从廉访司纠弹"。元代四书学官学地位的制度化影响深远。

(六)明清时期教师伦理规范

明清两代,沿袭宋代书院讲学风气,天下才俊依聚山林,励志清修,书院教育遂有了较大的发展,渐渐成为当时教育的主流,明清书院普遍重视学子修身进德,因此,选聘师长,最看重的一条就是道德操守。清代学者戴震说:"讲学砥节,相语以道德,相勖以恭行。自宋以来,书院之立,咸若是。"可见如果不是德高望重的硕儒,是很难成为书院士子们的人生导师的。

中国封建社会后期,随着封建集权政治的强化,教育伦理思想也表现出极端的专制主义倾向。明代规定国学校长必须"整饬威仪,严立规矩,表率属官,模范后进。不可尸位素餐,因而怠惰"②。对教师要求则必须

---

① 《庙学典礼·卷二》。
② 《明会典·国子监·监规》。

"职专教诲，务在严立课程，同心讲解，以臻成效。如或怠惰不能自立，以致生员有戾规矩者，举觉到官，各有责罚"[①]。洪武十五年，颁禁例十二条于全国学校，镌刻卧碑，置于学校大礼堂（明伦堂）之左，令师生谨守，其主要精神是不许学校师生参与社会和政治事务。此外"师长当竭诚训导愚蒙，毋致懈惰"[②]。在教学上，规定教师"务要依先圣先贤格言教诲后世，使之成材，以备任用。敢有妄生异议，乖其良心者，诛其本身，全家迁发化外"，教师教授"只用散文，不许用四六"，如果教师"敢于肆为怪诞，不遵旧式者，提学官即行革退"[③]，情节严重的还要交司法机关。此外，在明初重典治吏的背景下还建立了教职的考察制度，以"称职""平常""不称职"三等。著名的明代考察八法有"贪""酷""躁""不及""老""病""罢"（疲）等。[④]

清王朝为了加强对学校教育的控制，于顺治初年即颁《国子监规十八条》。康熙时又颁《圣谕十六条》作为教育的根本方针，有着特殊的伦理约束意义，是学校工作的基本准则：（1）敦孝悌以重人伦；（2）笃宗族以昭雍睦；（3）和乡党以息争讼；（4）重农桑以足衣食；（5）尚节俭以惜财用；（6）隆学校以端士气；（7）黜异端以崇正学；（8）讲法律以儆愚顽；（9）明礼让以厚风俗；（10）务本正以定民志；（11）训子弟以禁非为；（12）戒匿逃以免株连；（13）息诬告以全善良；（14）完钱粮以省催科；（15）联保甲以弭盗贼；（16）解仇忿以重生命。"为师者亦当尽心教训，勿致怠惰"[⑤]。

顺治四年（1647年）清朝政府颁布了"四格八法"的考核甄别制度。"四格"即守、才、政、年，涵盖了官员的为政操守、为政才能、为政态度以及身体条件等方面的诸多因素，其全面性、规范性与可操作性胜过了历朝的考核制度；"守"即操守，分廉、平、贪三类；"才"即才能，分长、平、短三类；"政"指为政态度，分勤、平、怠三类；"年"指年龄，分青、中、老三类。根据以上四格，综合考核成绩，分称职、侵职、

[①] （明）王圻：《续文献通考·学校考》。
[②] 《明会典·学校》。
[③] 《明史·海瑞传》。
[④] 李春秋：《教育伦理学概论》，北京师范大学出版社2006年版，第28页。
[⑤] 《大明会典》文庙明伦堂卧碑。

供职三类。"八法"即贪与酷者,革职提问;软与不谨者,革职免官;年老与有病者,退休离职;才力差与浮躁者,酌情降调。清高宗时,特明令"年老衰颓,贪恋禄位及庸劣无能、不称师儒之席者,咨部罢斥"。"八法"以严厉的处分标准对考核不合格的官员进行处罚,从革职拿问到降级调用再到勒令休致,系统而周密。这一制度源于明朝而完备于清,具体规定文官考核制度的内容及处分标准,对教育工作者的行为准则作了明确规定。

清代豫南书院对于教师师德订有四条规范:其一,敦德行以端本原也;其二,勤研讨以践实学也;其三,重师友以求夹持也;其四,谨交游以遵礼法也。其中第三条中,还特别要求教师能够与学生"同堂共学,朝夕追随,赏奇析疑,互征心得",强调教师与学生要在一起互动交流,自由探究学问,教学相长,创设生动活泼的教学氛围,"亦名教中活泼泼地也"。

群玉书院中专门设有"亲师斋",其铭曰——

  主善为师德业所资,狎而敬之,畏而爱之,亦趋亦步,朝斯夕斯,熏陶既久,其益无涯。

教师要怀抱一颗慈爱之心,使不听话的孩子能够敬重你,胆怯的孩子能够喜欢你,一天到晚都愿意追随着你、亲近着你,用你高尚的人格长时间地熏陶滋养着孩子们,将会使他们终生受到教益。——这样的师德标准,即使放到今天来看,也是令人向往不已的。[①]

二 中国近代教师伦理规范

鸦片战争之后,中国旧式教育的性质随之也发生了深刻的变化,提倡新学、反对旧学、兴办新教育,这一精神同样也反映在教育伦理思想中。

(一)行政部门厘定制度

1909年《学部奏遵拟检定小学教员章程》的规定就体现出一定的伦理要求:

---

① 王涵:《中国古代的师德规范》,《中国教育报》,2008年9月26日。

"一、曾犯刑律；二、现有刑事诉讼者；三、沾染嗜好者；四、举贡生监学曾经斥革者；五、曾经斥革教员尚未开复者"都不得担任教员。

"一、学业荒废，教授不合法者；二、不尽心教授，久旷功课者；三、现有司讼案久不结者；四、患病难期速愈者"应行辞退。

"一、经学务官绅查明，确有逾闲荡检之证据者；二、身犯刑律者；三、干涉教育范围以外，如地方司讼等事，及投入各种违法之会党者"取消教师资格。①

（二）学者治校明令戒律

学贯中西的教育家康有为的教育伦理思想主要集中在《大同书》中。他按照幼教、小教、中教、高教的层次，分别提出对教师的素质要求和行为准则，认为教师道德是"全世界之人类才能德性皆系之"。因此，全社会必须尊师重教。他认为，教师履行了父母的责任，其功德大于父母所以人若路遇教师"不论贵贱，皆加礼敬"。康有为的弟子梁启超传承了师傅的重视教育衣钵，提出更为严格的要求："在教育界立身的人，应该以教育为唯一的趣味"，否则应立即改从他业。

近代著名的思想家、教育家蔡元培先生认为教师是"人的榜样，自己的行为要做别人的模范"，所以在任北京大学校长一年后，有感于整饬校风之必要，于1918年1月中旬发起组织"进德会"，并发布会员应遵守的"八条戒律"，要求教师砥砺德行，束身自爱。他认为，"私德不修，祸及社会……吾人既为社会之一分子，分子之腐败，不能无影响于全体，如疾疫然。其传染之广，往往出人意表"。他提出"进德"的意义在于以与社会之浊流作斗争，通过戒律，第一，可以绳己；第二，可以谢人；第三，可以止谤。"八条戒律"的具体内容是：

一、不嫖。凡亵视他人之人格，以供玩弄者，皆认为嫖。
二、不赌。凡以钱或钱之代替品为输赢之游戏，皆认为赌。
三、不纳妾。凡有妻再婚者，无论用何名称，皆认为纳妾。

---

① 《大清新法令·第七卷》。

四、不做官吏。

五、不做议员。

六、不饮酒。中西各酒以及普通药酒皆为酒。

七、不吸烟。中西各种烟及鸦片，与代鸦片之吗啡针，皆以烟论。

八、不食肉。动物材料除乳卵外，皆为肉食。

蔡元培先生的这一举措被广泛赞誉。日本东京《日支时论》第4卷第2号译载该会宣言，并冠以引言，称赞蔡元培先生为"一代硕学及德望家，素为人之所知，今观此趣意书，不特可知中国有识者阶级之社会道德观，及对于社会改良之意见，并亦可借以知中国之一面也"。东京"廓清会"的会刊《廓清》第8卷第3号还介绍了"进德会"甲乙丙三种戒规之内容，称该会为"中国对于现代道德及政治上自觉之一机运，且由北大校长所发起，其意义更深远"。

在20世纪初短短的二三十年教育发展历程中，我国大陆关于教师伦理的发展已经实现了与世界发展同步，甚至在国际上取得了一席之位。早在1946年我国学者就参加了在美国纽约召开的世界教育专业会议，身为代表之一的常道直先生最先发表关于制定"世界教师专业道德规约"的提案，并于次年当仁不让地承担起《国际教师宪章》的起草任务。在国内，常道直和陶愚川于1939年分别草拟了《全国教师公约》和《教师道德律》（见附录），为我国近现代教师伦理制度起到了示范作用。

我国台湾地区一向注重建设教师道德规范，借鉴西方伦理观念，保留具有东方色彩的"社会责任感"方面内容，把教师形象塑造置于伦理建设中，提倡在民主氛围中讨论教师专业伦理准则。至民国65年全国教育团体年会通过类似伦理准则的《教育人员信条》，但无中小学教师参与意见，效果至为有限。到了2014年台北市教师会通过《教师自律公约》，可视为教师自我规约的一种自发性行动，并且各个大学也都有各自的教师伦理规范。台湾省多层次全方位的教师伦理制度在制度中提升教师专业伦理素养，在求实精神中推进教师专业伦理进程，在现实操作中思考塑造的具体方式，为我国教师道德形象研究与重塑提供了重要的借鉴与参考。

三 外国教师制度伦理的历史发展

在西方教育史上非常重视对教师言行的规定，其中更不乏具体明细的行为规范，并且，由于受宗教影响，有些是教会学校，对教师职责更加奉为神圣，更有不少学者也发表了个人对教师德行的看法。

（一）学校明文规定的规范

16—17世纪，在乌克兰和白俄罗斯出现了兄弟会学校。1586年开办的里沃夫学校的章程详细地规定教师所应具有的品质，例如教师应当是："笃信神祇、富于理性、温顺贤明、持身温恭、进退有节、不贪杯、不淫乱、不唯利是图、不暴躁善怒、不嫉妒他人、不滑稽取笑、不口齿下流、不蛊惑迷人、不谈无稽的话、不助长异教的人。"该章程还规定："教师还应当教导并热爱所有儿童，不论富家子弟、贫苦孤儿，或是那些街头丐童，都应一视同仁。教导儿童应视其才力之所能，不得对一些学生努力教导而对其他学生教导不力。"①

早在1720年，法国天主教教士拉萨尔创办"基督教兄弟会"，并拟定出《学校指南》（Conduct of School）作为学规，自18世纪订立之始一直沿用至19世纪初。

颇有影响的是1763年法国普鲁士腓特烈国王颁布的《全国学校规程》，侧重于教师资格的严格要求，不论是对教师资格证的获得，还是对教师的职责和行为都作了具体详细而严格的规定。部分涉及教师的规定如下：

> 第十二条："教师不仅要具备必要的教学能力和技巧，他还应当是儿童的表率，不可将自己每日教导的结果毁于自己在生活中的坏榜样。所以，他必须努力修养自己，防止任何对儿童或家长的侵害或诱惑。"
>
> 第十三条：是对教师行为的规定："尽管我们认为贵族和其他资助人拥有招聘教师的不可剥夺的权利，但我们的有关负责人、视察员以及教士必须监督他们不得将任何不称职的、不适当的、或者放荡的和邪恶的人聘为教师，或保留在职。所有教师都不得开设酒菜馆、出

---

① ［苏］恩·阿·康斯坦丁诺夫：《教育史》，人民教育出版社1958年版，第202页。

售烈酒或啤酒,或从事任何妨碍其工作的职业;不得有任何以其榜样引诱儿童养成疏懒或放纵之恶习的行为。"

第十四条:是对教师资格获得的规定,将教师资格证视作教师进行教学的执照,规定:"所有教师和司事必须首先参加考试,并由视察员颁发证书,以证明其资格之后始能予以录用。"

第十五条:"未正式获得教学执照者,不得在本国境内任何村镇学校从事教学活动;禁止任何人,无论男女,未经核准而开办学校。"

从以上这些规定可以看出学校在选拔教师时的严谨和对教师榜样作用的强调,无论古今中外,尽管会受到时代、民族等因素的影响,但对教师品性的要求都有共通之处,这是由教师职责的本性使然,自古就不曾改变。

(二) 国外学者的论述及实践

教师伦理的发展是随着认识特殊的社会活动——教育活动的发展而不断深化的,在西方教育发展史上,有许多著名的思想家、教育家都对教师的教育教学活动提出过要求、寄予了希望,更有很多教育学家对教师的德性从理论上进行论述。

德谟克里特认为教师应该是"照着良心行事并能知其所以然的人,同时也是一个坚定而且正直的人"①。

柏拉图认为教师的责任就在于对儿童的行为划出界限、指明道路:"如果不指出什么是正确的,什么是不正确的;什么是值得赞扬的,什么是羞耻的;什么是神圣的,什么是渎神的;什么是应该做的,什么是不应该做的;他就无话可说,无事可做。"②柏拉图的弟子亚里士多德著名的"吾爱吾师,吾更爱真理"则又体现出全新的师生观。

19世纪德国著名的教育家第斯多惠尤为注重教师崇高而坚定的职业信念,要求教师们"把培养和教育的事业作为自己一生的使命"③。教师

---

① 北京大学哲学系外国哲学史教研室编史教研室编:《古希腊罗马哲学》,三联书店1957年版,第108页。

② 《外国教育史文选》,莫斯科教育出版社1971年版,第20页。

③ [苏]麦丁斯基:《世界教育史》改订本,叶文雄、王语今校,五十年代出版社出版,第205—206页。

要用使命感来约束自己的整个心灵。他自己必须首先是一个严格要求的人，也应该是一个公正的人，应有坚定的信念和公民的勇敢精神。

俄国教育家车尔尼雪夫斯基强调指出了教师职业的社会价值和艰难性，认为教师的职业"是一种脑力的活动……对于从事这种活动的人来说，它不是一种自我享受而是一种牺牲"①。另一位教育家杜勃罗留波夫很重视教师的信念和道德力量的意义，认为教师除了应具有高度的知识素养和教育修养外，还应具有明确、坚定、正确的信念。热爱儿童，是高尚道德的典范，而教师的缺点是教育工作中最可怕的失败因素。②苏联教育家苏霍姆林斯基在《帕夫雷什中学》中提出教师必须具备四个条件：第一，热爱儿童、了解儿童的心灵；第二，热爱自己所教的课程、并有丰富的知识，了解本学科的最新发现和最新研究成果；第三，懂得教育学、心理学；第四，掌握一种劳动技能。他强调教师职业道德最重要的一条就是教师对儿童深厚的爱。

再有，由于教师本身就是其所处社会、民族精神的代言人，这一点常被称之为教师职业的工具性价值，他所具有的伦理精神就融入了更多民族性内容，这一点更多地表现在有着悠久民族历史的国家当中。比如日本，从19世纪末到20世纪初，随着近代日本教育的发展和明治维新运动的开展，许多士族出身的人从事教师职业，形成了"士族教师形象"。"士族教师形象"的道德特征有"严以律己，高洁、至诚、严谨，举止沉毅，一言一行亦不苟。对他人则宽厚为怀，亲切温情。通贯自幼修炼而得古时武士之魂魄，兼备刚正不阿气概，洋溢高尚气质与端庄态度之奕奕风采"③。所谓"师魂通士魂"的风度成了教育界的传统。1952年，日本教职员组织通过了《伦理纲要》，20世纪60年代以来，日本先后出版了教师道德和教育职业伦理的相关专著和教材，主要有日本教师养成研究会编的《道德教育之研究》，玉川大学总长小原国芳的《师道》、《广岛大学校》，长皇至道著的《人类教师与国民教师》等。20世纪初，日本师范教育改革家野口援太郎提倡培养人格主义的理想教师。他认为这种理想教师

---

① [苏] B. H. 契尔那葛卓娃等：《教师道德》，严缘华等译，华东师范大学出版社1982年版，第19页。

② [苏] 彼得洛夫：《论人民教师的威信》，作家书屋1951年版。

③ 王正平、郑百伟：《教育伦理学——理论与实践》，上海教育出版社1998年版，第5页。

应该是"眷恋自然、热爱人类，洞察自身在国家社稷中所处的地位与应尽的职责，领悟自身对全宇宙所应具备的崇高温文之情操，并且崇尚之、完善之"。

20世纪60年代以来，苏联也先后出版了许多教育伦理方面的专著和教学参考书。B. H. 契尔那葛卓娃和 H. H. 契尔那葛卓夫合著的《教师道德》一书，在分析了教育的特点和教育活动中产生的各种矛盾关系的基础上，揭示了教育道德规范的产生及其调节职能，指出教师道德规范"是调节教育活动中各种矛盾的反映和形式"。该书还提出一系列具体教师道德规范，如在教师和学生的关系中，教师应当遵守的道德规范是教师对学生的态度不单单带有正式的性质，而且带有人道的性质；把学生作为一个人来对待，尊重和支持他们的最高尚的品质，尽力促进他们的发展，应该把对学生的高要求看作是尊重学生的一种手段；经常研究儿童和他们的内心世界，以便能正确地解决每个学生的问题，并能预见一切教育效果和社会效果；要能够耐心地对待儿童的不正确的行为、意见和信念，善于说服他们，耐心地说服他们的错误；教师不仅有责任要求自己的行为是正确的，而且有责任使学生正确理解自己的行为，经常提高控制自己情绪的能力。这些规范考虑了两个因素：一是每个规范的范围和内容；二是每个规范的社会基础和教育基础。苏联在教育伦理学的研究过程中，还曾就"教育分寸"问题展开过广泛的讨论。

在国际上最具影响力的教师伦理实践应当算是美国的教师伦理制度体系了。为了加强美国教师的专业道德建设，早在1929年美国全国教育协会（NEA）就制定了《教学专业道德规范》，并于1941年和1952年先后对该规范进行了两次修订。其间1948年，全美教育委员会所属的师范教育委员会在组织专家、教师、学者、研究机构进行系统研究的基础上，向全国教师发表题为《我们时代的教师》的报告，对教师应具备的职业道德品质提出了十三项详细的要求和指导。20世纪60年代后期，在研究报告的基础上对教学规范进行了第三次修订，1968年美国国家教育协会（NEA）正式制定《教育专业伦理规范》（也称NEA准则）（以下简称《规范》），成为至今美国聘任教师的基本规章。为适应专业化时代对教师道德的新要求，1975年，美国国家教育协会（NEA）对该《规范》进行第四次修订，在结构和陈述方式上作出了重大调整，至此《规范》渐趋完善，成为了美国教师专业道德的核心纲领。另外，美国大学教授联合会制定的《教授职业道德声明》（以下简称《声明》）也为大学教师形成正确专业道德提供了可参考的标准。在《规范》和《声明》的共同制约下，美国大学教师的专业行为有十分清晰的制度性参照，教师非常明确地知道什么可以为以及什么不可为。

美国的教师专业伦理规范没有崇高的理念和法律的底线，它更多关注的是具体的教育实践当中所应具有的道德品质和行为规范，更多的是从教师所应具备的专业道德出发，具体化为教师可以做到的以及必须做到的行为规范。比如，"不得无故否定学生的独到见解"、"如非出于不得已的专业目的或法律要求，不得泄露在职业过程中获得的学生信息"、"不得出具不符合事实的专业资格证明"等。规范的背后是理念的体现，教师专业伦理规范实则是对教育理念的诠释。尽管西方资本主义价值观有其独特的文化背景为支撑，一些规范对于我国来说并非完全适用，但是其教育理念以及专业化思想是值得我们借鉴的。毕竟，"教学首先是一种道德和伦理的专业，新的专业精神需要重申以此作为指导思想。在新的教学道德规范中，专业化和专业精神将围绕对教学和学生学习的道德定义而达到统一。"①

（三）国外教师伦理规范现状

教师的专业特质，虽然不像医师、律师那样强而有力，但是其对于学生和社会的影响却不在其下，更需要重视专业伦理的重要性，尤其在教师专业自主性愈来愈强的时代，教师如果缺乏适当的专业伦理规范意识，稍有不慎，可能就会危及学生身心发展和未来幸福，整个教育效能势必也会受到严重挑战。我国教育理论中有关专业的认识和理论体系都援引自西方，因此，我国的教师专业群体并没有足够的理论储备以形成专业伦理之共识，关于专业团体伦理守则的概念同样也是出自西方。教师专业团体伦理守则的概念是以更高的标准超越旧有观念中的教师职业道德，透过伦理规范的方式直接加诸专业群体。从这个角度上来看，专业伦理或专业群体等概念，都是"外来"嫁接而非"内生"演化的。随着社会变迁，教师专业伦理规范的建立也不能再以传统权威作为基础，而必须探究教

---

① 沈清松：《伦理学理论与专业伦理教育》，《湖南大学学报》1996年第4期。

师专业的内涵并依据此作为行事的准则，方能在行使专业自主权上产生正当性。

至于教师伦理规范的实践层面，在国际上已有多个国家和组织制定并实施了教师伦理规范，具体有：

	国家	规范名称	颁布时间
国际组织（联合国教科文组织）		《关于教师地位的建议书》	1966年10月
		《教育国际专业伦理宣言（修订版）》	2004年7月24日
		《国际教师团体协商委员会教师宪章》	1954年8月
国外教师规范	美国	《教育专业伦理规范》	1975年
	日本	《伦理纲要》	1952年
	加拿大	《教师职业道德标准》	2006年修订版
	澳大利亚	《专业伦理规范》	2006年2月
	韩国	《师道纲领》	1982年4月
	英国	《詹姆士报告》	1972年2月
	马耳他	《马耳他教师伦理规范》	1988年11月8日
	新西兰	《注册教师职业道德规范》	2005年
	斐济	《斐济教学专业伦理规范》	
中国港台地区		《香港教育专业守则》	1990年10月
		《台湾教师自律公约》	2001年2月1日
		《国立台湾海洋大学教师伦理守则》	1996年6月21日
		《慈济大学教师伦理守则》	1996年1月17日
		《国立屏东科技大学教师伦理守则》	1992年12月24日
		《高雄医学大学教师伦理守则》	1995年12月18日
中国大陆		《加强中小学教师职业道德建设的若干意见》	2000年
		《关于进一步加强和改进师德建设的意见》	2005年
		《中小学教师职业道德行为规范"八不准"》	2005年

由于与法律文本的严肃性、严格性均有不同，教师专业伦理规范大都体现出本国当代教育理念的特色。具体归纳为以下几方面：

第一，规范名称：各国名称灵活多样。

联合国教科文组织通过的《关于教师地位的建议书》具有国际指导性；美国全国教育协会命名为《教育专业伦理规范》（Code of Ethics of the Education Profession）；加拿大安大略省的《教师职业道德标准》（The Ethical Standards for the Teaching Profession）；德国文化教育部颁发了《德国教师教育新标准的决议》；新西兰将其命名为《注册教师职业道德规范》；日本的《伦理纲要》自1952年沿用至今；俄罗斯命名为《师德规范》；韩国称为《师道纲领》；中国香港将其命名为《香港教育专业守则》；中国台湾则称为《台湾教师自律公约》。

在诸多的教师专业伦理规范名称中，东方国家一般叫"纲领"，西方国家统称"规范"或"标准"，还有的叫"守则"。东方国家的"纲领"多少保留了传统文化的含义，西方国家的规范则更凸显理性。这些国家教师伦理制度一个共同的特点是都有别于本国的教师法律名称。

第二，制定机构：教师团体自行制定。

美国由全国教育协会代表大会通过；加拿大由各省独自管理本省的教育，较著名的安大略的《教师职业道德标准》由省教师协会颁布；日本教师纲领的制定机构是教师联合大会；英国有英国师资培训署制定新标准；新西兰由教师委员会颁发；韩国《师道纲领》是于1982由大韩教育联合会颁布；台湾由全国教师会制定；香港则专门成立教育工作者专业守则筹备委员会。

台湾的教师法第二十七条第六款明文规定了由各级教师组织"制定教师自律公约"，明确体现出法律与伦理规则在制定程序上的不同。西方很多国家的教师专业伦理守则也是透过教师专业团体共识逐渐演生，自行制定的，充分重视专业人员的意见与理想，具有自律性精神。由专业团体自行制定的伦理守则属于"自律性"规约，而由国家立法制定的法律规范属于"他律性"之规约，本质并不相同。

第三，规范内容：凸显专业性、社会性。

美国的教师专业伦理规范包括对学生、对专业承诺的两个方面的内容，涉及专业理想、专业原则、专业规则这三个从高到低不同层次，体现出具体可行并便于考量的道德要求。

英国教师专业标准三个维度：专业品质（Professional Attributes）、专业知识与理解（Professinal Knowledge and Understanding）和专业技能（Professional Skills）。主要内容是学生观、教学观、教育信念、专业发展的认识。对教师提出明确的要求：教师不得损害英国的基本价值观，包括民主、法治、个人自由和相互尊重，并不得干涉不同信仰和信念的人。

加拿大安大略省的教师职业标准由《教师职业道德标准》（The Ethical Standards for the Teaching Profession）和《教师职业实践标准》（The Standards of Practice for The teaching Profession）构成，其中教师职业道德有四条标准。

日本教师纲领最为简洁，从国家利益到学生权益一共只有十条十句话。

法国公布了"小学教师的能力特征参考"，以及以"通报"的方式确定了中学教师的使命。

我国台湾各大学的教师伦理守则内容非常完备，主要包括前言、基本信念、具体的伦理规范（涵盖教学、学术、人际与社会伦理）等诸多方面。

俄罗斯的教师规范也较为详细，有对待教师职业、对待学生、对待学生集体、对待学生家长、对待同事、对待学校领导和对待社会等方面。

韩国分为五章，包括教师与学生的关系、教师的资格、教师的责任、教育者和团体以及教师和社会等各个方面的具体要求。

第四，结构体例：侧重伦理制度特性。

美国包括序言、原则、义务内容、禁止条例。

英国教师专业标准由下至上，按照合格教师（Qualified Teacher）、核心教师（Core Teacher）、熟练教师（Post-threshold Teacher）、优秀教师（Excellent Teacher）、高级技能教师（Advanced Skills Teacher）这五个层级递进提高。新的规则总共包含两部分，第一部分涵盖教师教学；第二部分则是关系教师本身及专业的素养。

台湾：除前言外，分述了教师专业守则、教师自律守则。

香港的教师守则叙述最为详细，不仅有具体内容，还将守则的产生过程、目的、机构等一些简要背景也都罗列出来。

这些体例结构当中有的蕴含内在逻辑，有的则逐一叙述，详略灵活，完全没有像法律规范那样拘泥于形式。

第五，制度体系：形成伦理规范体系。

之所以称为体系是因为大多数国家的教师专业伦理规范并不只是单独的一个条文而已，而是通过制定了大量的标准，基本形成伦理规范体系，实现对教师由"能力"要求向具体"标准"要求的转变。

体系完备且清晰的当属我国台湾的教师专业伦理规范体系，从纵向看，包括学前教育的《幼稚园教师伦理规范》，基础教育的《小学教师伦理规范》、到中等教育的《中学教师伦理规范》，直到高等教育的各大学教师伦理规范，层级完整，并能突出各个阶段教育伦理特征；从横向看，以高等教育教师伦理规范为例，台湾有相当多的大学根据《教师公约》制定了各自的教师伦理规范，针对性强，突显学校特色。（具体规范详见附录）

美国不仅有影响力极强、最为典型的《教育专业伦理规范》，还有《美国优秀教师行为守则》，更为详细地制定出教师行为准则，便于教师参照，也是学校评判教师品行的标准；不仅如此，2005年全美幼教协会NAEYC也对幼儿园教师适用的《伦理规范和承诺声明》（Draft Code of Ethics and Statement of Commitment）进行了新一轮的修订，[1]着意完善整个教师体系的教师专业伦理规范。

加拿大安大略省的教师公约偏向于横向发展，主要包括《教师职业道德标准》、《教师职业实践标准》两个主要标准，其他还有一些诸如关于教学实践的信条、教师专业身份和标准等辅助规定。

第二节 教师伦理规范的构成

教师伦理规范是指导教师道德发展、规范教师的教育活动的道德标准。以专业化的视角看，教师职业是一个具有特殊性的、不同于其他普通职业的专门职业，那么教师的职业伦理规范应该有自己的特殊性、专业

---

[1] 何叶、杨兴国：《全美幼教协会〈伦理规范和承诺声明〉简介》，《早期教育》（教师版）2010年第4期。

性，必须是符合、适用于教师专业，并且应该明显地区别于其他一般职业。现行的教师职业道德规范中"依法执教""爱岗敬业""团结协作""廉洁从教"等原则，如果换成其他行业的"依法执×""爱岗敬业""团结协作""廉洁从×"等规范，并无多大区别，仅仅是职业名称不同罢了，难以指导教师具体教育行为。目前我国的教师职业伦理规范却缺乏专业道德性，不能指导教师往专业道德品质上发展。教师职业伦理本身的制度伦理缺陷导致了教师专业道德发展的障碍。主要有以下三个缺陷：在专业道德发展目标上趋向于非理性化的道德理想主义，常用"乌托邦"的目标要求现实中的教师言行；在道德价值选择上一元化和意识形态化；道德价值取向公德与私德不分。制度对个体的价值追求和伦理观念具有很强的约束与导向作用。合道德的制度鼓励人向善，而不合道德的制度反而会助长恶，甚至会使恶蔓延。当一种职业受到外在的尤其是一些不合理的制度的过度干预时，这种职业的专业化进程必将受到阻碍，专业道德的践行将困难重重，其专业职责和使命的实现也难以保证。制度是以约束某一群体内的所有个体的公共行为而达到该群体的利益追求目的，所以制度本身应该内含着关系到人的存在与发展的德性价值——正义、公平自由和自主；反之，缺乏公平、正义和自由自主精神的制度必然起不到对人的德性的引导作用，对教师职业道德行为不具有行为针对性，因而具体执行起来缺乏可靠性。

一 教师伦理规范的构成要素

（一）组成成分

分析制度组成成分是为了说明规范颁行的目的，确立教师从事教育专业所信奉的道德理想、阐明教育专业遵循的道德原则和制定教育专业履行的道德规则，提出教育专业恪守的道德标准。其中，师德理想、师德原则、师德规则是师德规范的基本成分。

师德理想体现着教育专业至善至极的道德境界，给教师确立了基本的价值取向和一个不断追求的终极目标，激励着教师形成高尚的专业追求。

师德原则是指导教师专业行为的基础。在一般情况下，师德原则所表明的是教育界认同的应当并且能够实现的要求，在执行过程中，允许根据具体情况变通处理，有一定的灵活性。

师德规则是对教师专业行为最低限度的道德要求，无论肯定规则还是否定规则，在执行当中都不可违反，因而也最具有约束力。

这三者的关系是：师德理想具有激励功能、师德原则具有指导功能、师德规则具有约束功能。从这个角度思索，我国的师德规范主要强调的是师德理想与师德原则方面的内容，而对师德规则要求太少。

教师伦理规范的组成共同涵盖了这样一些内容：关于教师与国家民族关系的道德要求，即对待教育事业的伦理职责；关于教师与同事之间关系的道德要求，即对待从事教育工作群体的伦理职责；关于教师与学生之间关系的道德要求，即对待教育对象的伦理职责；关于教师与家长和其他社会成员关系的道德要求，即对待影响教育对象的社会群体的伦理职责。

（二）结构设计

教师伦理规范由序言和主干两部分构成。序言主要阐明规范颁布的目的及执行和修订规范的程序，主干部分则重点阐述教师在教育工作中应追求的道德理想、必须遵守的道德原则和应执行的道德规则。一个完整的专业伦理规范，大致上亦包括"理念""原则""标准""规则叙述"和"实施程序"（Rich，1984）。①

1. 规范理念

理念或理想（ideals）是一个专业团体成员共同追求完美、卓越的行为标准。例如，NEA 的专业伦理规范（全美教育协会简称 NEA，《教育专业伦理典章》[Code of Ethics of the Education Profession]）在导言陈述的理念或理想为："肯定所有人的价值和尊严，并要求所有成员致力于追求卓越……"这些叙述显然是一种理念或理想，是一种精神追求的引领；AASA 制定的专业伦理规范（美国学校行政管理者协会 [American Association of School Administrators]，简称 AASA）也肯定了每个人的尊严和价值。二者蕴含同样的理念或理想，虽然看似无法在现实中完全实现，但它提供了一个教师职业理想的标杆和未来努力的方向，指导专业团体中的每一个成员朝此目标、方向持续努力，具有毋庸置疑的方向指导作用。

2. 规范原则

原则（principles）为一般性叙述，它是经实验或长时间观察后所提供

---

① 郭秋勋：《析论海峡两岸教师专业伦理规范》，《教育政策与行政学术团体联合年会论文集》2003 年第 12 期。

关于现状说明及专业行为的引导。在 AASA 的专业伦理规范中，它以"政策"（policies）呈现，其实就是提供给会员参照的，执行专业工作的原理原则。例如，《国立台湾大学教师伦理守则》中包含的教学伦理、学术伦理、人际伦理、社会伦理等内容中的各项规定都有相应的原则对应。

3. 规范标准

标准（standards）通常由具判定事实价值的权威机构所建立，以决定成员的行为是否符合本专业的要求。当标准被用来当作教育评鉴项目时，必须包括两个层面："程度"（grading）及"等级"（ranking）。"程度"指的是决定事物的好坏或要与不要；"等级"指的是本项事物在团体中的排名顺序位置。教育评鉴的实地运作中，可能采取伦理的、美学的、经济的或实用的观点，但在考虑专业伦理规范中，伦理道德的观点将是主要的评鉴重心。

标准一般以量化或质性的形式呈现。若以量化方式呈现，则测量结果则以数据表现，便于清晰地把握。例如师生比、义务入学比率等，均以量化数据呈现。而采用质性标准的评鉴是一种较具弹性的评鉴方式，不易精确测量，因此在不同情境中，其不同结果各异其趣。例如，AASA 的专业伦理规范中，要求会员能致力于学术的发展与改善，即具有质性评鉴的意义。不论专业伦理规范中制定了多少条款，整个专业伦理规范所指向的业务推展历程，其所蕴含的质性评鉴意义往往大于量化评鉴意义。

4. 规则叙述

规则常用来规范人们的态度或行为，它的作用是为人们提供达成目标的指示，比如交通规则就是日常生活中最为普遍的规则之一。而教师专业伦理规范制定的目的在于规范教师的行为，因此会以一种高于一般社会上的常模标准来制定对其成员的专业伦理要求，促使其依据高标准的模式来推动学校日常事务的运作，维持社会大众对学校的信赖与尊重。专业伦理规范条文一般采取正向或负向的言语陈述，而无论哪种方式，通常都采取命令语气。一般而言，教师专业伦理规范在规则叙述的过程必须注意下列要点：

· 在专业伦理规范前言中应包括基本原则的叙述。
· 如可能，宜列举实际或潜在的各种伦理道德项目。

- 制定的条文以规约"违反伦理行为"为主，并有相应处罚。
- 在专业伦理规范中须载有声明，告知教师不要误认为"是凡未列入规范，或是未为规范所禁止的违反伦理行为，就是等于默许的"。
- 在规范的编拟过程中，应就其形式与内容，与教师磋商。
- 在拟好伦理规范草案后，应将草案分发给所有教育人员，要求提供意见，再于正式会议中详加讨论，并广为宣传。
- 一般专业伦理规范分为积极性条款与消极性条款。消极性条款为约束性规范，通常规定一些先前已知不被接受的行为；积极性规定条款则在创造和定义新的行为方式。需注意的是，专业伦理规范中所规定的行为不宜过于详细，必须保持某些程度的弹性，太过僵化将难以推行。规范制定完成后，应就运用情形经常予以检讨，以便适时修订，求其充实与完整。

5. 实施程序

一个专业组织不能全然依赖法令条款来达成它所期待的功能，因为一方面，徒法不足以自行；另一方面，法令一旦颁布之时就已开始落伍。如果专业伦理条款之制定没有正当的理由来支持，则其条文对会员而言将较乏约束力。因此，必须常以意见和说明的方式来补充。

总之，一个设计完善的专业伦理规范之架构，至少应包括"理念""原则""标准""规则叙述"和"实施程序"等。一个专业伦理规范如果未完全具备上述这些项目，那么就不具备专业伦理规范的完整功能，因为它可能或是缺乏对会员责任义务的陈述，或是欠缺提供会员执行专业工作的思维参考架构。

二 以《全国教师公约》为代表的范式初探

其实，在研究和制定教师伦理规范的问题上，我国并非落于他国之后。早在1939年常道直先生就草拟了《全国教师公约》，这份公约编撰在常先生的《教育制度改进论》一书中，已具备了现代教师伦理规范的雏形。在国际影响上，1946年我国学者就参加了在美国纽约召开的世界教育专业会议，身为代表之一的常道直先生最先发表关于制定"世界教师专业道德规约"的提案,并于次年当仁不让地承担起《国际教师宪章》的起草任务。常先生当年的贡献和他那篇仅1500余字的公约闪烁的伦理光辉在今天依然散发着学术魅力,为我们建构当代教师伦理规约提供了重要的参考价值。

(一)《全国教师公约》的启示

常道直先生在《全国教师公约》中将"教育专业道德规约"(Ethical Code of the Teaching Profession)称为"教师公约","是指示教师在各种关系及活动中所常信守之德义的和专业的原则"。这个定义包括以下几方面的含义:

第一,教师公约的性质。常道直先生认为,教师公约是一种"原则"而非"法则",二者在学理性质上有根本的不同:"由行政官厅以法令形式所规定关于教师职务上一切行为之准则的",是涉及法制的、属于教师法则的范畴;而那些"至于教师之观念、理想、态度、精神"等属于主观意志的东西,"对于被教育者之生活上具有最深切之影响者",并"用资共同遵循之生活的信条",属于一种原则,是教师伦理规范的内容。按照黑格尔在《法哲学原理》中的解释,作为法律的"法则"是一种自在的存在,是一种外在的设定,是将一种自在的东西设定在"它的客观定在中",经过明确规定,进而有效地公布出来,故"法因为被制定为法律而被知道了";而道德规约则是一种自为存在,是一种主观意志,是自由意志在主观中的实现,这种意志所特有的主观性和特殊性不可能成为实定立法的对象而被设定,[①]只能以一种规约或公约的方式原则性地公布出来。道德有主观性,法却欠缺主观性。而只有伦理能够将主观的、内在的、自为的"道德善"和客观的、外在的、自在的"法律善"统一起来,也只有伦理可以使自由意志既通过外物又通过内心得以实现。厘清法的规定性、道德的自由意志性及伦理对二者的统一性,是认识教师公约性质的理论基础。

第二,教师公约的原则。在"教师公约"中包括"德义"原则与"专业"原则。所谓"德义",是指教师职业所承担的义务是道德义务。

---

① [德]黑格尔:《法哲学原理》,范扬、张企泰译,商务印书馆2007年版,第4—5、111—113、162—165页。

相比而言，法律上的义务与权利相对应，是依法律规定而产生并靠外在的强制力而发生作用，如果拒绝履行法律义务，会受到相应的法律追究；而道德义务是从人们所处的社会关系中产生的对他人和社会所负有的使命和职责，是那种"为义务本身而尽的义务"，既包括康德所说的被外在立法强行注入的正义职责，更主要指那些源自内心的、靠自觉信念完成的伦理性道义职责；同时对道德义务后果的评判，是受外在的社会舆论的约束和自身的良心制约。赫尔巴特认为，没有"无教学的教育"，也没有"无教育的教学"，教师劳动本身所具备的教育性价值已经使得教育劳动先天具有道德属性，而且这种属性与教育活动不可剥离并蕴含在教师身份和教育活动中。这种教育价值的实现，依赖永久且伟大的教师意志的力量，这正是"德义"原则在教育过程中的体现。所谓"专业"原则，是强调教育行业的特殊性。这是本于对教师在教育过程中扮演角色的重要性，以其对人类及社会发展贡献的了解而提出的。如果说其他行业的规范为"行规"，那么教师规范则为"业规"，以此强调教师规范的专业性原则。常先生关于对"教师专业性"的认识比之现代"教师专业化"的提法整整早了70多年，而且他起草《教师公约》的做法本身足以体现他对教师专业化的重视。在当代学者讨论教师的专业标准时也将伦理规范建设列入其中，标准归纳起来主要有这样几条原则：一是严格的资质标准；二是较高的职业道德规范；三是相对独立的专业组织；四是服务社会的不可替代性；五是长期持续的专门训练；六是高标准的知识和专业技术；七是专业服务的自主权等。由此看来，具有伦理性质的教师职业道德规范一直被当作教师专业性的表征之一。

第三，教师公约的作用。按照常道直先生的观点，"教师公约"有"条列教师对于国家、民族、儿童、家长、同工、行政人员，以及一般社会之关系"的作用。因为教师工作是复杂的，其复杂性体现在教师要应对和处理各种关系及活动，这些社会关系将教师分为双重角色：一种作为社会成员的教师，需要面对的是国家、民族、家长及其他一般社会关系。教师作为成人社会的代表在通过学校促进社会进化、有系统有目标地实现人的社会化过程中起重要作用，所以他们必须承担起社会的期望和责任。另一种角色就是作为学校成员的教师，在其生存的小社会中要与学生、同事和其他行政人员发生关系，面对学生时的教师尊严、与同事相处的和谐友善以及与其他工作人员交往时的相互理解都对执教者的品性有许多特殊要求，需要教师在教学实践中不断按社会期望形成的隐性要求和职业道德规约具体化的显性规范来修正自己的言行，教师伦理规约正是指导其言行并予以参照的标准。

（二）"教师公约"的本质探源

无论是出于传统的师道并存的使命感，还是基于现代意义上的职业角色要求，任何旨在保证教师形象符合社会期待、实现个体精神追求的戒律，都需要一套合理的规则来表达和解释，因此教师公约产生的"必要性乃存在于教育事业之本质之中"[1]。正如加拿大安大略省《教师职业道德标准》指出的制定"教师公约"的目的：激励教师维护和提升教师职业的荣耀与尊严；识别教师职业中的道德责任和义务；指导教师职业中的道德决定和行为；提升公众对教师职业的信任和信心等。这种伦理性规则的制定与实施所体现出的，不仅是理论上更是制度上的权威。

首先，"教师公约"蕴含教师的责任心。对责任心的要求体现出伦理性规范所应具备的价值合理性。教师"受了国家托付，负有传递民族教化，陶冶未成熟分子之重任"，所以"要求提高工作者之自尊心与责任心之最高度"[2]。法律尽管与伦理规范有相同之处，也要求法则同时具有价值合理性与工具合理性，但法则要求的是凸显价值合理性之下的工具合理性；而伦理规范要求的是成就工具合理性之上的价值合理性，二者的侧重点是完全不同的。美国法学家富勒在《法律的道德性》一书中认为道德可以分为愿望的道德和义务的道德，如果说社会的期许对教师而言是愿望的道德，法律和规范制定的是义务的道德，那么教师应有的责任心就是介于这两种道德所代表的最高点和最低点的活动的标尺：一方面基于责任心努力追求的责任与崇高；另一方面也是持守应尽的职责而不至于跌破底线。所以，需要借助教师伦理规范中的价值合理性来"提高教师们对于国家民族之责任心，以及对于教育力量之自信心"。这种责任心，在台湾慈济大学的教师伦理公约中被规定为"知识真理、自由自律、公正客观、诚信正直、和谐纯净、互敬合作、敬业精进、笃实服务"的职业信念。

---

[1] 常道直：《教育制度改进论·全国教师公约》，民国三十六年版影印版，第117—120页。
[2] 同上。

其次,"教师公约"培养教师的专业意识。教师的专业意识(Professional Consciousness)在联合国教科文组织之《关于教师地位的建议书》中被解释为:"教书应被视为一种专门职业:它是一种公众服务的型态,它需要教师的专业知识以及特殊技能,这些都要经过持续的努力与研究,才能获得并维持。"教师的专业意识由内在的职业意识和外在的伦理规范共同构成,包括教师的主体意识、即我是谁;教师的职业意识、即我的工作是什么;教师的责任意识、即我该如何工作。有别于由角色意识和服务意识共同构成的教师职业意识,教师专业意识的本质"是一种自我'关系'的认识、确认与把握,它是教师在专业活动中通过自我关系的投射、反馈与回应机制的建立及其相互作用形成的,并由此衍生出一种对教师专业资质和专业发展进行独立反思的自主意识"。由于教师的"观念、理想、态度、精神等,对于被教育者之生活上具有最深切之影响者,则非课程标准,或服务规程之规定所能奏效"。故此,"需涵养一种崇高纯洁之专业意识",既需要教师对自身的地位、价值、素养和活动方式的认识、评价及态度等自觉能动性的提高,还要借助教师伦理性规范的培养。

最后,"教师公约"维护教师的共同利益。教师劳动的特点在于"他所提供的是劳务而不是产品,并且学生也是属于社会产品,是在许多位教师、长者、他人影响下和自身的努力下共同成长的产物"[1]。因此,教师个人的辛勤劳动及劳动成果经常都在理所应当之中湮没,在社会上,教师是那种社会声望很高但社会待遇却没那么高的角色,大家已经习惯以圣贤的标准要求教师奉献而以淡然的态度面对教师应有的权益;并且教师职业本身也应当"与一般营求个人利得之职业大异其趣",这种不得营求个人利益且"要以为国家民族服务为最高鹄的"的职业就更需要国家和独立的专业组织保护。也许这种趋势成就了具有相对独立性的个体的生成,但个体不可能离开社会和群体而绝对独立;个人、群体和人类的主体性之间仍存在着相互渗透、相互结合的一致性;个体利益是从群体中获得的,群体利益是从社会中获得的。这几个层次只有在一种由"公约"这样的黏合剂连接起来的结构性依存和功能性依存中才能得以存续和发展。为此,教师群体的共同利益需要这个群体中的每一位教师都能凭借遵守"公约"

---

[1] 陈桂生:《师道实话》,华东师范大学出版社 2009 年版,第 12 页。

来维护；或者说，既使每一位教师具有主体性存在的价值和意义，也使教师群体能够因"公约"而有序地维系并服务于社会。所以，"增进自身利益之合理的保障"方显伦理性规约的公平正义。建构规范、健全组织、制定"公约"的意义，不仅是为了约束教师群体及个体符合社会的要求，而且是为了维护这个群体及每一个个体的切身利益。

（三）"教师公约"的基本范式

常道直先生提出的《教师公约》和诸多学者引以借鉴的以美、日、港、台等国家和地区的教师伦理规约，实际上为我们提供了一种如同库恩所说的、获得公认的范式或模式，即从教师制度伦理着手探讨教师专业道德规范问题。按照库恩的范式理论指引，教师作为共同体是由那些对教育学科或专业有共同信念的人组成的，这种共同信念规约着他们的价值方向、行为方法和影响范围，也为他们提供了共同的理论模式与解决问题的框架，从而形成一种共同的学科传统。而制度伦理作为一种范式，既可以体现出教师共同体的共同信念，也可成为开展教师伦理行为研究、建立伦理规范体系、运用制度伦理思想的坐标、参照系与基本方式。近几年，对建构教师伦理规范的研究已经突破和拓展了以往教师法的范畴，逐渐形成一种建立在伦理学基础上的衡量教师个人品性和行为的新的范式。如果说"德性是维持一个人充当某种角色的那些品质，表现在他的角色所要求的行为中"[①]，那么对于这种内在善的信奉与追求还需要一套合理的科学的"教师公约"来解释和表达，并在这种范式中实现自己的职业价值，同时又展示着这种范式所要求的职业操守，升华教师道德境界、规范教师个人行为。教师伦理规范的范式至少包括以下两方面：

第一，"教师公约"的理论依据和基本原则。

20世纪八九十年代以来，我国教育学科进入了一个蓬勃发展期，"30多年来教育学科不仅在分支数量上有大幅增加，而且呈现出'辩证'的特点：在领域上呈现出分化与整合的统一，在内容上呈现出'西学'与'中学'的汇通，在方法上呈现出定量与定性的互补。"[②] 其中在伦理学方

---

① [美]麦金太尔：《德性之后》，龚群、戴扬毅等译，中国社会科学出版社1997年版，第154页。

② 瞿葆奎、郑金洲主编：《二十世纪中国教育名著丛编》代序，福建教育出版社2006年版，第12页。

面，20世纪下半叶出现的应用伦理学意味着伦理学重新关注实践道德问题。教育伦理学作为教育学与伦理学的交叉学科侧重于用伦理原则分析教育教学活动中具体的道德问题。这些学术上的通融与发展，为探究我国教师伦理性规约提供了丰厚的理论依据。在厘定作为教师教育行为善恶最高标准的"教师公约"原则方面，已由常道直先生的"德义"原则和"专业"原则不断发展和细化，形成了台湾著名的慈济大学将教师伦理公约的原则明确为教学、学术、人际和社会四个方面，每一方面都有各自具体的原则：在教学伦理上，发挥"传道、授业、解惑"功能，信守"热诚""充实自我"及"专业"三大原则；在学术伦理上，奉行"敬业""严谨""诚信"及"公正"四大原则；在人际伦理上，遵守"和谐""合作""纯净"及"身教"四大原则；在社会伦理上，符合"服务"及"自律"之原则。台湾慈济大学将伦理原则划为纵向和横向的分层交错形式，而其他国家的规定就相对简单些。不论哪个国家制定"教师公约"的原则有何不同，教师伦理原则作为教师教育行为善恶的基本准则和专业行为的伦理承诺而被置于首要位置。

第二，"教师公约"的主要内容。

常先生早先就注意到美国1929年专业道德委员会（Commits on Ethics of the Teaching Profession）报告中指出的教师伦理包括三部分内容：（1）对于学童之关系；（2）对于专业界之关系；（3）对于本业成员之关系。至今美国《教育专业伦理典章》（NEA条例）的体例堪称教师伦理规范的典范。该条例"导言"部分阐述了教师应有的价值观念；"典章Ⅰ"的小序指出了教师应有的学生观念；"典章Ⅱ"的小序分析了教师应有的职业——专业观念；相应地在具体的规约中规定了教师对学生的义务、教师对教育专业的义务。这些内容不但明确了教育工作者的职责和使命，而且还规定了教师不应该做的事情，其要求具体而明确。还有我国台湾省的"教师公约"包括教师专业公约和自律公约两部分，其内容简洁而明了。在国际教育组织（EI）《关于教师职业道德的宣言》中则将教师职业应有的职业道德限定在这样几个承诺上，即对职业的承诺、对学生的承诺、对教育界同事的承诺、对管理层的承诺、对家长的承诺和对教师的承诺，更能显示出"教师公约"内容的全面性。其实，"立法者……不是在制造法律，不是在发明法律，而仅仅是在表述法律，他把精神关系的内在规律表现在有意识的现行法律之中。"①马克思的这段话准确地阐明了道德立法内容的由来及其精义，可作为制定"教师公约"涉及主要内容的指导思想。

制定教师伦理性规约的目的，就是将那种人们对教师道德的要求及愿望转化为具体可行的行动指南和准则。美国 NEA 条例那种凝聚教师精神价值追求的"序"和附加行为指导教师行为规范的"条文"所组成的体例形式，构成了教师伦理规范的体例雏形：它能彰显美好德性，是愿望之道的具体刻画；让接受规范的人知道怎样做才符合标准；可以维持良好的工作秩序；使犯错的人不至于推卸自己的责任。常先生认为，规范应以"简明有力的词语，提示应付此种问题所应持之态度，与所当根据之理想"。为此，一个成功的规范必须满足以下三个条件：其一，以第一人称的立场阐述行为者的道德论证，即职业群体对自己的要求；其二，规范所涉及的应该做的事情必须是可能的，即行为者的行为（无论是应为的还是勿为的）都是可以得到确证和站得住脚的；其三，是有行为者自我同一性的意识，即行为者自身能清醒地认识到自己的职责，以及对当为而不为或不当为而为之行为所应承担的处罚。所以，制定教师伦理规范的目的在于推动教师由他律向自律的转变，其体例要能全面地体现这一目的；而当一个好的体例和内容相统一的"教师公约"形成之后，教师能以强烈的责任心和使命感投身到本职工作中，自觉履行教师职业道德规范，在实践中切实地执行规范，并由规范层次不断上升到理想层次，实现职业境界的提升。

（四）制定"教师公约"的程序

首先，自下而上推出。"教师公约"的制定程序与法律法规的制定程序有所不同：法律法规的制定是由权力机关自上而下进行的，而"教师公约"的制定"须为由下而上者，不可为自上而下的"②。常先生认为，"所谓由下而上者，即是以教师们之最基层的组织，为草创、讨论及批判这种规约之单位"。"教师组织应被承认是一股对教育改进甚巨的力量，能协助教育政策的制定。"③联合国教科文组织《关于教师地位的建议书》

---

① 中共中央马克思恩格斯列宁斯大林著作编译局编译：《马克思恩格斯全集》，人民出版社 1965 年版，第 183 页。

② 常道直：《教育制度改进论·全国教师公约》，民国 36 年版影印版，第 117—120 页。

③ 同上。

正是由于教师既是道德规范的立法者，又将是执行者和评判人，所以只有让他们明白并参与到制定规范的过程之中，所确定的规范"方不致流为具文"。这是因为"首先，他必须知道那种行为；其次，他必须是经过选择而那样做的；他必须是出于一种确定了的、稳定的品质而那样选择的"①。亚里士多德将一个人合乎德性的行为概括为并不因为这些行为"具有某种性质，并且还是出于某种状态"。

其次，政府辅佐参与。政府辅佐参与制定"教师公约"，实际上明确了政府与教师团体在制定规范时的作用及关系。教师团体是自下而上制定教师伦理规范的基本环节，而政府则在厘定规范过程中起辅佐和统整作用。"全国性质之教育学术团体，在公约制定程序中，应居于辅佐与统整之地位，根据学理和实际的研究，提供一个"教师公约"草案，以利工作进行。"正如在《国家中长期教育改革与发展规划纲要（2010—2020年）》提出的要"探索建立符合学校特点的管理制度和配套政策，逐步取消实际存在的行政级别和行政化管理模式"那样，不再实行一以贯之自上而下的领导，而是将属于事关学校全局的大事，权利应当交由教职工大会来行使；属于学术和业务问题，权利应当交由学术和专业机构来行使；在学校的评估、教师的评价等方面，应当充分重视家长委员会等机构的作用。这里，常先生虽然仅仅是就制定规范问题时梳理了政府与基层的关系，但他对二者彼此的地位及关系的论证对于当今制定"教师公约"的程序和步骤具有重要的启示意义。

然后，体现集体的意志。"容许每位教师对于教育业规之产出，均有直接参与之机会，不但可以使其对于逐条逐语得以深切了解，而且使之认识这种公约乃出于教师们之集体的意志"②。常道直先生在对教师集体意志的解释中蕴含了现代教育哲学关于主体性的内容。由于教师是教育教学实践活动的直接参与者，他们的实践是检验教育活动客观认识的来源和标准，体现了教育活动主体性，即"人的人为性、自由性、选择性和自觉性"③。教师虽然处在各种关系中不可能孤立地存在，但作为主体却必须

---

① ［古希腊］亚里士多德：《尼各马可伦理学》，廖申白译，商务印书馆2008年版，第42页。
② 常道直：《全国教师公约》，《教育制度改进论》，民国36年版影印版，第117—120页。
③ 郝文武：《教育哲学》，人民教育出版社2006年版，第113—115页。

具有自由的意志，能够以自身为依据进行自我决定，尤其在参与到规范的制定过程中体现出自身作为教育活动主体性的自主性、主动性、积极性和创造性。

(五)"教师公约"的制裁方式

为了体现一整套教师伦理规范的完备性和实施过程的缜密性，还必须设定出相关的制裁的建议和措施。"教师公约"的遵守是"预前"的，是一种规范要求，但又不能仅仅是"预前"的规范要求。对于那些违反了规约的行为，且"致侵害同行者之正当权益时，得由同行公议，予以相应惩罚"；制裁的目的是"以维同业自治之纪律""保持公约之尊严性"(常道直语)。尽管在《教师公约》中常先生并没有制定出具体的制裁手段和举措，有关制裁也仅仅是一项提议，"至于评判背约事件之机关之组织，以及制裁之方式，则尚待全国教育界从长计议。"但这里仍有两个非常重要的方面值得考虑。

第一，制裁的主体。伦理性的规约与行政立法的条例一个重要区别就是立法权与制裁权的主体不同。我国当前的教育法律制度可以分为中央和地方两级共五个层次，中央一级包括由全国人民代表大会制定的教育法、人大常委会制定的六个教育部门法以及教育行政法规，地方一级的包括地方法规和政府规章；由代表国家享有教育管理权力的机关行使立法权和制裁权，各级教育行政机关参与管理。这里不包括教师组织行使的管理权和制裁权。但在教师教育发达、教育伦理制度健全的一些国家和地区，教师组织所行使的管理权和制裁权可以弥补政府部门立法和管理的不足。所谓"教师组织"(teacher organizations)，是指由教师或其他教育工作者所组成的长期性职业团体，也就是常先生所说的"合法之教师团体"。在美国、英国、法国、德国、日本及我国台湾地区都设立有类似的教师组织。具体诸如美国的全美教育协会、美国教师联盟；英国的全国教师联合会、教师专业协会、苏格兰教育协会；法国的国家教育联盟；德国的教育与学术工会、德国语文教师协会；日本的日本教职员联合、全日本教职员联盟；中国台湾的中华民国全国教育会、教师人权促进会、教师会等。此外，还有一个国际性的教师组织——国际教育组织。这些组织的共同目标是提升教育质量，为教师争取权益。这些教师组织对致力于教师专业水平的提升、引导政府制定或修订教育法令及改革报告书、争取教师福利、维护教师专业自主性等方面都有举足轻重的影响。它们的活动主要包括：以集体行动来协商各方面的关系，影响立法与条规的订定，在法律行动与不公平的压力上保护教师，设定专业事务的标准，为成员提供服务等。中国目前尚无这样的教师独立组织或机构，所以也就不能发挥上述组织应有的社会作用。在我国当前社会转型阶段，教育似乎也在遭遇一种自我确证的困境，有一种观点认为教育应划归到介于市场领域与政治领域而相对的独立的"第三部门"，我们寄希望于对教育的这种重新定位能有助于教师组织独立机构的建立。

第二，制裁的客体。所谓制裁的客体是指教师伦理规范所要制约的是什么样的行为。对规范客体的界分也是辨析法则与规则不同的重要指标。教师的行为若真的属于违法犯罪之列，势必会被绳之以法。但不是所有的行为都被分为罪与非罪，还有一些是"错误的"或"不当的"行为，或者至少是"不应该的"，是违背了社会对教师期望的行为。如2007年的"贵阳六中案"，女老师因分别与班上的两名男生有暧昧关系，致使其中一人将另一人杀害，结果两名男生都为不伦之恋付出生命的代价。但是，这位女教师是否应负责任、应付怎样的责任，却没有一个明确的标准来制裁。还有"杨不管案"提示我们对学生的课下不良行为该积极地管理制止还是视而不见的不作为；更引起热议的就属"范跑跑"了，面对是自己的生命重要还是职业操守重要这样的两难选择，引发了几乎遍及全国关于现代师道的热议。由于法律只涉及属于法律范畴的行为，而伦理规范所针对的是"对于违背约章而未达到触犯国家法令之程度者"，是对法律体系的补充和完善，故"教师公约"的客体应是那些虽不构成犯罪但却是每一位身负教育使命的人不当为而为之的过错行为。

第三节 制定教师伦理规范的现实尝试

在即将过去的2014年，可谓是教育制度发展史上的一个大纪年，从2014年年初颁布的《教育部关于印发〈中小学教师违反职业道德行为处理办法〉的通知》（2014年1月11日），到2014年9月29日，教育部以教师〔2014〕10号印发《关于建立健全高校师德建设长效机制的意见》，再到10月教育部核准北大、清华等9所高校大学章程等一系列紧密相关的教育制度相继厘定出台,显示我国教育制度建设已全面展开。近几年我国尤为注重教师伦理道德制度建设,归纳起来主要有以下两方面的特点:

一 以教师伦理为对象的机构设置

2012年2月21日,福建师范大学率先成立教师伦理委员会,23名师生被推荐成为学校首届教师伦理委员会成员。成立教师伦理委员会旨在规范教师行为,提高师德水平。据悉,此举在福建省高校中尚属首创,在当前我国高校中也属于一项开创性、探索性的工作。正如该校党委书记所指出的师德建设如何内化为教师自觉,不仅要靠学校党政一如既往地重视和推动,更希望通过教师伦理委员会的有效工作,促使师德建设从行政思维向价值思维转化,从行政推动走向教师自律,从而真正建立起教师职业道德建设的长效机制。据介绍,该校教师伦理委员会的成员由教师代表、法学专家、伦理学专家、校友代表和学生会主席、研究生会主席组成,每届委员任期为4年。该校教师伦理委员会主要职责包括:定期发布全校教师师德状况蓝皮书;受理校内外机构或人员对教师有违师德行为的指控;参与制定、审议和督促落实学校教师伦理守则、师德建设措施等。[①]并据跟踪报道,2013年2月27日下午,校教师伦理委员会在校工会会议室举行2012—2013学年第二学期首次工作讨论会,将关于福建师范大学教师伦理道德规范细则的讨论纳入到下一阶段的具体工作中。

其实,在台湾的高等院校中如台湾清华大学、台北大学、台湾中国科技大学、台东大学、中华大学、台湾海洋大学、佛光大学、大叶大学、花莲教育大学、高雄医学大学等学校都有类似教师伦理委员会这样的机构。比如2007年4月16日制定的"中国科技大学教师伦理守则推动委员会"设置办法中,就规定了"本会权责如下:一、推动本校教师伦理守则之草拟;二、审议有关教师伦理守则之工作计划及成果;三、向校务会报告教师伦理守则之推动成果;四、其他有关教师伦理守则之研究及建议事项"[②]。明确了教师伦理委员会的主要职责之一就与教师伦理守则的草拟、

[①] 龙超凡、李玉莲:《教师伦理委员会规范教师行为》,《中国教育报》,2012年6月14日第3版。

[②] 《中国科技大学教师伦理守则推动委员会设置办法》,http://www.docin.com/p-12829384.html。

制定有关。

像福建师范大学、台湾科技大学这样的教师伦理委员会成立的宗旨是为了实现教师自治，也能够把师生、乃至全社会对教师职业道德和教育伦理的认识和价值判断能力推进到一个新的水平，形成正确导向。目前，我国高校中成立有北京大学生物医学伦理委员会、复旦大学实验动物伦理委员会、四川大学医学伦理委员会、山东大学齐鲁医院伦理委员会等（医学）专业伦理委员会，而成立教师伦理委员会的目前只有福建师范大学一家。

应该认识到，由专业学会发布的伦理守则往往实现多种功效：①激励；②指导；③支持负责任的行为；④制止并惩罚不合伦理的专业行为；⑤教育并增进群体成员的相互了解；⑥有助于正面的专业大众形象。希望在大学章程的制度建设引领下、在福建师范大学教师伦理委员会的表率作用下，我国会有更多的学校重视并成立起教师伦理委员会。

二 以教师道德为核心的制度建设

由于当前我国教师群体中诸如教学管理失当、教师权力寻租、学术腐败、甚至性侵学生等不良行为时有发生，反映出教师伦理底线一低再低。自古中国教育就注重人学，"故君子尊德性而道学问"[①]，德性教育常常作为教育的核心内容，甚至是唯一教学目的而凌驾于知识获得和能力培养上，为师的标准即是"其师则应为一具有德性之通才"[②]，但目前恰恰是教师道德出现了问题，一时间师道师德备受社会关注而成热议。什么是教师独特职业处境中的善或恶？如何衡量和评价教师职业行为？已有教育法律法规的效力能否激励教师行使其职业道德？学界不断呼吁"尽快制定并实施建立教师教育专业标准"，作为对国家教育法律和教育行政规范的必要补充。为此，我们迫切需要通过教育的规范哲学，来找寻教师道德的根源和理据。

如果按照学校的作息周期——学期来算，2014 的春、秋两个学期均

[①] 陈晓芬、徐儒宗注译：《论语·大学·中庸》，中华经典名著全本全注全译丛书，中华书局 2011 年版。

[②] 钱穆：《现代中国学术论衡》，生活·读书·新知三联书店 2009 年版，第 153 页。

有教师道德制度出台，分别是年初的《中小学教师违反职业道德行为处理办法》和秋季的《关于建立健全高校师德建设长效机制的意见》，全面地对大中小学教师的职业道德作了周密详尽的要求。应该认识到，在教师专业发展进程中，伴随国家政治经济的改革开放，我们从实践中深切感受到当代教师道德建设决不简单地只是一个靠社会舆论宣传教育的问题，更应是一个靠规范力量引导的问题，是一个价值引导与制度安排一致性问题。当然，制度仅仅是一个外在因素，"制度主义"不能拯救教师道德问题，因此在教师制度建设的视野中理解与加强教师道德建设，反思现行教师道德规范自身的合理性及其有效性，通过改变事实上对人们日常生活起支配性规范作用的制度安排来改变教师的道德状况，而真正关注的则是这些具体伦理道德活动背后的人、人的关系、人性内容，即是对教师本体的关注。

从制度学的研究角度分析，我国已有的教师道德规范的确存在一些问题亟待纠正，首先，从宏观的方法论层面看，一方面，规范强调身份伦理，未充分考虑到教导教学工作的特别性，因而不能够彰显专业特点，形成有别于其他专业或职业的特别伦理规范；另一方面，规范重视经验模式，未形成相应的理论，在"可为"与"不可为"、"必须为"与"不得为"之间难以区分。其次，从微观的具体伦理规范层面看，教师职业道德规范未从扩大教师道德修养的实际程度出发，充分尊重教师的道德权利，而是制定形而上的条条框框，难以付诸实行，难以以此为根据对教师进行道德评价。这里就我国已经颁布的教师行为规范试列举一例：

教师"十诫"①

- 头发扎起来的长度到了内衣的那个扣的位置要盘起来，要不就剪掉。盘头发位置要在后脑的中间，不能太上也不能太低。
- 三十岁以下老师不准电发。四十岁以上教师不能扎马尾。
- 为了师容师德，周一到周四穿工作服，周五为便服日，裙子不准短过膝盖。颜色不准太艳，不能太少布，不准露出肩膀，不准

---

① 《海珠某校教师禁穿鱼嘴鞋？网传"十诫"惹争议》，http://news.shangdu.com/201/20110926/11_448408.shtml。

紧身。

·教师不允许穿跟在 3 厘米以上的鞋，不准穿鱼嘴鞋，不准穿平底鞋。裤子的长度要过膝盖。

·各位老师见到领导要问好。

·不准在校吃早餐。

·非办公用品不能带进学校。

·卫生纸要放在学生看不见的地方。

·早读的巡堂步速要不快不慢。

·开会时不准睡觉、打手机、上微博，要求做好会议记录。

这是 2011 年 9 月在广州市海珠区某校制定的教师在校行为及着装"十诫"。老师的形象该是什么样？除了衣着打扮，还应包括什么？在这样一则从教师穿着到举止都过于详细规定的"规章制度"中，是否真的能够达到校方期望的效果？

一个"善"的制度应该既是形式上的"善"，也是内容上的"善"。形式上的"善"考量制度的技术方面，看其是否自治、严密、有效；内容上的"善"考量制度的实质方面，教师伦理规范要看其是否体现出教育理念、教师道德原则以及教师个体行为这三个层面的实质内容。另外，一个"善"的制度不仅是有"效力"的且是有"实效"的。所谓制度的效力，是指这个制度具有合法性根据，并以合法明示的方式明确规定有约束力的行为规则要求；所谓制度的实效，是指这个有效力的制度通过各种维护力量，能够有效地规范与调节社会日常生活。[①] 上面这个学校的规定是否真的能够实现一项制度所应实现的实效性呢？尽管规定列举了种种详细的要求，但与现实生活是背离还是一致？这些规定是否可行？预期琐碎的"清规戒律"，还不如由校方统一实施更干脆，教师学生一律校服、校发、校貌。诚然，中小学生还是未成年人，教师在穿着打扮方面多加避讳本无可厚非，学校欲出台一些规定也是可以商量的。但细看教师"十诫"的内容，却透露着几丝怪味，除了对仪容仪表的规定外，就连对卫生纸的摆放位置、早读巡堂步速等也有严苛规定……一句"为人师表"就把教

---

① 高兆明：《制度伦理与制度"善"》，《中国社会科学》2007 年第 6 期。

师装进了套子里，从穿着打扮到行为处事，学校监管的范围真需要如此宽泛？教育需要制度，但同时教师对自己的专业活动需要充分的自由、自主，因为只有教师自己才知道需要对学生进行什么样具体的教育。然而现实的很多过于精细、过于繁杂的体现在各种层面的教育制度不是有利于教师的自主，而是严重束缚了教师的手脚。伦理道德与一般政治行政领域对于制度的关注不同，前者所关注的是制度及其技术属性背后的价值属性，而后者所关注的则是制度本身的技术、实证属性。像这种随意性大且既不符常理又毫无立法技术可言的规定，失却了作为行为规约的教师制度的指导意义和规约权威性，只能成为人们的笑谈。

早在 10 年前，华东师范大学教育系教授陈桂生就总结出"合乎理性的规范"的特征：①

1. 它把一定的价值观念化为包含某种规定性、限制性的标准、范式；

2. 它的规定、限制，隐含着一定价值观，是带有倾向性的标准、范式；

3. 它是对人们教育行为的建议，不带强制性；

4. 它诉诸理性，虽规范人们行为，但使人的行为不带机械性。

三　教师伦理规范制定的几点建议

作为一种制度性道德，教师伦理规范的目的是试图把道德态度解释为一套非常明确的行为细则，是对所有教师要求的合理的最低规范；作为一种角色制度，教师伦理规范所规定的是一整套对教师个体的行为期望，使之加强适合角色的行为，制裁不适合角色的行为，凸显教师工作的特殊性与专业性；而作为一种特殊规范，教师伦理规范与其他规范在内容上有三个区别：

一是普通法与特殊法的区别。在 2001 年颁布的《公民道德实施纲要》中系统明确地提出"爱国守法、明礼诚信、团结友善、勤俭自强、敬业奉献"为全体公民的基本道德规范，而相同的内容分别出现在 2008 年修订的《中小学教师道德规范》和 2011 年教育部制定的《高等教师职业道德规范》中，这两部法的第一条都有"爱国守法。热爱祖国，热爱

---

① 陈桂生：《中国教育学问题》，福建教育出版社 2007 年版，第 111 页。

人民……"的类似规定。特殊伦理规范大可不必重复一般道德规范已有的内容，应注意制度关系中蕴含的"大小区别"。

二是不同职业规范的特色区别。诸如"爱岗敬业""勤恳敬业""树立崇高职业理想"这样的语词可以出现在任何行业规范中，没有凸显出教师行业的专业特性；在《高等教师职业道德规范》第四条中"弘扬科学精神，勇于探索，追求真理，修正错误，精益求精。实事求是，发扬民主，团结合作，协同创新"这样的文字，也像是一种普通的道德宣教而非教师行业特有的行为规范。教师伦理规范应凸显教书育人的职业本色，以期与其他行业制度"彼此区别"。

三是精神价值追求与可操作性的区别。与内在精神追求不同，伦理规范的目的旨在使个体的行为朝向良善。按照美国法学家富勒在《法律的道德性》中的分类，道德可以分为愿望的道德和义务的道德，愿望的道德是"善的生活的道德、卓越的道德以及充分实现人之力量的道德"；而义务的道德"确立了使有序社会成为可能或者使有序社会得以达致其特定目标的那些基本规则"[①]，一方面基于责任心努力追求责任与崇高，另一方面也是持守应尽的职责而不至于跌破底线，标明了道德的最高点与最低点。美国 NEA 条例将"追求真理、力争卓越"等价值理念放在序言中，而将实现教育教学秩序的基本规则作为制度细则，明确规定教师的应为行为和勿为行为，借助体例强调了"意"与"行"的区别。

时值教育部近日核准发布了北京大学、清华大学等 9 所高校的章程，在社会上引起较大反响。这是新时期大学制度建构的发端，也为包括教师伦理规范在内的一系列制度改革和建构提供了良好的契机。

首先，从纵向来看，大学章程就是一所学校的"根本大法"，其他规章制度、办学活动都不得与之违背。章程的颁布意味着学校将以章程为指导，清理全校各类规章制度，健全以学校章程为核心的、具有高度可操作性的规章制度体系，推动学校内部治理结构和管理体制的改革。以北京大学章程为例，在校内组织上"依法建立教职工代表大会或者教职工大会制度"，将"遵守职业道德"列为学校教职工应履行的义务之一，规定"学校设立章程委员会"，职权之一就是"组织制定章程实施细则"。这些

---

① [美] 富勒：《法律的道德性》，郑戈译，商务印书馆 2010 年版。

组织机构的设置以及下一步各类规章制度细则的制定,都显示出以大学章程为"母法",以各项各类规章制度为"子法"的制度体系的形成。当今许多国家已经实现既有作为正式制度的教育法律,也有作为特殊非正式制度的教师伦理规范与之并行。美国、加拿大、俄罗斯、德国、英国、澳大利亚、新西兰、日本和韩国等皆是如此。

其次,从横向上看,由于将学校改革的基本框架和制度安排都在"母法"中作了相应的规定,提出了与职责任务相应的自主权以及权利的行使规则,这就为下一步"子法"的改革奠定了理念和制度基础。接下来,教师伦理规范将与包括教职工和学生在内的"人员制度",以及党委、校纪委、监察委员会等在内的"组织制度"与以院系为主的"教学科研制度"及其他各项制度一起,各司其职,共同形成"子制度"系列。在北京大学章程中就明确规定,将"党委领导、校长负责,学术自由、师生治学,大学自主、依法治校,民主管理、社会参与,立足中国、放眼世界的基本理念,贯穿于章程始终,体现在不同的制度安排和内部工作机制当中"①。

最后,从作为"子法"之一的教师伦理规范自身看,其在制定过程中还应注意这样几点:第一,在教师制度程序上,作为一项道德事业,每个教师都应当认识到职业的尊严,并深知自己的教育信条。正是基于这种高度的使命感、尊严感和责任感,教师伦理规范的制定应是教师群体自己的事情,须由下而上进行,方能体现出道德法的自律性精神。第二,在教师制度体例上,各国已有教师伦理规范以面对学生、面对教学为主要内容,兼有涵盖与家长、同事的关系等方面,突出教师职业的专业化特点。如美国是以原则、细则予以区分;英国划定品德、知识和技能三维度;我国台湾各大学的教师伦理守则内容非常完备,主要包括前言、基本信念以及具体的伦理规范(涵盖教学、学术、人际与社会伦理)等诸多方面。这样以"类—目—条"的方式逐渐细化的体例就显得逻辑严谨,具体易行。第三,在教师制度称谓上,命名风格可以不拘一格,并不像教育法律

---

① 中华人民共和国教育部:中华人民共和国教育部高等学校章程核准书第 24 号:北京大学章程,中华人民共和国教育部网,2014 - 09 - 03. http://www.moe.gov.cn/publicfiles/business/htmlfiles/ moe/ moe_ 621/201410/175667. html。

那样刻板要求、拘泥形式，往往更能彰显出教育的历史传承和文化特色。如联合国教科文组织出于友好平等的"建议书"，美、俄、加、德等国以"规范""标准"命名居多；而亚洲地区则受传统影响，一般选择诸如"守则""纲领"等。

教师伦理规范的核心是对教育意义的领悟与践履，其形态是自由境界，而不是被动服从；其动力是自我超越，而不是畏对处罚；其养成方式是反思、体验和领悟，而不是约束、强制和命令。随着我国各项社会制度日益健全与完善，教师伦理规范建设也必将逐步纳入现代教育制度体系的建设中，以实现对教师由"能力"要求向具体的"标准"要求的转变。

第六章 建构理想："师道"与"师德"合一

教师伦理规范建设之必要，既是出于当前作为特殊伦理规范的我国教师制度缺位、教育制度体系亟待完备的需求，更是教育专业化发展的趋势使然。教育事业不能以计较个人得失为追求之专业目标，使得这一职业本身失去对人类未来发展的责任和使命的担当；也不能单纯地以课时计量、以书本为限，教书只为"稻粱谋"；更不能与任职资格混为一谈，教师资格只是对教学能力的认可。教师伦理规范的制度建设，可视为启发并巩固教师专业意识的有效手段之一，目的在于促使教师养成一种高尚纯洁的专业意识。

总结前述推理，可以看到有关教师伦理规范的出处有两个源头，一是古代中国的文化传统型；一是古代西方的伦理科学型。前者表现为"礼法并用""师道""师德"等方面的传承；而制度的分类、伦理规范与国家法律的区别等则属于西方科学理论。结合中西两种不同制度生成范式合二为一的教师伦理规范，是一种葆有深厚中国教育文化特色的伦理规范制度。

第一节 置于伦理科学语境的思考

伦理学是关于行为应该如何的规范科学和价值科学，其中美德伦理与规范伦理是相互对应的两个学理概念。本研究的主旨是厘清教师伦理规范的制度性质以及建构意义，坚持始于伦理且终于伦理，然笔者仍然相信那种认为当代伦理学的重大转型已由提倡传统美德转向伦理规范的观点过于简单，认为仅把制定规范作为一种"器物"，把遵守规范作为行为指导的论述和辩护也不尽完善。

教师伦理规范的根本作用在于使我们成为一种能够胜任教师职业生活的人，我们的职业生活方式在得到伦理规范的指导下会变得更容易些。制定和应用伦理规范，对教师实际起到的是"反身性"作用。反身性过程是一个反馈环：借助认识和了解规范内容改变自身行为，而自身行为实现又改变对规范要求的认识。因此，如何合理有效地协调和整合教师规范伦理的普遍道义要求，与教师美德伦理主体的职业目的追求相一致，便成为现代教育必须解决的教师伦理课题。

一 以道德推导公式为规范建构脉络

尽管本研究的结果和目的是制定良善的教师伦理规范，然而整个研究过程和主要研究内容亦指涉教师道德价值。作为"定制道德"的教师伦理规范，其优劣一方面取决于对教师个人行为事实如何的认识之真假；另一方面取决于对教师职业道德目的的认识之真假。也就是说，既要分析当今教师所言所行是否有悖于社会期许与职业操守，同时，对教师道德及伦理规范的研讨依然不应脱离教育何为、教育何用以及教育何适等原本属于教育本真的语境。

（一）"道德价值推导公式"的应用

依照规范伦理学原理，教师伦理规范的厘定思路可以参照北大哲学系王海明教授给出的"道德价值推导公式"进行总结——行为应该如何的优良道德，只能通过道德目的，从行为事实如何的客观本性中推导出来，符合道德目的的行为之事实，就是行为之应该；违背道德目的的行为之事实，就是行为之不应该。[1]

前提1：道德目的，亦即道德终极标准

前提2：行为事实如何

两前提之关系：行为事实如何与道德目的、道德终极标准之关系

结论：行为应该如何

按照这一伦理逻辑对教师道德规范的实质进行分析：无论任何时代，对教师道德的终极标准始终是以"君子之德风，小人之德草，草上之风

---

[1] 王海明：《伦理学：可以公理化的科学》，《光明日报》，2003年8月26日。

必偃"来加以比拟的。①正因为自古至今人们都是按照这样的高标准来衡量和要求每一位从事教育工作的教师个体和每一代服务社会的教师群体，所以，几乎中国各个历史时代都在言传师道、慨叹师道、呼唤师道。然而，教师毕竟也是凡人，是日餐五谷，心怀七情，与你与我一样的平常之人，在日常的教育教学工作中也的确偶有行为失范的个别现象，只不过社会评价往往更容易夸大和渲染"个犯"和"失范"，同时忽略教师的苦衷和弱势。由此，对教师的道德终极标准与教师道德现状之间的关系就充斥着责难与不满等负面信息。于是人们——既包括整个社会也包括教师群体与个体，都产生了这样的诉求：教师道德理当何如？教师言行该当何如的追问。由是，当下我们迫切需要一种规范，明确教师应该如何行为，也给社会一个评价标准，参照这样的标准，凡符合规范的教师，人格也许未必高尚，举止未必完美，但至少德行无误。

（二）教师伦理的内涵

道德价值推导公式提示我们，教师伦理的基本内容应由以下三部分组成：

第一，"道德价值主体：为何创造教师道德"。这里所谓道德价值主体，是对于每个教师的伦理行为进行道德治理的治理者"社会"，更确切些说，是社会对教师的道德需要、教师的道德起源、教师的道德目的、教师的道德结构、教师的道德类型、教师的道德规律等教师道德属性提出了要求，社会是"制定"教师伦理规范的主体。这一部分的核心是提出教师道德要求以及创建教师伦理规范的目的：为何要"创造"教师道德？因为道德目的是衡量教师伦理行为事实如何的道德价值的终极标准，目的问题就是价值问题，只有借助道德目的，才能从教师行为事实如何出发，推导出明示优良的伦理行为应该如何的教师伦理规范。

第二，"道德价值实体：伦理行为事实如何的客观本性"。即道德哲学家所谓的"人性"，它是伦理行为不依赖道德目的而人类自身就有的属性，是道德规范所由以产生和推导出来的本源，属于"道德客体"范畴。这一点提醒我们，在评判教师平常行为及其影响时，不能有失公正、甚至违背人性去定义和评价教师优良的伦理行为应该如何，对教师的伦理规范

---

① 《论语·颜渊》。

制定，同样也应基于"可行""公平"等正义范畴之内。否则，即使制定出来，也是不可行的；不可行的规范本身也不是出于道德的。

第三，"道德价值与道德价值规范：伦理行为应该如何的优良道德"。道德规范是道德价值的表现形式：优良道德规范是与道德价值相符的规范。这一部分的研究结果和目的是为了探究如何才能制定优良道德规范；是道德价值作为研究的过程和主要内容。伦理行为并不能独自具有道德价值，道德价值这一属性是伦理行为事实如何与道德目的发生关系时所产生的，是伦理行为事实如何对道德目的的效用，是通过道德目的而从伦理行为事实如何的客观本性中推导出来的人的行为应该如何，道德价值是伦理行为的关系属性。优良道德规范就是与道德价值相符的规范，优良的教师伦理规范就是与教师道德价值相符的规范。恩格斯说："每一个阶级，甚至每一个行业，都各有各的道德。"[①]那么教师道德的价值应置于教职专业之位格，突出"教师育人"的本质特点，教师伦理规范的内容也应侧重"传道、授业、解惑"而不能与其他行业的道德要求相混同。

从对教育历史的研究可以看出，在正常情况下，教育传统、职业习惯、业已确立的教学惯例、文化模式、教师行为要求和法律规范，都有助于将教师群体职业生活的发展趋势控制在合理稳定的范围内。而当前中国道德生活世界的变化和我们自身教育文化精神的内在急需，使我们需要重构符合社会道德发展及教师道德价值的教师伦理规范。并且，确立、制定科学的良善的教师伦理规范是一方面，教师如何实际遵守这种良善的伦理规范又是另一方面。社会制度和秩序的公共化程度愈高、愈普遍，其有效性对制度之中的人及其作为社会公民的美德要求就愈高。只有良好的品德才使道德规范得以真正实现，这又引导我们回到美德伦理的视野中。

二 以复兴美德伦理为规范建构灵魂

"美德伦理"(the ethic of virtue)指作为道德行为主体的个人在与其独特的社会身份和"人伦位格"直接相关的道德行为领域或方面所达成的道德卓越或者优异的道德成就。在论述教师伦理规范的建构中为何还要着意再谈美德伦理？这是基于我们是否仍然需要美德伦理作为原点

---

① 《马克思恩格斯选集》第4卷，人民出版社1972年版，第236页。

的思考。

(一) 为何重提教师美德

重提教师美德的思想,基于当前的时代背景而产生。现代社会的公共结构性转型导致了对传统社会结构的颠覆,这种颠覆的根本意义不在于行业空间区域的扩张与变化,而在于社会关系的结构性转型。制度与秩序是公共规范体系的显形呈现,利益博弈的对价必须是基于公共规则的合乎理性的相互交换。因此,公共规范体系及其制定便成为现代公共生活领域具有头等意义的事情。并且,由于现代社会和现代人越来越屈从于社会公共化生活日趋强大的压力,从而使得现代人逐渐形成了越来越明显的对公共生活秩序强烈的"路径依赖"或"制度依赖"。这种依赖如何使得社会公共伦理规范的普遍有效性能够实现?难道仅仅从理论上论证某一套伦理原则和伦理规范的普遍理性或者是它们的可接受性就已然足够了吗?制度目的的实现最终是人的实现。在任何情况下,人是一切伦理行为和道德意义的主体,而能够配得上称之为主体的,必须是有道德的人。"美德与法律还有另一种至关重要的联系,因为只有那些拥有正义美德的人才有可能知道如何运用法律。"[①]

所以合格的伦理行动应该是由这样三个方面组成的:第一,一个行动是正确的当且仅当它是一个有德性的人在此情此景下可能采取的行动;第二,一个行动是正确的当且仅当它是一个有德性的人按照自己的品性在此情此景下采取的行动;第三,一个行动是正确的当且仅当它总地说来是符合美德要求的。由此看来,个体的美德既是一项合格行动得以完成的前提,同时也是制度、秩序、规范等社会约束体系能够真正产生约束作用的主体前提。按照这一逻辑,只有那种符合教师伦理标准、且本身就是一个品行良善的人以他美好的职业德行所采取的教育行动,方能称得上是正确的教师伦理行为。

而对于那些根本不具备基本正义美德的教师个体来说,正义的制度安排或正义的基本原则不可能必然产生任何约束力,只有教师自觉地遵循规则化的行为方式,才能为教育活动提供高程度的有序性、稳定性以及和谐性。正如马斯洛(Maslow)指出:"我们社会中的大多数成年者,一般都

---

① [美] A. 麦金太尔:《追寻美德》,宋继杰译,译林出版社 2003 年版,第 192 页。

倾向于安全的、有秩序的、可预见的、合法的和有组织的世界；这种世界是他所能依赖的，而且在他所倾向的这种世界里，出乎意料的、难以控制的、混乱的以及其他诸如此类的危险的事情都不会发生。"这就指出了人类道德生活既包括个体美德伦理，也包括普遍（社会）规范伦理，两者的相互补充、相互支撑，甚至相互攀缘，才是对人类道德生活意义图像的完整揭示。在学校里，教师作为年长者，有义务维系正常的稳定、有序及安全，同时也要将这一基本的社会化内容教授年幼的学生。

（二）寻求何种教师美德

在这样一个公共性、应用性伦理为主流的"现代性"社会，我们应当寻求什么样的教师伦理？

首先，"美德伦理"概念包含的两个基本要素，成为我们建构现代教师伦理的主要内容：一个要素是价值学意义上的"卓越""崇高"和"圆满"的道德价值评价标准；另一个要素是道德社会学意义上的"角色定位"。即凡"美德"者必定是独特具体的、同道德行动主体的"特殊角色""特殊身份"和"特殊品格"直接相关联的；现代教师的美德伦理要素，既包括具有专业特质的"特殊角色"，也应该包括体现教师专业身份和崇高职业价值的伦理标准。不过，现代化时代的教师已不再如传统社会中"天地君亲师"那般地位神圣，社会结构变化使得教师形象固有的完美性受到严峻的挑战和质疑，教师曾经的美好在人们心中动摇。但所有这些，并没有杜绝我们在"现代性"社会文化语境中重释教师职业光芒的可能，相反，它要求我们必须根据现代教师专业的"特殊角色"或"特殊身份"之发展，重新审视和说明专业化教师所应具备的基本品质，并依此建构适合于现代社会道德文化需求的教师美德标准和伦理规范。寻求某种或某些同其特殊社会"职业""身份"和"角色"直接相关的美德品质，不仅是现代教师仍需保持的道德生活姿态，而且在许多情形下还是一种具有关键意义的社会伦理生活品质，这也是建构教师伦理规范的现实意义所在。

其次，不能误以为"美德伦理"只是一种非规范性的伦理，美德伦理学并非不关注道德伦理规范的建构和论证，而是更强调特殊道德共同体的文化多样性和差异性，强调个体对所属特殊文化共同体的文化认同和目的论的价值承诺。教师美德伦理关注的是职业道德伦理的整个责任主体

（或群体），而不只是注重责任分配本身；强调教师个体内在道德目的之于其言行的重要的价值引导意义，而不是直接指向个人的权利诉求；强调教师个人道德资质、伦理身份等天然的或内在的人格因素对于教师道德伦理实践的密切而复杂的价值关系，而不是简单地寻求个人的社会化身份及其制度化确认。应该认识到，"规范"和"协调"始终是道德伦理的文化功能，甚至可以看作是道德伦理始终不渝的根本目标。就此而言，所有的道德伦理——无论以何种形式表达出来——都是规范性的。

明乎于此，我们便可以作出这样的合理推论：在现代社会条件下，现代教师专业发展所需要的教师职业道德已不再是以基于教师自我人格完善或自我品格卓越的内在美德为主，而是，或者主要是基于现代公共化社会认同的优秀人格或卓越品行。也就是说，现代教师专业发展所要寻求的主要是同其社会身份相应、并通过他在"社会公共生活领域"里的卓越实践所达成的、具有社会"理想类型"意义或公共典范意义的社会性职业美德。

（三）何处寻求教师美德

然而现代社会的公共化结构转型所解构的，不仅是传统教师道德伦理作为特殊文化共同体内在的亲缘型组织结构，而且极大地消解了传统教师美德所赖以寄生和传衍的人伦情感基础和文化—心理认同基础。美德伦理何处才能找到自我寄生和绵延发展的文化母体？教师伦理规范的建构基石又到哪里找寻？

美德伦理学的基本理论视阈是各种特殊的道德文化共同体，美德伦理的基本评价标准不是也不可能是某种形式的"普遍规范"或"普世原则"，而只能是某个特殊文化共同体或伦理社群在长期的道德伦理生活"实践"中所形成、传衍和积淀下来的独特的道德生活经验和"道德谱系"，它们往往通过某种或某些独特的风俗、习惯、礼仪、人格典范、甚至是"地方性"或"区域性"的神祇和道德习语表达出来，不仅规导和引领其文化共同体内部成员的道德伦理言行，而且也自然而然地演化成为他们用以评判各种人事言行的美德伦理标准。

作为一种古老的职业，作为人类精神文明和历史文化传承的主要渠道，教师虽具有全球化职业"同道性"，但其伦理内核不可能超越特殊文化与传统和历史语境之外，只有那种特属于中国文化传统、并蕴含在教育历史文化语境中的教师道德伦理。在漫长的教育历史长河中，人类追寻教师美德的实践过程已经积累、并且仍在积累着连贯的特有职业道德生活经验，形成了连续不断的、有意义的"道德故事"，积淀了丰厚的教师道德文化资源，而所有这些又为教师伦理规范的现代生长提供了不竭的文化意义之源。这种兼具内在价值的意义向度和实践意义不断演进的历史向度的指涉，就是我国特有的"师道"和"师德"。

第二节 教师伦理规范的文化解构

人是一切伦理行为和道德意义的主体，而任何人都只能是特属于某一特殊社会历史并承诺某一特殊文化传统。对"师道""师德"的回望是以道德之历史叙事方式来确认我们依此制定教师道德伦理规范的具体历史语境和文化语境，形成中国特有的教师伦理道德谱系。

一 使命所然谓之"道"

对"道"的解释，并不能简单地归结为一般意义上的"方法"，因为在中国哲学中的"道"，还含有"未知""神秘"的意思，代表一种"终极真理"。从这个层面上讲，"师道"就意味着成为合格教师应持守和追求的教师职业的终极真理。

（一）身份之"道"

"传道、授业、解惑"其实指教师的职责，而"博爱之谓仁，行而宜之之谓义，由是而之焉之谓道"才是韩愈对所谓"道"的解释。[①] "师道"，即为师之道，"不在仅能博学强识。第一，教师应有严肃端庄之气象，使学生见而起敬；第二，教师应崇信圣人之道，老而弥笃；第三，教师讲学应系统完整，条理分明，程序孙顺，因材施教，不越其节；第四，教师应知精微之理而能讲论警策。能具备此四种资格者即是贤师……"[②] 探寻"师道"发端，一是出自中国古代对教师身份的至高定位，事天、事地、尊祖、忠君、重师的排列已将教师的地位提至极高，教师身份在形

---

① 韩愈：《原道》。
② 萧承慎：《教学法三讲》，福建教育出版社 2009 年版，第 24 页。

成之初就被笼罩上一层至高至尊的光环；二则不仅由于教师的"位尊"，还因为被称之为"师"的大都具备特殊的智慧或技能，其本身就是"道"的化身，故"师"与"道"共存。不仅我国如此，在世界上最早的学校——苏美尔的"泥版书屋"中的导师因其学识渊博而受到学生们顶礼膜拜，将专家、教授称为"乌米亚"，即"你是我敬仰的神"①。源于经验和祖训，教师角色具备了与生俱来的传统权威（traditional authority），即一种受传统文化与职业声望影响所享有的特殊权威。这种神圣权威赋予教师以一种深沉、神圣的社会责任感和使命感，自觉充任传统思想与道德文化的传承者、示范者和践行者。在这一点上，教师的社会角色已超出一般教育学意义的伦理地位，而被奉为礼之化身、道之代表、德之典范。传统权威具有很强的个人性质，"表现在他的角色所要求的行为当中"，"存在于能够使一个人对他的角色负责的概念之中。"② 由于深远的社会传统习俗、惯例和内心约束，教师最初所遵从的这些规则无须任何制度形式，"既美其道，又慎其行"的教育智慧便使教师的行为自觉地受制于社会非正式约束，并以此界定个体在各种情况下的适宜行为，"恭德慎行，为世师范。"③这不仅表明教师的言行本身具有一定的合法性，还昭示了通过教师个体的道德生活所体现出整体社会的道德结构形式。所以，"师道"这种在长期实践和历史积淀中形成的非正式规则已成为教师职业行为习惯的重要组成部分，具有持久的生命力和强大的影响力，化作后世教师职业的教育精神与价值追求，也就是崇高的教师职业信念。尽管今天传统意义上的"师道"已经发生了变化，重新审视"师道"也许只是出于反思的需要，但古人嵌在"师道"中的深刻意蕴仍给后人保留了教师职业最终不可化约的追求，即当一个人选择了教师这个角色，就应当知晓并认可与之相符的职责要求，遵从长期积淀而形成的教师职业非正式约束，承诺履行教师角色的神圣义务；而且，重新认识和重视"师道"的作用，是解决当前教师专业发展进程中诸多问题和建立专业标准的基石。

（二）愿望之"道"

美国现代法理学家朗·L.富勒在其著作《法律的道德性》中，将道

---

① 陈晓江：《失落的文明：巴比伦》，华东师范大学出版社2001年版，第四章。
② [美] A.麦金太尔：《追寻美德》，宋继杰译，译林出版社2003年版，第154—160页。
③ 《北史·杨播传论》。

德分为愿望的道德与义务的道德。所谓愿望的道德，就是追求完美的道德，是源自古希腊哲学之善的生活的道德、卓越的道德以及充分实现人之力量的道德；所谓义务的道德是道德的另一个组成部分，"它确立了使有序社会成为可能或使有序社会得以达致其特定目标的那些基本规则。"[①]义务的道德规定了社会生活所必需的条件，可以将它比作"语法规则"；而愿望的道德则"好比是批评家为卓越而优雅的写作所确立的标准，……描述了我们应当追求的完美境界"[②]。比较而言，愿望的道德即是中国传统的"道"，它以人类所能达到的最高境界作为出发点；义务的道德则是中国传统的"德"，是由规范所约定的道德底线。二者分属不同的道德等级秩序。

可见，为师之"道"首先是一种愿望的道德，其次才是一种义务的道德，是以愿望的道德为宗旨的与义务的道德的合一。人们对教师道德的完美愿望可以被定义为"在道德意识的形式方面，他具有追求善的价值的活力；在道德意识的内容方面，他的行为能和这适当合理的生活相适合"[③]。这种愿望的道德并不是说人们期待教师做过的每一件事都必须具有道德意义，而是指教师采取的任何行动都可能具有潜在的道德意义。"道有君子小人，而德有凶有吉。"[④]因此，"教师在行为上最宜具有的要件为性情温厚、理想丰富、人格高尚。"[⑤]因为"教师的品性与态度，比其他职业的从业人员的品性与态度更容易受到公众的关注。这不仅由于教师以未成年的学生为教育对象，其品性与态度可能对学生产生直接影响；而且由于公众中有受过教育经历的成年人，对教师的品性与职业态度能够做出比较，也就是对在职教师的品德比较敏感"[⑥]。所以，为师者应意识到只有自身追求并维持高标准的道德行为才能获得社会的信赖。中国古代对教师的要求固然严苛，但这种严苛带来的权威感则保障了教师能够剔除一些不良的个性化元素而致力于教育事业。在当今信息化时代，由于教师在知

[①] ［美］富勒：《法律的道德性》，郑戈译，商务印书馆2010年版，第8页。
[②] ［美］亚当·斯密：《道德情操论》卷1，商务印书馆2009年版，第422页。
[③] 丘景尼：《教育伦理学》，福建教育出版社2011年版，第41页。
[④] 韩愈：《原道》。
[⑤] 舒新城：《教育通论》，福建教育出版社2006年版，第64页。
[⑥] 陈桂生：《师道实话》（增订版），华东师范大学出版社2009年版，第68—69页。

识上的优势式微,不再被视若为知识的"神灵",其职能正慢慢发生转变:较之授业而言,教师更被要求成为精神导师,在传播文化知识的同时更多地要引领学生创造新生活,并在引领的过程中其职业原有的那种神圣价值方可得以彰显。身为教师倘若"只视为生活之道和就业教育,则去(教育的)本旨远了,恐怕不是社会、国家所期望的"[1]。所以,愿望的道德是以教师所可能达致的最高境界为出发点向上延伸的标尺指针,具体包括"对于国家当负的责任为传播、实现及改进建国理想;对于社会当负的责任为传衍及创造文化"[2]。这两种责任所昭示的精神价值已不同于古代的师道要求,而是伴随着社会的发展过程教师职业在变化中所凝结形成的新价值。

(三) 重扬师道

"昔日颂扬师道,多就师儒之丰神意态立言。丰神意态者,殆个人全部人格之反映于他人,而具有不可思议之感化力者。"说到底,师道就是教师力求的完美人格以及人格魅力;而那些"学识渊博,方法练达,志趣高超,行为谨严,皆不过为构成丰神意态之原素尔"[3]。古人认为,与教师人格相比,知识、教法、情趣与言行都成了教师人格的基本构成要素。随着现代职业观的形成,教师这一职业也和其他职业一样,个人生活被自身不同的生活领域所分割、消解为由一系列不同身份扮演的彼此分离的角色,那种传统上被看作是真正教师道德的完整的和完美的品质已没有了可以充分践行的余地;教师个人的道德立场、道德原则和道德价值的选择,由于缺乏可以依从的道德标准也成为一种没有客观依据的个人主观选择。"师道多端,向背攸分。"[4]没有德性,实践就不可能维持下去;缺乏师道,教师也就少了出于角色本身的人格魅力;良心的作用虽未完全停止,却已不足以作为教师道德生活的最高指导了。因此,大有重新张扬师道之必要。陈桂生先生将"隐含在教师伦理中的价值观念"称为现代意义上的师道。参照德国伦理学家尼古拉·哈特曼(1882—1950)将道德价值具体划分为三大类,即限定内容的

---

[1] 舒新城:《教育通论》,福建教育出版社2006年版,第68页。
[2] 同上书,第69页。
[3] 萧承慎:《教学法三讲》,福建教育出版社2009年版,第46页。
[4] (明)黄宗羲:《广师说》。

道德价值、基本的道德价值、特殊的道德价值，①结合现代社会发展使教育处在更广阔的社会活动范围中的情况，我们可以采取一种道德分层的观点来剖析现代师道的内涵：首先看限定内容的师道。这早已非常明确地被限定为"传道、授业、解惑"，即使在今天，教师的本职仍被认为是限定在"教学"上，"由于教师的本职为教学，并在教学过程中教育学生，故每个时代都不致忽视教师掌握所教学科的知识"②。其次是基本价值的师道。如仁慈、正直、诚实、同情、真实、公平、勇敢、谦虚、大度等优秀品质，都被作为教师行为方式所应表现的基本的示范性美德。"为何这些特征被视为美德……这很难从哲学上进行解释，但经验却迫使我们坚持这一主张，即大部分世界文化的文学、习俗和规则都高度颂扬这些特征。"③最后是师道强调的特殊道德价值。这就是小原国芳"以坚定不移之心，遵从理性"④，也是马克斯·韦伯"唯有将事务在主观上把自己与它联系"，方能将普通职业观上升成为以热情献身的"志业"。"志业"（Beruf）一词，韦伯译为"志业"，《新约圣经》里当作"身份"，马丁路德称之为"天职"⑤，身份、天职、志业这三重不断深化的解释，恰好涵盖了师道的全部发展内涵，是对"重扬师道"的完整的诠释。所以，深究师道深邃的伦理精义在于追求教育本身的完善，实现教育的固有价值。

二 良善之约谓之"德"

传统社会对教师的信任是人格信任，而现代社会则是制度信任。与"师道"有别，专指教师行为准则或因准则要求而产生的行为则是"师德"。在当今教师专业发展中建设一种高于"习俗道德"的"伦理道德"已成为人们的共识，教师伦理规范的制定也由于被列为专业标准之一而引

---

① 万俊人：《现代西方伦理学史》（下卷），中国人民大学出版社2011年版，第442页。
② 陈桂生：《师道实话》（增订版），华东师范大学出版社2009年版，第73页。
③ ［加］伊丽莎白·坎普贝尔：《伦理型教师》，华东师范大学出版社2011年版，第17页。
④ ［日］小原国芳：《师道论》，《小原国芳教育论著选》，人民教育出版社1993年版，第323页。
⑤ ［德］朋霍费尔：《伦理学》，胡其鼎译，上海人民出版社2007年版，第206页。

起专家学者的关注。

(一) 因约成"德"

所谓教师专业伦理规范,"乃是指示教师们在各种关系及活动中所常信守之德义的和专业的原则。"① "是指教师在从事教育教学这一专业工作时应该遵守的基本伦理规范和行为准则,是教师专业首要的和基础性的要求"②,用以约束专业人员行为或操守的原则或规范,促进其成员向社会提供更佳的服务。大多数学者都认同将教师专业伦理规范置于制度层面加以讨论,认为这是教师专业发展进程中的制度建设问题。为此,我们首先要辨别教师专业伦理规范究竟是一种什么性质的制度。按照美国当代学者道格拉斯·诺斯的制度变迁理论,制度可以分为三种类型,即正式规则、非正式规则和这些规则的执行机制。正式规则又称正式制度,是指政府、国家或统治者等按照一定的目的和程序有意识地创造一系列的政治、经济规则及契约等法律法规,以及由这些规则构成的社会的等级结构;非正式规则是人们在长期实践中无意识形成的具有持久的生命力,并构成世代相传的文化的一部分,包括价值信念、伦理规范、道德观念、风俗习惯及意识形态等因素;实施机制是为了确保上述规则得以执行的相关制度安排。这三部分构成完整的制度内涵,是一个不可分割的整体。③

按这一观点,教师专业伦理规范的性质就属于非正式规则,其性质包括两层意思:一是教师专业伦理规范不同于由国家制定的正式的法律制度。我国现行的《中小学教师职业道德规范》是由教育部制定和颁发的,属于教育行政法律文件,是正式制度。而教师专业伦理规范是由教师组织自行制定的,"前者乃由行政官厅以法令形式所规定关于教师职务上一切行为之准则;后者则为由教师全体自行草创,用资共同遵循之生活信条。"④如我国香港于1987年成立了一个"教育工作者专业守则筹备委员会",专门制定《香港教育专业守则》。二是作为非正式规则,教师专业伦理规范与传统的"师道"同源,是将隐性的教师精神价值追求转化为显性的规范形式,也是实体化和具体化了的"师道",更是对传统师道的

---

① 常道直:《教育制度改进论·全国教师公约》,民国36年版影印版,第117—118页。
② 徐廷福:《论我国教师专业伦理的建构》,《教育研究》2006年第7期。
③ [美]道格拉斯·诺斯:《制度、制度变迁与经济绩效》,格致出版社2008年版。
④ 常道直:《教育制度改进论·全国教师公约》,民国36年版影印版,第118页。

继承、发展和超越。之所以今天进行教师专业伦理制度建设，既是制度变迁的结果，也是为了实现"以集体行动控制个体行动"，在规范的作用下形成真正的教师专业群体。

纵观美国《教育专业伦理规范》（NEA 条例）、英国教师教育宪章、加拿大安大略省《教师职业道德标准》、新西兰《注册教师职业道德规范》、日本的《伦理纲要》、大韩教育联合会制定的《师道纲领》以及 2004 年新近颁布的《关于欧洲高等教育伦理价值和原则的布加勒斯特宣言》等国外教师伦理规约在教师伦理性质、建设主体、功能取向、适用对象、文本格式、内容、可操作性、实施及组织保证八个方面为中国的教师专业伦理规范建设提供了有益的借鉴，但唯有扎根于传统信念"师道"，方可构建属于我国的具有伦理合理性的教师专业伦理规范。

（二）义务之"德"

按照富勒的划分，义务的道德是道德的另一个组成部分。这里所言之"义务"是有别于法律范畴的伦理学语境里的义务：法律范畴的义务常与利益的享有者、请求者或权利者相对应，源于法律的强制规定，是对他人应尽的义务；而伦理学中所指的义务，是一种源于自身良心、为自身人格所确认的义务，同时也是一种出于理想之我而产生的义务，是对己应尽的义务。马克思主义伦理学认为，道德义务是从人们所处的社会关系中产生的，不管个人是否意识到，客观上必然会对他人、对社会负有一定的使命和职责。然而"职责的内容总是由一种制度或实践确定的，这一制度或实践的规范指示着要求一个人做的事情"①，不仅如此，判断一个行为在道德上是否正当合理，也要看该行为是否与某种确定公认的道德原则和规范相符。道德的义务之约就是在美德中寻找准则，向自身寻找规范。义务不是规范的目的，而是规范的理由和动机；也就是说，不是通过遵守规范而尽义务，而是因为意识到有义务和责任的存在，才自觉地遵守规范。辨析法律义务概念和道德义务概念的区别，有助于确立教师伦理规范在我国当前整体教师法律体系中的地位。教师伦理性规约就是将对教师"理想化""神圣化"的道德要求和企盼教师成为"道德家"的愿望转化为具体可行的行为指导，目的在于：其一，它能彰显美好德性，是愿望之道的具

---

① ［美］罗尔斯：《正义论》，中国社会科学出版社 2001 年版，第 113 页。

体刻画；其二，让接受规范的人知道怎样做才符合标准；其三，可以维持良好的工作秩序；其四，叫犯错的人不能推卸自己的责任。以 2004 年 9 月联合国教科文组织欧洲高等教育中心在罗马尼亚首都布加勒斯特发表的《关于欧洲高等教育伦理价值和原则的布加勒斯特宣言》(*The Bucharest Declaration on Ethical Values and Principles of Higher Education in the Europe Region*) 为例，该宣言是一个伦理性质的规约，其核心是明确高等教育伦理价值和原则，分别就大学使命、职业道德、学术诚信、教育腐败及大学治理五方面应尽的义务进行了规定，提出"知识自由和社会责任是科学研究的关键价值……两种价值相辅相成……这些价值观、规范、实践、信念和责任将引领整个机构共同体实现学术精神特质"，指出"所有研究行为规范都应当包括伦理标准和实施程序"。"由于我国长期囿于'师德'视野，又忽视'习俗道德'与'伦理道德'之分、'师德'与'师道'之分、'道德规范'与'行政规范'之分，……当前所列教师道德规范不得要领"[①]，一套规范体系如果不想成为仅仅是条文的堆砌，就必须与整体的人伦精神相一致。教师伦理规范的设想和建构要求我们必须首先厘清道德的、伦理的、法律的学术界限并在此基础上对相关理念和基本概念进行理性反思，"这种公约之必要性乃存在于教育事业之本质中。"[②]

（三）蓄善为"德"

构想中的教师伦理价值规范体系并非一种完备的、无所不包的、意识形态化的规范体系，而是一种基本可行、易于操作的教师行为规则。富勒在他的书里提到八种应该避免的情况：(1)确立规则不完全，以至于不得不以就事论事的方法来处理未能涉及的问题；(2)未能将规则公布于众，或至少应令受影响的当事人知道他们所应当遵循的规则；(3)滥用溯及既往性立法，以致破坏前瞻性立法的诚信；(4)不能用便于理解的方式来表述规则；(5)制定相互矛盾的规则；(6)颁布要求当事人作出超出他们能力之事的规则；(7)频繁地修改规则，以至于人们无法根据这些规则来调

[①] 陈桂生：《师道实话》（增订版），华东师范大学出版社 2009 年版，第 78 页。
[②] 常道直：《教育制度改进论·全国教师公约》，民国 36 年版影印版，第 118 页。

整自己的行为；(8)无法使公布的规则与它们的实际执行情况相吻合。[①]以上八个方面的任何一个方向上的失误都会导致一套糟糕的规范体系的形成。所以，"立法者应该把自己看作一个自然科学家。他不是在制造法律，不是在发明法律，而仅仅是在表述法律，他把精神关系的内在规律表现在有意识的现行法律之中。"[②]美国《教育专业伦理典章》（MEA条例）的体例堪称教师伦理规范的典范。其中，"导言"为教师应有的最高价值观念，下分教师应有的学生观念、职业观念和专业观念，这三个观念相当于本文所说的"师道"；而在具体的规约内容里包括教师对学生的义务、教师对教育专业的义务，这两部分属于师德规范，不但明确了教育工作者的职责和使命，而且还以诫命的方式规定了教师不应该做的事情，对教育工作者提出了具体的要求。这种由凝聚精神价值追求的"序言"与附加行为指导规范的"条文"所组成的体例，形成了教师伦理价值规范的体例雏形。此外，美国还有"优秀教师行为守则"等与之互为补充的规章，基本形成了教师伦理价值——规范体系。还有一些国家的教师规约虽不像美国的这样齐备，但所规定内容都切实可行。而反思我国的《中小学教师职业道德规范》，从中可以读到"依法执教""爱岗敬业"和"严谨治学"等一些众人皆知的措辞，却对于一个茫然地选择和从事了教师职业的人，仅从这样的"教师职业道德规范"的条文中并不很清楚身为教师的自己到底该做什么、不该做什么。为此，应该意识到，就制度建设而言，我们首先应着意制度的分析和制度的设计，因为制度有它不可替代的特征和重要性。这表现在其一，制度在某种程度上是一个社会或集体的结构性特征，有了制度（正式的或非正式的）就能超越个人，而指涉由个体组成的某个群体；其二，制度要求在一段时间内的稳定性，基于稳定的制度方能预见一些行为；其三，毋庸置疑，制度会影响个人行为；其四，因着制度的实施，制度成员中应该会有某种共享的价值和意义。建构教师伦理规范的目的，是为推动教师由他律到自律的质的转变，只有教师真正从内心认可这一职业，把它作为实现理想的途径，以强烈的责任心和使命

---

① [美]富勒：《法律的道德性》，郑戈译，商务印书馆2010年版，第47页。
② 中共中央马克思恩格斯列宁斯大林著作编译局编译：《马克思恩格斯全集》第1卷，人民出版社1965年版，第182—183页。

感投身其中,自觉地履行教师职业道德规范,才能在实践中切实地执行规范,并由规则层次不断上升到理想层次,实现职业境界的提高。

第三节 "师道"与"师德"合一

教育事业归根结底是一项道德事业。在教育史上,教师一职从其存在之始就是与道同尊的真理化身,教师劳动本身所具备的教育性价值对教师的要求是:学高身正,二者皆具;师道师德,兼而合一。为此,无论国家立法还是社会评价,皆以教师作为精神领袖、道德楷模和智慧典范。从教师职业自身来看,这一职业是按照教师道德规范相互对待的个体与群体的总和形成并发展的,是个道德共同体的发展过程。既是道德共同体,那么这一共同体的成员"应该被道德地对待或应该得到道德关怀,而不只是具有按照道德规范进行活动的能力"①。在道德共同体中的每一位教师,既是"道德行为者"(moral agent),同时也是"道德承受者"(moral patient)。他们是道德规范的观照者:既是道德行为主体,又是道德行为客体;既包含对学生、对教育工作应尽义务,更是自己对自身所尽的义务。这种义务是关怀义务,是教师自身的良心义务和实现理想之我的义务。每种职业都有技艺性的一面,也有道德性的一面。教师的职业道德之所以如此重要,是因为没有人会轻易怀疑经资格获得而被认可了的教师专业知识和能力;但相比较而言,教师的职业态度作为职业胜任的一个组成因素就显得尤为关键。教师在履行职业责任时其自身也是最重要的教育手段,他们必须把自己作为职业工具,只有赢得学生的尊敬和喜爱才能实现其教育职责,而实现这一目的的前提是教师本人值得受人尊敬和信任。因此,教师必须展示出足以赢得学生积极评价的人格特征,不仅包括善意、耐心、公平之类特定的职业美德,还应该包括符合社会期许与传统认知的普遍能力和品质。除了知识及技能,任何一个国家都将教师的品德划为核心教育内涵,因为教师如何运用他们的专业知识和专业技能,往往取决于其自身具备的职业道德,取决于教师的责任意识;就像教师只能教授他们所拥有的知识和技能那样,他们不可能传授自己并不拥有的道德信仰和态度。教

---

① 王海明:《论道德共同体》,《中国人民大学学报》2006年第2期。

师只有在道德上是可信的,教育方能够算得上真正的成功。

一 "个体人格"与"整体人格"的人格合一

历史新纪元的发展要求,无论是现代社会专业观的发展还是教师职业自身的要求,都要求每一个教师在其职业规范伦理、职业信念伦理和个人美德这三个基本层面形成自我同一性,形成更健康的人格。"人格"是一个具有宽泛意义的概念,不同的领域有不同的定义,同一领域又有多种不同的表述。在心理学中,"人格通常指一个人具有的独特的稳定的心理特征的集合,如性格、兴趣、爱好及能力等";在法学上,"人格就是指一个人作为权利和义务(尤其是政治权利与义务)主体的资格";在人类学上,"人格则是指人类个体特殊的生存方式及与之相关联的自我认同和他人首肯"。而伦理学意义上的人格指道德人格。与其他学科相比,马克斯·舍勒创建了现代伦理学上的"人格—价值"学说,其"人格价值要高于一切事实—组织—共同体价值"[①] 的定理有独特的道德哲学意蕴。

(一)两种人格类型

"人格"之概念,被德国著名现象学哲学家马克斯·舍勒比较明确地定义为:"人格乃是有关各种本质之行动的具体的、自为本质的存在统一体"[②]。人格为所有本质不同的行为奠基。简单地说,人格存在于行为的进行中并将本质各异的行为统一起来。在伦理视域中,舍勒把人格看成是一种精神性的"行动",而不是一种身心自我的"统觉"或"功能",并解读作为伦理概念的人格三层含义:第一,人格在行为活动中是超意识的"存在",与"自我"(或"自己")相区别,控制着"自己",也发展着"自己",使"自己"成长。第二,人格的道德本质还具有不完全性,这是人格存在的方式。即人格从没有完美过,向来在道德上亏欠自身,由于亏欠才产生一种不断上进的冲力。由于这一原因人格才得以存在,才成为实现。第三,人格亦是不可被对象化的,不应该把这种对自我的意识(人格)看成一种新的意识,而应看成是对某物的意识成为可能的唯一存

---

① [德]马克斯·舍勒:《伦理学中的形式主义与实质价值伦理学》,倪梁康译,商务印书馆 2011 年版,前言第 11 页。

② 《舍勒全集》第 2 卷,第 382 页,转引自江日新:《马克斯·舍勒》,台北东大版,第 161 页。

在方式。舍勒认为，道德意义上的人格是价值人格，决非哲学意义上之"灵与肉"的存在，在这个意义上，人格价值就其本质而论是比事实价值更高的价值。虽然舍勒的人格理论带有某种唯心论的成分，但他的思想仍给予我们以下启示：

首先，"榜样与效法"学说的启示。在舍勒看来，唯有通过并且在爱的行为中人格才能被揭示，作为个体之人格价值才能够被给予，唯有透过"爱的参与"，一个人才有可能真正"理解"另一个人的精神人格。榜样首先是作为一种价值的人格类型，人格与它的榜样之间的关系是一种爱之中的追随，"我们成为如榜样范本作为人格之所是，而并不成为它之所是"，就是说我们要学会如榜样所愿和所做，而不是学会它之所愿和所做本身。这也是榜样关系与引领者关系之间的区别，只有榜样关系才存在一种真正的志向改变（Gesinnungs wandel）。舍勒"榜样与效法"学说中"爱的参与""爱之中的追随"思想，使我们很自然地想到了教师就应该是这种榜样范本。在教育教学活动中，教师之所以"为人师表"，能够起到榜样示范作用的，恰恰是教师的人格。

其次，"共同负责性"理论的启示。舍勒将"人格"分为"个别人格"与"总体人格"[①]："个别人格"属于个体的世界或是那种被称为"单称世界"，"总体人格"属于"集体世界"或"复数世界"；"集体世界"并非个体世界之总和，也不是某种合成的形式，共同体中每一个有限的人格都会含有一个个别人格和一个总体人格，人格本身是在每一个行为进行中，被每一个成员在其自身实践体验中被给予的。共同体的最高的价值是人格的价值。在共同体中还存在着一种特定的凝聚形式，这种凝聚意味着，每一个个体自身的负责性都是在对共同体整体的意愿、行动、作用的共同负责体验的基础上才建立起来的。人格与共同体（实体）成员之间存在着个别人格与总体人格之间的一种相互的共同负责性，并且并不排斥这两者各自的独立负责性。这种"共同负责性"构成了被舍勒当作社会伦理学之最高原则的凝聚原则，也帮助我们合理地解释教师人格概念——教师是一个更注重人格品性的职业，教师这一称谓是既可以形容个

[①] ［德］马克斯·舍勒：《伦理学中的形式主义与实质价值伦理学》，倪梁康译，商务印书馆 2011 年版，第 748 页。

体也可以形容集体的人格共同性概念，每一个教师个体的行为总是很容易地被认为代表着教师集体，所以社会评价也往往从针对某一个人一件事进而扩散到针对整个教师集体。

最后，人格自律也是"双重自律"理论的启示：所谓双重，既是对自身的善和恶的人格明察的自律，以及对以某种方式作为善和恶而被给予的人格愿欲的自律。自律仅仅是人的伦常重要性的前提。每一个人格的个体都不仅对他自己的个体行为，而且也对所有其他行为负原初"共同责任的"。每一个人于所有的伦常共同责任感并不是建立在特殊的、通过允诺和契约而达成的相互间的承担义务之上，它并不是通过对伦常价值状况的进行和放弃的责任性而被"自由地"承担下来，恰恰相反，本己的责任感或自身责任感原初始终也伴随着对这种进行和这种放弃的共同责任。[1]论证自律概念的不是人格的个体性，而是一个共同体的每个个体都具有的、在所有人中都同一的人格性。

舍勒把人认作为"道德生物"和"爱的生物"，将人格与价值直接关联，把人格看作是人格价值的担负者，即道德价值的担负者。他的"榜样与效法""共同负责性"以及人格的"双重自律"等理论恰好适合于形容教师职业，并在教师伦理理论发展中有很强的理论作用。

（二）一种伦理悖论

在道德哲学体系和现实的道德生活中，存在一个伦理—道德的悖论：伦理的实体与不道德的个体。伦理的善是个体与实体、或"单一物"与"普遍物"相统一的善，道德的善是个体作为实体性存在的善，伦理的实体同时也应当是道德的个体。但如果伦理的善只局限于"单一物与普遍物"的统一，那么伦理性的实体事实上就逃逸了它作为道德个体的角色和责任，至少是一个善恶价值中立或不进行善恶评价和规责的存在。伦理实体的道德角色的缺场，逻辑地存在一种危险与可能：善的伦理实体同时也是一个恶的道德个体。这种悖论与悲剧在教育现实中的外化，就是教师职业作为一个"类"概念形成的伦理的实体与作为某一个教师的"具体"概念形成的不道德的个体同一的悲剧。伦理的实体恰恰是造就最严重、最

---

[1] ［德］马克斯·舍勒：《伦理学中的形式主义与实质价值伦理学》，倪梁康译，商务印书馆 2011 年版，第 714 页。

巨大的道德危机的不道德的个体。可以这样概括伦理—道德的悖论与悲剧：伦理的善与道德的善的悖论——善的伦理实体造就了最为严重和最为深刻的道德上的恶；伦理价值与道德价值冲突的悲剧——伦理上的善恰恰成就了道德上的恶。①

很久以来，教育哲学已经习惯于将教师个体，也仅仅将教师个体当作道德的主体。无疑，教师个体应当是教育道德的主体，然而问题在于教育道德的主体不只是教师个体，而且还有教师实体，即具有或者已经获得教育伦理性的教师集体。德国伦理学家库尔特·拜尔茨在讨论基因伦理时指出："关于人是道德主体的说法，如果脱离这种主观能动性得以发挥的具体社会条件和历史条件，将会把人引入歧途。从事实上看，道德的主体从来不是哪一个个人，而是当时的道德集体；由此可见，道德的每一次改变，并不是出于某一个人的决心，而只能是一个对某种意见和利益进行激烈而又理智的争论与商讨的结果。"②拜尔茨讲得很肯定，也很绝对，道德的主体"从来"就不是任何一个个体，而是"道德集体"。也就是说不仅教师集体应当成为道德的主体，而且只有教师集体才是教育活动的道德主体；教师个体不可能、也不应当是教育活动的道德主体。他的观点看来与我们时下的"通识"有悖，但其内不仅潜在着一种哲学的慧见，更内在着一种道德哲学上具有时代意义的重大觉悟。

职业集体是否存在某种统一或同一的"道德世界"，并具有道德世界观，是教师伦理实体存在的前提，没有基本统一道德世界与道德世界观，不仅道德实体不可能存在，职业集体也只能是虚幻的和偶然的存在。只有基于教师伦理良心，才能形成也才是真正的教育道德的主体。教师道德的主体应当是集体性和伦理性的。正像拜尔茨所说的那样，不能离开具体的社会历史条件抽象地说人是道德的主体，任何道德的形成，都是当时的一定的社会群体"理智地争论和商讨的结果"。回顾我国古代"师道"的发展，反思呼唤师道、找寻师道、重塑师道以及这些争论对当时和今后中华民族教师道德发展的影响，显而易见的事实是：无论中国的外国的教师道德规范，或是被教师所信奉的其中任何一种道德或道德信条，都总是

---

① 樊浩：《伦理的实体与不道德的个体》，《学术月刊》，2006年5月。
② [德] 库尔特·拜尔茨：《基因伦理学》，马怀琪译，华夏出版社2001年版，第203页。

"集体的"，不仅某种教师道德的生成是集体的，它们的接受也是集体努力或群体压力的结果。这就是马克思强调道德的社会性乃至阶级性、强调"社会存在决定社会意识"的合理性之所在。在这个意义上，道德的主体应当是集体，甚至在相当程度上只能是集体。虽然不能也不需要否认个体是道德的主体，或个体的道德主体性，但现代道德哲学需要修正也更需要强调的是：道德的最重要的主体是集体，道德主体性的更本质、对文明进步更具历史意义和现实意义的是集体主体性。然而事实是：大量的集体并不具有作为道德主体的品质。这些集体或者不具有统一而自觉的"道德世界观"，或者不能承担或履行集体的道德责任。集体并不能自然"是"或天生"是"主体，而必须借助某种推动才能"成为"主体。根据黑格尔所规定的"道德世界观"的内涵，实体的"伦理世界观"必须具备三个要素或三种品质：第一，追求和实现实体的道德与实体的自然的和谐与统一；第二，在这个追求中坚持义务即实体的道德义务而不是实体内部个体对实体的道德义务的绝对性与本质性；第三，诉诸实体的道德行为实现道德与自然的和谐统一，履行实体的道德责任。这些要素和品质的关键是：它们都不是个体性，而是实体性或集体性的。在"伦理世界观"中，"道德"已经不是个体的道德，而是实体的或集体的道德。

今天的学校不仅仅是教育机构，同时也是管理中心；当今的社会对教师提出的要求，既有正确的、合理的，也有过高的、不现实的。我国以往由国家行政机关制定的教师道德规范，只注重将教师视为道德行为者，强调教师作为道德规范的运用者和实现者的一面；而忽略了他们同时也是道德承受者，是应被道德地对待或应得到道德关怀的对象。教师因同时承受着支配阶层与公共社会所投以的往往是相互矛盾乃至相互对立的双重角色期待而日常性地面临"角色扮演困境"。这种困境是导致教师社会角色具有悖论性特征的直接缘由。一方面，教师若严格遵守与支配阶层之间"签订"的"契约"，那就不能将公共社会的价值呼求视若魂灵，而是不得不要求学生内化支配阶层价值取向、认同现行社会结构、维护既定社会秩序，而这经常会在事实上以对反思的阻抑、对批判的禁止以及对创新的控制为代价。可如果经过学校教育，作为新生一代的学生不仅没有形成与提升，反而削弱乃至丧失了反思意识、批判精神及创新勇气，则社会未来从何谈起？教师的存在价值又何以体现？另一方面，教师若完全践行公共社会的核心价值，那就不能将支配阶层价值指令奉为至尊，而是不能不引导学生无所顾忌地向往自由、崇高平等及追求正义，而这就不能保证不招致对规则的随意违反、对差别的一概否定以及对秩序的全盘拒绝，何况对自由、平等及正义的理解本身可能仍会含有可从知识社会学角度予以揭示的"偏见"。且不说支配阶层不会完全容忍教师的这种引导，教师可能会因此而失去在体制内从事教育实践的起码身份条件，我们也不能指望如此便可有效培育出能真正开创未来的学生，因为至少人类迄今的发展史表明，任何真正具有"文明进步"价值的"未来"都不会在与传统完全隔绝、与现实完全断裂的基础上横空出世。因此，无论是对于支配阶层价值指令的执行，还是对于公共社会价值吁求的呼应，教师都应该且也只能是"有限担当"。教师所应扮演、且能扮演的，都不是一种"极端的社会角色"，而只能是一种"有所平衡的社会角色"、一种"有张力的社会角色"。在教师社会角色的应然取向问题上，"应然性要求"与"可能性空间"、事实与价值也就这样密不可分地融会在了一起。教育实体中的教师不仅被按照道德规范来要求，还应该得到道德关怀。要做到这一点，仅有国家立法是不够的。为此，需要有一个深思熟虑的职业伦理规范作为判断标准，来对合理的和不合理的要求加以区分；并且，只有当教师职业道德与伦理规范内化到每一位教师，只有教师群体支持和赞成这种职业道德，职业道德法规才能发挥效用。由此看来，无论是出于道德的伦理内涵，还是出于制度的形式要求，教师伦理规范始终应出于道德、形于规条、用于自律，当以非权力制度性的规范来出现。规范是德性的表现，比德性更富于具体性和落实性；规范又是行为的高度概括，更具有抽象性和普遍性。

（三）教师伦理人格形成

"亲其师而信其道"或"信其师而亲其道"的道理说明了：学生只有信任和尊重教师的人格，才能相信和尊重他的学问、知识与科学。如果那些从事自然科学研究的教师，违背了科学的精神，违背了教学基本的原则与规则；那些从事人文社会科学的教师，违背了人文精神与人文学科的教学基本原则与规则，那么，他的研究成果和教学效果对于学生身心和社会的影响是非常可怕的。教师不仅应该在学术上是理论先知和行为先知结合的专业人才，也应该在道德上是伦理先知和楷模先知结合的专业人才。马克斯·韦伯将那些能发布预言和戒律、能从不同角度和层面来解释人与自然、人与人、人与超自然之间的神圣关系，使人把它作为生活方式之神圣价值和追求的理想、信念，使生活方式理论化、系统化，使信仰者从中找到自己行为和人生意义的思想家也称为先知。先知有两种，一种是伦理先知，是以个人的模范行为影响他人；而另一种是楷模先知，教人向善弃恶。"求木之长者，必固其根本；欲流之远者，必浚其泉源"①。对教师人格的现代要求源起于"教师"这一职业自一开始就有的榜样的含义。如《史记·太史公自序》曰："国有贤相良将，民之师表也"；《荀子·儒效》曰："故有师法者，人之大宝也；无师法者，人之大殃也"；黄庭坚的《次韵秦觏过陈无己书院观鄙句之作》曰："我学少师承，坎井可窥底"；《后汉书·恒荣传》曰："皇太子以聪睿之姿，通明经义……臣师道已尽，皆在太子。"可见，"师者"要为人之表率，为人之效法，相承之师法，有为师之道。②对教师的要求是伦理先知和楷模先知，或者说理论先知和行为先知的统一。当代教师的伦理人格表现为：

智慧人格。教师应努力成为智者。苏霍姆林斯基说过："老师的智慧不是堵塞道路，而是开拓道路，照亮一条知识路。"

批判精神。教师只有从伦理的、方法的、效率的、法律的等视角来反思和批判自己的教育观念、教育思想和教育行为，追求观念上的更新和行为上的改善，才能不断提高自我的专业素质、人格境界和教学能力。"教师应该批判性地分析教育实践过程中一切行为的合理性。"③只有在教育教学活动中具备和体现出反思与批判精神，才具有独立的人格，才能获得自尊和尊重。

实践历练。教师的专业发展是靠实践知识保障的，教师成长和发展的关键在于实践知识的不断丰富与提升。智慧型教师之所以智慧，通常都是因为他们在具体的教学实践、教学情景中处理偶发事件时表现出了机智。"机智的行动是充满智慧的、全身心投入的。""没有智慧就没有机智，而没有了机智，智慧最多也只是一种内部的状态而已。从某种意义上说，机

---

① 魏征：《谏太宗十思疏》。
② 栗洪武：《"教师教育"不能取代"师范教育"》，《教育研究》2009 年第 5 期。
③ [美]麦金太尔·奥黑尔：《教师角色》，丁怡、马玲译，中国轻工业出版社 2002 年版，第 2 页。

智与其说是一种知识的形式，还不如说是一种行动。"[1]智慧必须在实践中、行动中得以体现。正因为实践智慧隐含于教学实践过程中，与教师的思想、行动有着共生关系，因此它必须由教师在特定的教学实践和经验中不断建构和生成，这也是教师专业发展的一个重要组成部分。

教师人格该如何被刻画出来呢？美国哲学、人格主义的创始人之一家鲍恩（Borden Parker Bowne，1847—1910）提出以下几个基本道德原则也可以作为教师人格构成的原则：

第一，善良意志的普遍性规律。

对于道德存在之正常的相互作用来说，善良意志的规律是唯一普遍的规律。这里所说的"善良意志的规律"，并非针对教师的道德生活或人格整体而论，而是针对"道德存在"的相互关系而言的。善良意志对于教师的道德义务或义务感仍是必要的、普遍的，尽管每个人的具体义务有其特殊本性和环境基础，但就义务之一般意义来说，善良意志乃是最普遍的基础。

第二，爱是唯一基本的道德律。

爱的规律对于所有正常社会行动来说，是唯一严格的普遍规律。对于教师来说，它也是唯一的同道性规律。这就是说，依人格伦理学的规定，鉴于共同善的基础和人格的价值思想，爱必须成为支配教师行动的普遍规律。这是共同理想对每一个教师的普遍要求，也是对社会的普遍要求，因而也可以把爱的规律称之为一种"完善的义务律"。

第三，自尊的法则。

鲍恩强调"我尊重他人的个性，我也必须尊重我自己的人生"。自尊的法则或规律是人性思想体现在对人格和个人自身之内在主体要求上的道德律。善良意志指导着教师的一般义务关系行为，共同的善是教育伦理学的基本目的，它要求教师都必须用爱来指导自己的行动。但这些规律"尚未穷尽个人的伦理学"，因为"道德理想不仅在个人的社会关系中约束个体，而且也在其自重的思想与活动中约束他"。这就是说，道德法则不仅要调节教师自己对自我的态度，自尊即是人格伦理学对教师个人自我

---

[1] ［加］马克斯·范梅南：《教育机智——教育智慧的意蕴》，李树英译，教育科学出版社2001年版，第168页。

调节的基本道德要求。

鲍恩总结的道德原则，在对"爱"的强调与"自尊"的要求上与舍勒的人格理论如出一辙。当我们依此原则追求完整的人格形成时，伦理规范则处于何种地位呢？在教师德性与行为之间，教师伦理规范起到中介作用。如果把教师德性当作"体"，教师行为当作"用"；那么规范既不是"体"也不是"用"，而是"体"与"用"之间的联系环节[①]。缺乏这个环节，教师德性将无以显现。教师伦理规范既是社会力量对教师要求的映射物，也是教师道德价值的制度表现形式，更是教师道德价值判断的合法依据。作为专业成员行为抉择的价值判断基础，以及维护专业团体共同利益所发展出来的一套行为制度，教师伦理规范是教师专业团体与教师职业权威建设的必要条件。它不只是对教师行为的限制，其本质是对教师人格的造就：限制是表象，是教师伦理规范的否定性本质；造就是实质，是教师伦理规范的肯定性本质。

二 法律"必须"与伦理"应然"的义务合一

伦理责任强调以负责任、有担当的毅力与勇气来面对现代社会中的种种危机，意味着一个人要忠于自己，按照自己既定的价值立场来决定自己的行为取向，本着对后果负责的态度果敢地行动以履行"天职"的责任心应承日常生活的当下要求。教师的责任伦理被理解为自愿地承担起职业义务，自愿地把世俗的职业义务当作神圣的生命义务来承担。我国清代思想家、教育家王夫之在论证为师之道时，早已明确提出："师弟子者，以道相交而为人伦之一……故言必正言，行必正行，教必正教，相扶以正。"这里，已将教师的责任划入伦理范畴。教师专业伦理规范与其他教师法律同属于制度范畴，但是作为正式制度的教师法律规范是以权利和义务为内容的国家意志范畴；而属于非正式规范的教师伦理规范，则作为一个独立的领域是与事实与价值相区别的，它更强调对一般事实的"应然"标准。

（一）权利—义务组成法律上的"必须"

卢梭在《社会契约论》中将法律定义为"法律只不过是社会结合的

[①] 樊浩：《伦理精神的价值生态》，中国社会科学出版社2007年版，第179页。

条件"①，美国学者伯尔曼进一步解释为："法律只不过是一套规则，它是人们进行立法、裁判、执法和谈判的活动。它是分配权利和义务、并据以解决纷争、创造合作关系的活生生的程序。"②

哈特在《法律的概念》第五章中指出，"法律是一种特殊的社会规则，其特殊性就在于它是主要规则和次要规则这两种既有区别又有联系的结合"。首要规则规以义务，即要求人们从事或不从事某种行为，而不管他们愿意与否。在首要规则规范下，不论人们愿意或者不愿意，他们都被要求去做或不做某些行为；次要规则依附于或者辅助主要规则，补充首要规则。哈特主张从首要规则和次要规则的结合中认识法律。

黑格尔所指的法律，是一种"定在"，"是被普遍承认的、被认识的和被希求的东西，并且通过这种被认识和被希求的性格而获得了有效性和客观性。"③简言之，"法就是被设定的东西"。

权利是法学的核心范畴。所谓权利，在最普通的意义上就是指公民生活中的一种合理预期，具体的可以指利益、权力以及自由和特权等。由权利直接衍生出来的两对法理学的基本范畴分别是：权利与义务是私法的基本范畴、职权与职责是国家法的基本范畴。

我国教育法规定："教育法是由国家制定或认可的一种有关教育活动的行为规范。"这一定义表明教育法属于国家法的基本范畴，教师履行的职权与职责属于一种国家职务，由此产生的是由法律赋予并予以保障的能力，是法律权利。黑格尔指出了法律权利产生的缘由："国家职务要求个人不要独立地和任性地追求主观目的，并且正因为个人做了这种牺牲，它才给予个人一种权利，让他在尽职履行公务的时候、而且仅仅在这种时候追求主观目的。"正因为我国教育法是国家最高权力机关制定的有关教育的规范性文件，代表国家意志，故此我国教师的基本权利是被国家法律给予的，主要有：（1）进行教育教学活动，开展教育教学改革和实验；（2）从事科学研究、学术交流，参加专业的学术团体，在学术活动中发表意见；（3）指导学生的学习和发展，评定学生的品行和学业成绩；（4）按时

---

① [法] 让—雅克·卢梭：《社会契约论》，李平沤译，商务印书馆2011年版，第48页。
② [美] 哈罗德·J. 伯尔曼：《法律与宗教》，梁治平译，商务印书馆2013年版，第14页。
③ [德] 黑格尔：《法哲学原理》，范扬、张企泰译，商务印书馆1961年版，第217页。

获取工资报酬，享受国家规定的福利待遇以及寒暑假期的带薪休假；（5）对学校教育教学、管理工作和教育行政部门的工作提出意见和建议；（6）参加进修或者其他方式的培训。

权利因义务而存在却不是为义务而存在，享有一项权利则必须要承担相应的义务，法律上的义务与权利具有不可分割的联系。法律义务可以分为三种情况，第一种是与法律权利相关联的义务，属于相对义务；第二种是一个人在其行为不符合法律规定的行为标准时应当弥补所造成的任何侵害，这种义务也叫法律责任；第三种被称之为绝对义务，是针对那些法律明令禁止的危害行为，不论危害行为发生与否都应承担的义务。我国法律规定教师应当履行的义务有：(1)遵守宪法、法律和职业道德，为人师表。(2)贯彻国家的教育方针、遵守规章制度，执行学校的教学计划，履行教师聘约，完成教育教学工作任务。(3)对学生进行宪法所确定的基本原则的教育和爱国主义、民族团结的教育，法制教育以及思想品德、文化科学技术教育，组织、带领学生开展有益的社会活动。(4)关心爱护全体学生，尊重学生人格，促进学生在品德、智力、体质等方面全面发展。(5)制止有害于学生的行为或者其他侵犯学生合法权益的行动，批评和抵制有害于学生健康成长的现象。(6)不断提高思想政治觉悟和教育教学业务水平。这是一种法律责任。

黑格尔还指出，"担任公职不是一种契约关系"，也就是说不能用简单的雇佣关系来解释，而是有其伦理和精神的意义。因为替国家服务是内在的东西，是有其"自在自为的价值"的，它要求个人的献身精神。

（二）价值—义务构成规范上的"应然"

关于道德与法律的关系，黑格尔得出的结论是"道德的方面和道德戒律涉及一直所最特有的主观性和特殊性，因之，不可能成为立法的对象"[①]，道德不可能直接成为立法对象，制定道德规范的任务属于伦理范畴。以善与恶、对与错、职权与义务等概念为研究对象的伦理学，试图全面深刻认识自身本质、能力和责任，并从理论层面建构一种指导行为的规范体系，而任何规范价值系统的存在都是建立在自身特有的价值话语基础之上的。价值仅表达一种道德文化，伦理规范就是对这种文化的具体诠释。

与法律上权利—义务范畴所不同的是，法律上有权利而道德上则无权

---

① ［德］黑格尔：《法哲学原理》，范扬、张企泰译，商务印书馆1961年版，第222页。

利之说。道德语境里只有道德义务，那是一种迫于羞耻心、良心责备和罪恶感而产生的压力，它的承担和规范都直接地指向"愿欲—做"的行为。但实际上"愿欲—做"的行为通过律令和规范是无法规定的，这些行为比如类似于精神追求与教师的爱等。在严格意义上不存在一种对精神和对爱的"承担义务"。在教育教学活动中，我们可以向一个没有认识到职业价值的人指明这些价值，还可以鼓励他努力进行更深入的个人价值本质的探讨，但是我们永远也不可能让他去"承担"爱的"义务"，取而代之的，只能是做一些有益的具体的事情。比如，就像"爱岗敬业"、"忠诚党的教育事业"所形容的精神追求，只能是内在所拥有，要实现这样的境界，须由一些能够体现这种精神的外部可见的证明来替代和完成。精神行为是不能被诫令的。要想"命令"或"诫令"去爱（学生、岗位）是悖谬的，可以遵照一种精神境界去对外部行为作具体规定，这样表达的意思是：如此的行为举止便是实现着最高的职业伦理价值，而且这样一种行为举止是观念地存在着的应然的行为举止。这种意义上的伦理义务，就是指观念的应然，而不是作为"义务"被强令要求。

规范不仅仅是一种习惯上的行为模式，而是一种义务上的行为模式，也就是说，它在某种程度上不允许个人任意行事。"每一种规范都是一种'应然'"，而且任何规范都不只是个人的内在价值要求，它同时也是"公共的"和"客观的"。唯其"公共"，才使其具有"客观的"真实性，并因之而成为所有"应当价值判断"。从某种程度讲，伦理规范更多表现出人们的主观意志。20世纪重要的奥地利法律理论家汉斯·凯尔森这样表述"规范"："'规范'是这样一个规则，它表示某个人应当以一定方式行为而不意味着任何人真正要他那样行为。"[①]借此，规范的语义所表述的伦理责任行为的内在逻辑应包括下列几层含义：

- 这是什么样的情境
- 我是谁
- 此情此景下我的各种行为恰适性如何
- 做最恰当的事

---

① [奥]汉斯·凯尔森：《法与国家的一般理论》，沈宗灵译，中国大百科全书出版社1996年版，第37页。

也就是说，一个成功的伦理规范必须满足以下三个条件：一是以第一人称的立场阐述行为者的道德论证，一般来说是"我"的东西，并且它是主观意志的故意；二是规范所涉及的应该做的事情必须是可能的，即行为者的行为（无论是应为的还是勿为的）对"我"来说是明确的；三是有行为者自我同一性的意识，即行为者能清醒地认识到自己的职责以及对当为而不为或不当为而为之行为所应承担的处罚，并且这种意识被提升为普遍性。检验每一个律令以及每一个伦理规范，也应看它们的内容在多大程度上是观念意义上应然的存在，以及对这一规范的提出在多大程度上是合理的和有价值的。

伦理规范带有道德内容，追求的是道德秩序。美国伦理学家 E. S. 布莱特曼认为，价值和义务是构成"道德秩序"的两个基本因素。价值的本质在于它作为人类内在追求的"应然"性质。而义务的意义是使理想成为现实的命令性要求。他指出："在可以被称作道德秩序的东西中，至少已经发现了两个范畴——价值范畴和义务范畴。价值指称这样一种事实：道德选择是以一种将被选择的目的为先决前提的，这种目的是被欲望或应当被欲求的。义务则指称可化约的义务经验——一个道德个人'应当'选择最有可能的价值。没有价值和义务，就不可能存在一种道德秩序。"[①]就人类本身的目的而言，道德义务和道德价值是最直接的，最基本的，价值不仅使某个人能够找到快乐的事实，还包括某种内在的东西。

(三) 法律与道德的亲和与冲突

道德问题和法的问题涉及的是同样一些问题：人与人之间的关系如何进行合法的调节、多个行动如何借助于规范而得到彼此协调、行动冲突如何可能在主体间承认的规范性原则和规则的背景下以共识的方式加以解决。法律和道德只是从不同的出发点看待生活和提出不同的问题。道德上侧重的是："我应当怎样做才能避免不公正？"在这里，他的问题是向自己提出的，希望被公正地对待也是个人意志起决定作用，是一种"内在的自我"的审视，对他人行为的评价只处于次要地位，道德规范调节的是自然人之间的人际关系和人际冲突，他们彼此同时承认是一个具体的伦理实体中的成员和不可替代的个体；相比之下，在法律范围内对正义的分

---

① ［美］E. S. 布莱特曼：《宗教的价值》（英文版）。

析关注的是人际关系，是一种"外在的自我"审视，从社会的客观化观点对人与人、人与社会的关系进行分析和评价，以便判断社会制度、个人的和集体的行为在不同的任务中的关系的价值，法律规范所调节的是通过法律规范本身而构成的法律实体中抽象的行动者之间的关系和冲突，在建制层面获得约束力。

法律和道德站在各自的立场上体现着不同的价值趋向，所以不可避免地发生着碰撞。道德和法律作为两种不同的社会调整手段，在调整社会关系时的作用是不同的，多元化价值体系又使这种作用程度的差别更加明显，并且出现此消彼长的局面。就整个法律规范和道德规范的内容而言，一方面，当某些法律规范的道德基础消亡时，这些法律规范理应再无存在之现实必要性。但是，道德规范的消亡是自发的，而法律规范的删除是人为的。"法律制度的特征是新法律规则的引入和旧法律规则的改变或废止能够通过有意识的立法进行，相反，道德规则或原则却不能以这样的方式引入、改变或撤销。"另一方面，如果道德规则仍旧存在，但与此相适应的法律改变或者废止，那么这些道德规则在人类内心深处将会变得薄弱起来，甚至"堕落"到全无的地步。

在厘清了法律与道德的关系后，可以归纳出法律义务与道德义务的不同：对他人的义务是法律义务，对自己的义务是道德义务；法律上有权利而道德上则无权利，道德义务的履行不以获得某种个人利益或回报为条件，这是道德义务与法律义务相区别的重要特征。法定义务由国家法律规定，道德义务是在社会生活中自然形成的；法定义务靠国家强制力做后盾确保履行，道德义务靠舆论、习惯和社会成员自觉自愿地履行；法定义务是必须履行的，道德义务是积极履行的。

这样的界分，可以帮助教师明确自己应当承担的哪些是法律义务，哪些是道德义务，更加深刻地意识到基于历史形成的教师职业道德义务是对自己内心的义务，不以个人利益为对价，须个人自觉主动完成，其效果由社会舆论和大众评价。

三 教师三种权威凝结的尊严合一

（一）三种权威的来历

权威，源于拉丁语 auctoritas，含有尊严、权力和力量的意思。指人类社会实践过程中形成的具有威望和支配作用的力量、使人信服的力量与威望、以及在某种范围里享有威望的人或事物。①从社会学的角度看,权威反映的是一种社会关系,即权威者与权威对象之间影响与被影响、支配与服从的关系。所谓教师权威,是指教师在教育教学中使学生信从的力量或影响力。

三种权威的说法来自于马克斯·韦伯。韦伯认为权威可以分为三种:即基于确立已久的习俗和传统而形成的传统权威、基于对法律的信仰和建立在规章制度和行为规则的合法性权威和基于个人的人格力量和超凡魅力而形成的人格权威。

传统权威(traditional authority)的核心在于受习俗和传统的影响,将存在已久的习俗、习惯、制度、政治或社会体系、价值判断等已被前人接受并被历史神圣化的既有观念,作为固定且不容置疑的规则,为广大民众普遍接受,既反映了社会的历史传承,也反映了社会以向来如此的方式而形成的传统型权威是无须证明的事实。传统权威的基础是先例和惯例。人们总是根据以往经常发生的一切事情都是神圣的,来确定各种团体的权利和期望,在这种体制中,习惯成了决定是非的主要仲裁者,权威的内容也取决于习惯,并且权威不再是领导者个人的人格在起作用,而是他担当的角色在起作用了。在中国,教育自古以来就被赋予道德教化功能。社会舆论和传统习俗为教师在道德教育方面所具有的力量和威望提供了合法性,也为学生提供了一种不得不遵从的行为规范。学生把服从老师的教育作为一件理所当然的事情,这一观念在其与教师以及其他同学的互动中又不断得到加强。学生愿意相信教师所代表的道德是合法的道德,是自己应该服从的道德。

合法—合理型权威(rational–legal authority)也可以称为法定权威,是建立在相信规章制度和行为规则的合法性基础之上,以规则为权威形成的出发点和最终归宿点。法理权威依赖于法律和规章表现出来的理性,规则代表了大家都遵守的普遍秩序。韦伯认为合法—合理型理论是社会生活中占主导地位的制度,他把这一理论比作"一部设计精心的机器",其主旨在于实现既定目标的手段、规则和程序。合法—合理型权威出现在现代

---

① 夏征农:《辞海》,上海辞书出版社 2009 年版,第 1858 页。

科层体制明确化的社会,依照角色的责任赋予相对应的权力归属,故有"各司其职"或"不在其位,不谋其政"之论;法理权威的本质是"理性",在这种组织中,权威是通过在特定时期内担负一定职务的组织成员,履行一系列的规则和程序而得以发挥作用的。法律的授权和政府的支持成为教师行使道德权威的重要依据。法理权威的教师伦理包括明文规定的律令,一旦教师专业伦理的社会和自我认同,随着社会结构和价值观的迅速变迁而逐渐消弭,则教师专业伦理也将由明文的法令取而代之,以规范教师的专业行为。传统权威与法理权威不应是位阶高低的问题,而是指其来源和权威所能及的对象和影响力的不同。

第三种类型是克里斯马型权威(Charismatic authority)。这种权威的基础是个体的人格力量,也就是人的超凡魅力。克里斯马型权威有着近乎神秘的特质,包含了激发忠诚、情感依赖甚至献身的精神,它来自于对个人魅力的崇拜。所谓魅力,是一个可以称之为领袖人物的超越凡俗的气质,是不同凡响的人品、性格、学识、智慧和能力,具有魅力权威的领袖人物必须拥有某种其他人无法企及的能力或素质。教师道德的克里斯马型权威主要来源于三个方面:丰富的知识经验、较强的能力和高尚的道德品行。人格权威属于自主性自律的专业权威,是教师本身透过专业自主和人格化育所展现之行动和态度获得的权威,也是自发性的权威。人格感召的权威更能彰显教师专业中自我负责的精神,因此,教师专业伦理,不在于强调教师传道、授业、解惑的专业或专门知能,而是更重视教师自主性自律所展现的品格内涵和价值观。

R. 克利弗顿与 L. 罗伯特根据教师权威来源的不同途径,也将教师权威分为两大类型:教师的制度性权威以及教师的个人权威。[1]前者是外在的权威,是社会赋予的,是每个教师都可能有的权威;后者是内在的权威,是学生认同的,不是每个教师都能得到的权威。不可否认的是,教师权威是教学过程中客观存在的,教师权威自身也有其存在的合理性和必要性。涂尔干所说,"教师有权威,规范才有权威"[2],而且教师权威不会消

---

[1] 吴康宁:《教育社会学》,人民教育出版社1998年版,第209页。
[2] [法]爱弥儿·涂尔干:《道德教育》,陈光金等译,上海人民出版社2006年版,第115页。

解。教师道德权威使得学生自愿以教师所认同的道德观来指导自己的行为，同时也为自己带来尊严与欢乐。

一种职业是否具有尊严与欢乐，具有怎样及何种程度的尊严与欢乐，一方面与职业本身创造的价值及其劳动性质相关，同时也与社会对这种价值、性质的认同与需求状态相关，还与从事这一职业群体的职业自我意识，以及他们用自己的事业实践创造出的社会职业形象相关。教育本质上是一种交往活动，教师权威就是在师生的共同交往过程中得以实现的。通过外部制度的保障和教师内在品质的提升所形成的教师潜在权威，在师生平等的对话交流中、经验共享的基础上，才真正得以显现，并发挥其应有的作用。"现代教师权威正发生着由'外在依附'到'内在生成的历史性'转型，即教师权威日益由'外在依附'的传统、法定权威趋向'内在生成的感召、专业权威'，这不仅是社会变革与时代发展对教师的要求，而且标志着教师专业化的真正开始。"[①]

（二）踏上路途的教师伦理规范建设

合理的教师权威是教育教学过程得以顺利进行的必要条件。教师权威当前的实际运行基础无本质性的变化，如吴康宁在《教育社会学》中提到，教师权威的变化不是基于权威的主体——教师，而是基于权威的背景——外部社会以及权威的客体——学生，是指由社会变化和学生差异而导致的教师权威的"相对变化"。[②]若单纯希望借助规范来援救教师道德的滑坡，一味注重强调教师对规则的服从，就容易成为所谓"规则的道德"，这实际上就带有道德工具化的倾向，而不再有统一的教师德性观、教育价值观。所以，真正的教师道德必然是一种"德性的道德"，是一种把德性看作是获得实践的内在利益的必需的品质，也是一种把德性看作是有益于整个教育生活的善的品质，更是一种把德性与对教师个人而言的善的追求相联系。按照康德的说法，"规则的道德"是被外在的立法且强制实施的职责，是一种"正义职责"，是一种狭义的职责；而德性的道德是足乎己无待于外之谓德，源于人的内心，包括规范性义务和理想性义务，是"道义的职责"。师德所能规定的只是教师有限的行为，但人们对教师

---

① 张良才、李润洲：《论教师权威的现代转型》，《教育研究》2003年第11期。
② 吴康宁：《教育社会学》，人民教育出版社1988年版，第211页。

角色的期待往往更多。正义职责与道义职责,是实现教师道德共同体中完美人格的两个方面;站在"师道"与"师德"的中间,才发现教师的学与行必须通过被称之为"范"的那种品质相通融。这种伦理的示范性,其影响的深度和广度远非以往道德习俗的作用所能比拟的。起于制度而终于德性,起于师道而经过师德,最终上升到教师伦理制度上来,这样便完成了教师伦理道德的建设过程。①

教师伦理规范通过制度形式来规范教师的行为,从而达到有序存在;以制度为载体、为依托、为保障强调的是通过制度的设计、制度的安排、制度规则来规范教师行为、塑造与制度需要相一致、相匹配的人,以及调节人与人之间的各种生活关系,由此使制度功能得到充分的发挥,并且在不断地对制度本身进行调整、批判中使教师品德的伦理性得以提升,其着力点在于向制度本身进行理性的批判,即不断地对现行教师制度进行审查与批判,对制度规则进行不断的调整与修正,完善政治制度,从而使教师制度承载更为饱满的伦理性。在这里,伦理制度的设计、调整、批判成为关键,也是教师品德伦理得以维系、提升的根本保障。制度伦理是人性渐次得以恢复,自由被开启,教师权利得以维护不可或缺的精神内涵,这就使得整个的品质随着其制度的完善而不断地得到提升。

强调教师伦理规范,是因为长久以来缺乏一种公正评判的依据和准则。同其他伦理方案一样,规范只是人们为实现幸福生活这个目的的资源之一。丰富这一资源,建设教师伦理规范"资源库",是广大教育工作者义不容辞的社会责任。

补 记

就在修订本书的这段时间里,相继又有与教师伦理规范相关的制度与事件发生。现按时间顺序记录如下:

【事件一】

教育部 2014 年 1 月 11 日颁布了《中小学教师违反职业道德行为处理

---

① 沈璿、栗洪武:《"自然"与"约成":"师道"与"师德"合一》,《华东师范大学学报》2011 年第 4 期。

办法》。

中小学教师违反职业道德行为处理办法

第一条 为规范教师职业行为，保障教师、学生的合法权益，根据《中华人民共和国教育法》《中华人民共和国未成年人保护法》《中华人民共和国教师法》《教师资格条例》等法律法规，制定本办法。

第二条 本办法所称中小学教师是指幼儿园、特殊教育机构、普通中小学、中等职业学校、少年宫以及地方教研室、电化教育等机构的教师。

前款所称中小学教师包括民办学校教师。

第三条 本办法所称处分包括警告、记过、降低专业技术职务等级、撤销专业技术职务或者行政职务、开除或者解除聘用合同。其中，警告期限为6个月，记过期限为12个月，降低专业技术职务等级、撤销专业技术职务或者行政职务期限为24个月。

第四条 教师有下列行为之一的，视情节轻重分别给予相应处分：

（一）在教育教学活动中有违背党和国家方针政策言行的；

（二）在教育教学活动中遇突发事件时，不履行保护学生人身安全职责的；

（三）在教育教学活动和学生管理、评价中不公平公正对待学生，产生明显负面影响的；

（四）在招生、考试、考核评价、职务评审、教研科研中弄虚作假、营私舞弊的；

（五）体罚学生的和以侮辱、歧视等方式变相体罚学生，造成学生身心伤害的；

（六）对学生实施性骚扰或者与学生发生不正当关系的；

（七）索要或者违反规定收受家长、学生财物的；

（八）组织或者参与针对学生的经营性活动，或者强制学生订购教辅资料、报刊等谋取利益的；

（九）组织、要求学生参加校内外有偿补课，或者组织、参与校外培训机构对学生有偿补课的；

（十）其他严重违反职业道德的行为应当给予相应处分的。

第五条 学校及学校主管教育部门发现教师可能存在第四条列举行为

的，应当及时组织调查，核实有关事实。作出处理决定前，应当听取教师的陈述和申辩，听取学生、其他教师、家长委员会或者家长代表意见，并告知教师有要求举行听证的权利。对于拟给予降低专业技术职务等级以上的处分，教师要求听证的，拟作出处理决定的部门应当组织听证。

第六条 给予教师处分，应当坚持公正、公平和教育与惩处相结合的原则；应当与其违反职业道德行为的性质、情节、危害程度相适应；应当事实清楚、证据确凿、定性准确、处理恰当、程序合法、手续完备。

第七条 给予教师处分按照以下权限决定：

（一）警告和记过处分，公办学校教师由所在学校提出建议，学校主管教育部门决定。民办学校教师由所在学校决定，报主管教育部门备案。

（二）降低专业技术职务等级、撤销专业技术职务或者行政职务处分，由教师所在学校提出建议，学校主管教育部门决定并报同级人事部门备案。

（三）开除处分，公办学校教师由所在学校提出建议，学校主管教育部门决定并报同级人事部门备案；民办学校教师或者未纳入人事编制管理的教师由所在学校决定并解除其聘任合同，报主管教育部门备案。

第八条 处分决定应当书面通知教师本人并载明认定的事实、理由、依据、期限及救济途径等内容。

第九条 教师有第四条列举行为受到处分的，符合《教师资格条例》第十九条规定的，由县级以上教育行政部门依法撤销其教师资格。教师受处分期间暂缓教师资格定期注册。依据《中华人民共和国教师法》第十四条规定丧失教师资格的，不能重新取得教师资格。教师受降低专业技术职务等级处分期间不能申报高一级专业技术职务。教师受撤销专业技术职务处分期间不能重新申报专业技术职务。

第十条 教师不服处分决定的，可以向学校主管教育部门申请复核。对复核结果不服的，可以向学校主管教育部门的上一级行政部门提出申诉。

第十一条 学校及主管教育部门拒不处分、拖延处分或者推诿隐瞒造成不良影响或者严重后果的，上一级行政部门应当追究有关领导责任。

第十二条 教师被依法判处刑罚的，依据《事业单位工作人员处分暂行规定》给予撤销专业技术职务或者行政职务以上处分。教师受到剥夺政治权利或者故意犯罪受到有期徒刑以上刑事处罚的，丧失教师资格。

第十三条 省级教育行政部门应当结合当地实际情况制定实施细则，并报国务院教育行政部门备案。

第十四条 本办法自发布之日起施行。

【事件二】

2014年10月9日，针对近来暴露出的高校教师师德突出问题，教育部已首次划出针对高校教师的师德禁行行为"红七条"，对高校教师有"红七条"情形的将依法依规分别给予警告、记过、降低专业技术职务等级、撤销专业技术职务或者行政职务解除聘用合同或者开除等相应处分。

"红七条"内容

（一）损害国家利益，损害学生和学校合法权益的行为；

（二）在教育教学活动中有违背党的路线方针政策的言行；

（三）在科研工作中弄虚作假、抄袭剽窃、篡改侵吞他人学术成果、违规使用科研经费以及滥用学术资源和学术影响；

（四）影响正常教育教学工作的兼职兼薪行为；

（五）在招生、考试、学生推优、保研等工作中徇私舞弊；

（六）索要或收受学生及家长的礼品、礼金、有价证券、支付凭证等财物；

（七）对学生实施性骚扰或与学生发生不正当关系；

（八）其他违反高校教师职业道德的行为。

此次意见也划出针对高校教师的"红七条"禁止行为涉及教学科研兼职兼薪招考推优生活作风等方面教育部要求，将师德考核作为高校教师考核的重要内容。考核结果存入教师档案。师德考核不合格者年度考核应评定为不合格，并在教师职务（职称）评审、岗位聘用、评优奖励等环节实行一票否决。

【事件三】

新华网北京2015年1月8日电（记者乌梦达 张漫子）多名中央民族大学在校学生在微博举报该校经济学院副教授萨茹拉的"师德问题"，称其"强迫学生送礼买书"。

【事件四】

2015年1月9日 据《现代快报》报道，南京财经大学出台建校史上最严厉新规《教学事故认定与处理办法》，规定老师无特殊原因上课迟到或提前下课5分钟以上，将扣一个月奖励性绩效工资，算起来平均有2000多元；如果一年内累计迟到6次，将被扣发10000多元。

【事件五】

中国工程院"转基因院士"涉贪，成被停资格第一人。据新华社2015年1月17日消息，中国工程院主席团经过审查，停止了中国农业大学教授李宁的院士资格。李宁被称为"转基因院士"，2014年因套取科研经费、贪污2000万公款被批捕。根据中国工程院2014年12月9日通过的《中国工程院院士违背科学道德行为处理办法》，"对涉及触犯国家法律、危害国家利益的，自检察机关依法批准逮捕之日起，即停止其院士资格"。李宁也成为首个被停止资格的工程院院士。

可以看到，我国针对各级各类教师的行政法律性质的教师道德规范不断地修订，但更值得关注的是自2015年开年之初，在短短不到半个月的时间里，接二连三地发生了与教师道德及规范制定有关的事件，进一步促使我们思考：缘何在不断加快政策修订的同时，教师伦理道德案件却未曾减少？到底是制度执行者的问题还是制度建设过程本身的问题？诚然，在制度建设层面上，有制定周全且已然开始发挥有效作用的道德规范，如对院士资格的依约处理；也有既不合法又不合理，其实施效果不尽如人意的"无效之法"，如某高校的扣款规定。但不管怎样，毕竟关乎教师道德的伦理规范建设已经迈着蹒跚的步伐，朝向合理性、合目的性的方向走去。也许道路漫漫，也许会迷失跌倒，但毕竟是走在前行的道路上了。

孔子有名言"人能弘道，非道弘人"。非有大德之人，大道亦不在其身凝聚。以如此崇高的标准作为教师制度建设之理念，正是我国教师伦理规范的建构理想和终极目的。

附 录

目 录

国际教育组织（EI）关于教师职业道德的宣言
《关于教师地位的建议书》
《国际教师团体协商委员会教师宪章》
《世界高等教育宣言》
《关于欧洲高等教育伦理价值和原则的布加勒斯特宣言》
《教育专业伦理规范》
美国华盛顿州的《优秀教师行为守则》
美国"教育者誓词"
全美幼教协会（NAEYC）《伦理规范和承诺声明》
加拿大安大略省《教师职业道德标准》
俄罗斯师德规范
德国师德标准
《英国教师专业标准框架》
澳大利亚塔斯马尼亚州教师守则
新西兰《注册教师职业道德规范》
《师道纲领》（韩国）
日本《伦理纲要》
《香港教育专业守则》
全国教师自律公约（台湾）
《全国教师公约》常道直
《教师道德律》　陶愚川

国际教育组织(EI)关于教师职业道德的宣言

第三届国际教育组织世界大会

2001年7月25日至29日,泰国

序言

高水平的公共教育是民主社会的主要基础。它的任务是确保所有的儿童和青少年享有接受教育的平等机会。它对经济、社会和文化的影响是一个国家良好发展的关键因素。提供高水平的公共教育是一项重要的使命,教师和教育工作者有责任建立公众对教学服务的高水平和标准的信心。

在职业实践中作出负责任的判断是教育的核心活动。提供高水平的公共教育的关键在于合格、有专业精神和责任感的教师以及教育工作者为了开发每名学生的潜力所表现的呵护与关切。

高水平的公共教育的实践,除了需要教师和教育工作者的教学能力和专业精神,良好的工作环境、社会的支持和周全的政策也是必备的条件。只有在所有的条件都具备的条件下,教师和教育工作者才可以充分地、负责任地为学生和社会执行它们的教育工作。

关于教师职业核心道德问题的讨论有利于教师职业的发展。对职业标准以及伦理意识的加强,不仅可以提高教师以及教育工作者的工作满意度和自我批评,也可以提高社会对教师职业的尊敬。

作为国际教育组织(EI)的成员、教师、其他教育工作者和他们的工会,应努力提倡教育,来帮助人们充分地发挥自身的能力,为社会的发展进步作出贡献。

认识到教育过程中需要背负的所有责任以及为了教师职业、同仁、学生和家长所必须保持的职业道德行为,身为国际教育组织的成员,教师工会应该:

积极地提倡国际教育组织世界大会和行政董事会所采纳的政策和决议,包含此职业道德宣言。

(A) 确定教育工作者享有能够使他们履行职业的良好工作政策和条件,确保他们能得到在国际劳工组织(ILO)基本劳工条款和权利的宣言中所有的权利，如下所列：

— 自由结社的权利

— 集体谈判的权利

— 就业中不受歧视的保护

— 平等就业

— 就业中不受威胁和保护人身自由

— 废除童工

（B）确保他们的会员拥有国际劳工组织（ILO）和联合国教科文组织（UNESCO）就教师地位的联合宣言以及就高等教育的教育工作者地位的宣言内所列出的所有权利。

（C）消除一切在教育里以性别、婚姻状况、性倾向、年龄、宗教信仰、政治观点、社会地位、经济情况、民族或种族为理由的各种偏见与歧视。

（D）在自己的国家内合作，提倡为所有儿童提供政府资助的高水平的教育，提高教育工作者的地位和维护他们的权利。

（E）发挥影响力和号召力，使全世界的儿童（尤其是童工，遭社会主流排斥的家庭的儿童，或其他有特殊困难的儿童），在不受到任何歧视的情况下得到高水平的教育。

宣言

为了引导教师、其他教育工作者和他们的工会达到教师职业应有的职业道德标准，国际教育组织宣言如下：

一、对职业的承诺：教育工作者应该

（A）为所有学生提供高水平的教育，以加强公众对教育工作者的信心，以赢取他们对教师职业的尊敬。

（B）确保定期更新并增进专业知识。

（C）安排自身的终身学习计划，包括计划的内容、程序和时间，以表现教师的专业精神。

（D）声明并不隐瞒任何相关专业资格的资料。

（E）通过积极参与工会活动，达到良好的工作状况，以吸引高素质的人士加入教师职业。

（F）通过教育，全力支持并推进民主和人权。

二、对学生的承诺：教育工作者应该

（A）尊重所有的儿童（特别是他们的学生）的权利，以确保他们受到联合国童权公约（尤其是所有有关教育的条款）的保护。

（B）保护和提倡学生的人身安全和利益，确保他们不受到任何形式的欺负以及任何生理或心理的伤害。

（C）尽所有可能保护儿童不让他们受到性伤害。

（D）以应有的照顾，努力对待任何有关学生的安全和利益的事项，并同时保护学生的隐私。

（E）协助学生建立一套符合国际人权标准的价值观。

（F）与学生保持师生之间的专业关系。

（G）认识到每个学生的特殊性、特点和特殊的需求。

（H）让学生认同于一个富有互助精神，却也有个人空间的社会。

（I）以公正与慈悲发挥教师的权威。

（J）确保师生之间的特殊关系，不受任何宗教或意识形态理念的影响和控制。

三、对教育界同事的承诺：教育工作者应该

（A）通过对彼此（尤其是对刚从事教师职业或在培训中的同事）的职业等级和观点的尊重，提高同事之间的交流和帮助。

（B）除非有严格的专业或法律原因，不可透露在就业中获得的关于同事的任何数据。

（C）协助同事完成由教师工会和雇主所同意的、同事互相审查的审查程序。

（D）保障同事的人身安全和利益，确保他们不受到任何形式的欺负以及任何生理或心理的伤害和性侵犯。

（E）为了此声明的实践得到最佳效果，确保内容的落实和执行是国家级的工会组织内透彻讨论的结果。

四、对管理层的承诺：教育工作者应该

（A）熟悉他们的法律和行政的权利和职责，并且尊重集体合同中列出的条例和学生的权利。

（B）执行管理者合理的指示，并有权力通过清晰的、规定的程序对于该指示提出质疑。

五、对家长的承诺：教育工作者应该

（A）认识到家长有权利通过双方（教育工作者和家长）同意的管道对于他们孩子的安全和利益进行咨询。

（B）尊重父母的法定权利，但可为了儿童的最大利益从专业的角度向他们提出建议。

（C）做最大的努力让家长积极参与他们孩子的教育以及积极支持教育过程，避免孩子参与任何形式不利于他们教育的工作。

六、对教师的承诺：小区和社会应该

（A）让教师感受到就业中得到公平的对待。

（B）认识到教师有保留隐私、照顾自身和在小区内正常生活的权利。

资料来源：http://www.jyb.cn/world/gjgc/200809/t20080903—192780.html。

《关于教师地位的建议书》

联合国教科文组织（UNESCO）1966年10月5日

《建议书》中申明的具体师德规范如下：

1. 教师不得以种族、肤色、性别、宗教、政治见解、民族或社会成分或经济状况为理由，以任何形式歧视学生。

2. 教师要为每一个学生提供可能的、最充分的受教育机会，应适当注意对教育安排有特殊要求的儿童。

3. 教师应具有必要的德、智、体的品质，并且具有必要的专业知识和技能。

4. 教师要尽一切可能与家长紧密合作，但也不能在教师专业职责等方面受到家长不公正和不应有的干涉。

5. 教师要积极参加社会和公共生活。

6. 为了学生、教育工作和全社会的利益，教师要力求与各行政主管部门充分合作。

7. 教师应参加课程、教学方法和教学设备的改进工作。

8. 教师要公正地评定学生的学业成绩。

9. 教师应避免学生发生意外事故。

注：

为纪念这个主题日，将每年的 10 月 5 日为世界教师日（World Teachers'Day）。

资料来源：http：//zhidao.baidu.com/。

《国际教师团体协商委员会教师宪章》

1954 年 8 月，莫斯科

《宪章》中关于师德规范要求的认识。

1. 教师必须尊重学生的思想自由，并鼓励他们发展独立的判断力。

2. 教师要致力于培养作为未来成人及公民的道德意识，并以民主、和平与民族友谊的精神教育儿童。

3. 教师不能因性别、种族、肤色及个人信仰和见解的不同，将个人信仰和见解强加于儿童。

4. 教师要在符合学生自尊心的范围内实施仁慈的纪律，不得采用强制和暴力。

注：

国际教师团体协商委员会是一个协商机构，由国际教育工会（1946 年成立，会员 600 多万，为世界上最大的职业团体之一）、中学教师国际联合会（1912 年成立，会员约 12 万）和小学教师协会国际联合会（1926 年成立，会员 60 万）于 1948 年 11 月共同发起成立。国际教师团体协商委员会的总部设在巴黎，通常每两个月举行一次会议，会议决议采取一致通过的原则。1954 年 8 月，在国际教育工会的推动下，国际教师团体协商委员会在莫斯科举行第 19 次会议，这次会议通过了《国际教师团体协商委员会教师宪章》。

资料来源：http://wenku.baidu.com/search。

《世界高等教育宣言》

（联合国教科文组织 1998 年 10 月 9 日于巴黎）

高等教育的使命与功能

第一条 教育与培训的使命

通过强调道德和伦理，培养批评性和独立的态度，探讨战略选择和人性主义的新进展，以帮助保护和提高社会价值观；

促进社会的整体发展与进步，包括教育体系。

第二条 伦理角色和预期功能

高等教育机构及其专业人员必须：

在各种活动中通过追求真理和正义，注重伦理和科学，开发自身的功能；

通过长期监测分析社会、经济、文化和政治发展趋势，充当监测站的作用，预测、早期预警和预防，以提高其促进发展和监评的功能；

发挥其智力方面的能力和道德影响，保护和传播被广泛接受的价值观，尤其在出现道德危机的时刻；

既充分享有学术自由、保持其自治，同时又对社会尽责。

资料来源：http://wenku.baidu.com/view/a30f536248d7c1c708a14575.html。

《关于欧洲高等教育伦理价值和原则的布加勒斯特宣言》

联合国教科文组织欧洲高等教育中心
2004 年 9 月 2—5 日 布加勒斯特

一 关于大学使命

《宣言》称："无论在全球、区域、国家和地方的任何层次，大学和其他高等教育机构在社会、经济和文化发展中都发挥着核心作用。在方兴未艾的知识社会中，大学不仅要创造和保存基础科学和学术精神，还承担着新知识转化、传播和应用的责任。同时，大学不仅要培养未来的专业人才、技术和社会精英，还要负责教育大批的学生。大学已经成为大规模的复杂机构，不能仅仅依靠传统的、学院式的学术规范来管理。""在世界知识经济的框架下，无论大学在经济财富生产上的作用多么重要，都不能认为它是知识、技术和技术人才的简单'生产者'。大学在知识社会中的智慧与文化的基本责任更为重要。"

二　关于职业道德

《宣言》称："知识自由和社会责任是科学研究的关键价值，应当一如既往地得到重视和促进。在学习和知识生产体系更为开放的21世纪，两种价值相辅相成。"

"个体研究者和研究全体不仅要对研究过程——包括选题、调查方法和研究诚信负责，而且要对研究结果负责。因此，他们应当严格遵守并执行关于科学研究的伦理规范。""任何高等教育机构都应积极通过大学的工作宣言、机构章程和学术行为规范来促进学术文化。这些价值观、规范、实践、信念和责任将引领整个机构共同体实现学术精神特质。这种学术精神特质基于尊重人类的尊严和身心的完善、终身学习、知识进步和提高质量、全纳教育、民主参与、培养积极公民和无歧视的原则。"

三　关于学术诚信

《宣言》称："学术诚信的价值与规范是知识发展、教育质量和将学生培养成为负责任的公民与职业者的基础。大学共同体应当竭尽全力促进学术诚信，并努力将其融于其成员的常规工作与生活之中。""对诚实的追求应当从自身做起，并延及学术共同体的其他成员，全面地、系统地避免任何形式的、有损于大学文凭质量的作假、欺骗、舞弊、剽窃或其他不诚实的行为。""学术共同体全体成员之间的相互信任是促进思想的自由交流、创新和个人发展的工作环境的支柱。""教学、学生评估、人员晋升以及所有与文凭授予的相关活动中的公正，应当建立在合法的、透明的、公正的、可预见的、一致的和客观的标准之上。""思想的自由交流与言论自由，建立在学术共同体全体成员之间的相互尊重之上，而不必考虑其在教学与研究中的地位。如果缺少这种交流，学术与科学创新便会衰退。""学术共同体的全体成员应该承担共同的责任,维护其职责,敢于直言不道德的行为。"

四 关于教育腐败

"所有研究行为规范都应当包括伦理标准和实施程序,以避免敷衍了事、空洞、虚假、腐败或逍遥法外。""学术共同体应当促进世界范围的合作,这一合作基于追求和平和通过可持续发展促进人类福祉的文化价值观确保知识和道德的有机结合。""作为独立的个体和/或学校成员,教研人员和研究者有责任对相关研究项目及其成果应用的科学和伦理问题提出质疑,如果良心受到谴责,可以退出研究计划。"

五 关于大学治理

《宣言》称:"高等教育机构的自治,对于切实完成其历史任务,适应现代社会的挑战是至关重要的,但高等教育机构不应以此为借口规避对整个社会的责任,而须坚持不懈地去促进公共福利。""高等教育机构的治理与管理的改革,应当在激励有效领导与管理的需求与激励大学共同体成员,即学生、教授、研究员和行政人员共同参与决策过程的需求之间保持平衡。"

"高等教育机构的校长、副校长及其他领导人员不仅应当对校务管理和学术发展负责,还有责任培养道德领导力。将'道德审计'作为学校绩效评估组成部分的构想值得进一步探讨。""无论是学校内外的决策,决策过程都应坚持履行道德职责,同时,决策者应对受决策影响的利益相关者负责。"

注:

2004年9月2日—5日,在罗马尼亚首都布加勒斯特召开欧洲高等教育和科学中的伦理和道德问题国际会议,发表了"布加勒斯特宣言",此宣言是会议重要成果。

资料来源:http://www.cnki.com.cn/。

《教育专业伦理规范》

(1975年美国全国教育协会代表大会通过)

序　言

教育工作者相信每一个人的价值和尊严,从而认识到追求真理、力争卓越和培养民主信念具有至高无上的重要性。这些目标的根本在于保障学和教的自由,并且确保所有的人享有平等的教育机会。教育工作者接受这种职责以恪守最高的伦理标准。

教育工作者认识到教学过程固有责任之重大,渴望同事、学生、家长以及社区成员的尊重和信任,勉力从事,藉以取得并保持最高水准的伦理品行。《教育专业伦理规范》表明全体教育工作者的抱负,并提供据以判断品行的标准。

纠正违反本规范任何条款的措施,应仅由全国教育协会和/或其分会制定,而且,本规范的任何条款都不得以全国教育协会或其分会特别规定之外的任何形式强加推行。

原则一:对学生的承诺

教育工作者力争帮助每个学生实现其潜能,使之成为有价值而又有用的社会成员。所以,教育工作者为激发探究的精神,为知识和理解力的获得,为有价值的目标之深思熟虑的构想而工作。

在履行对学生的义务时,教育工作者——

一、不得无故压制学生求学中的独立行动。

二、不得无故阻止学生接触各种不同的观点。

三、不得故意隐瞒或歪曲与学生进步有关的材料。

四、必须作出合理的努力以保护学生不受对于学习或者健康和安全有害的环境影响。

五、不得有意为难或者贬低学生。

六、不得根据种族、肤色、信条、性别、原有国籍、婚姻状况、政治或宗教信念、家庭、社会或文化背景或者性取向,不公正地:

（一）排斥任一学生参与任何课程；

（二）剥夺任一学生的任何利益；

（三）给予任一学生以任何有利条件。

七、不得利用与学生的专业关系谋取私利。

八、如非出于令人信服的专业目的或者法律的要求，不得泄露专业服务过程中获得的有关学生的信息。

原则二：对专业的承诺

公众赋予教育专业以信赖和责任以冀其怀有专业服务的最高理想。

教育专业的服务质量直接影响国家和国民，基于这种信念，教育工作者必须竭尽全力提高专业标准，促进鼓励行使专业判断的风气，争取条件以吸引值得信赖者从事教育工作，并且帮助阻止不合格者从事本专业。

在履行对本专业的义务时，教育工作者——

一、不得在申请某一专业职位时故意作虚假的陈述或者隐瞒与能力和资格有关的重要事实。

二、不得出具不符事实的专业资格证明。

三、不得帮助明知在品格、教育或其他有关品质上不合格者混入本专业。

四、不得在有关某一专业职位候选人的资格的陈述上故意弄虚作假。

五、不得在未经准许的教学实践中帮助非教育工作者。

六、如非出于令人信服的专业目的或者法律的要求，不得泄露专业服务过程中获得的有关同事的信息。

七、不得故意作有关同事的虚假的或恶意的陈述。

八、如非出于令人信服的专业目的或者出于法律的要求，不得泄露专业服务过程中获得的有关学生的信息。

资料来源：http：//www.thcyzy.org/ReadNews.asp？NewsID=321。

美国华盛顿州的《优秀教师行为守则》

1. 记住学生姓名。

2. 注意参考以往学校对学生的评语，但不持偏见，且与辅导员联系。

3. 锻炼处理问题的能力，充满信心；热爱学生，真诚相待；富于幽默感，办事公道。

4. 认真备课，别让教学计划束缚你的手脚。

5. 合理安排课堂教学，讲课时力求思路清晰、明了，突出教学重点。强调学生理解教师意图，布置作业切勿想当然，且应抄在黑板上。

6. 熟悉讲课内容，切勿要求学生掌握你所传授的全部内容，并善于研究如何根据学生需要和水平进行课堂教学。

7. 教室内应有良好的教学气氛。教师应衣着整洁，上课前应在门口迎候学生，制止他们喧哗嬉闹。

8. 课前应充分准备，以防不测。

9. 严格遵守规章制度。让学生知道学校规章，张贴于室内，并解释说明。

10. 步调一致。对同一错误行为，采取今天从严、明天应付的态度会导致学生无所适从，厌恶反感。

11. 不使用不能实施的威胁语言，否则将会言而无效。

12. 不能因少数学生不轨而责怪全班。

13. 不要发火。在忍耐不住时可让学生离开教室，待到心平气和后再让他们进来上课。教师应掌握一些基本原则，不能在家长面前说的话也决不能在学生面前讲。

14. 在大庭广众下让学生丢脸，并非是成功的教育形式。

15. 有规律地为班上做些好事，协助布置课室，充分利用公告栏来传达信息。注意听取学生的不同反映，但应有主见，不随大流。

16. 要求学生尊敬老师，教师也需以礼相待。

17. 不要与学生过分亲热，但态度友好。记住自己的目的是尊敬，而不是过分随便。

18. 切勿使学习成为精神负担。

19. 大胆使用电话，这是对付调皮学生和奖励优秀学生的有效手段。学生家长欢迎与教师保持联系。

20. 在处理学生问题上如有偏差，应敢于承认错误。你将得到的是尊敬，而不是其他。

21. 避免与学生公开争论，应个别交换意见。

22. 与学生广泛接触，互相交谈。

23. 避免过问或了解学生中的每个细节。

24. 应保持精神抖擞，教师任何举止都会影响学生。

25. 多动脑筋，少用武力。

26. 处理学生问题时，应与行政部门保持联系，当你智穷力竭时，会得到他们的帮助。

资料来源：冯增俊编：《当代西方学校道德教育》，广东教育出版社1993年版，第220—222页。

美国"教育者誓词"

"我在此宣誓，我将把我的一生贡献给教育事业。我将履行作为教育者的全部义务，不断改善这一公共事业，增进人类的理解和能力，并向一切为教育和学习做出努力的作为和人表示敬意。我将这些义务当作我自己的事业，并时刻准备着，责无旁贷地支持我的同事们做到这一点。

我将时刻注意到我的责任——通过严格的对知识的追求来提高学生的智力，即使非常辛苦，即使受到放弃这一责任的外界的诱惑，即使遇到失败等障碍而使之更加困难，我也将坚定不移地执行这一许诺。我还将坚持不懈地维护这一信念——鼓励并尊重终身学习和平等对待所有的学生。

为了忠实地完成这一职业义务，我将努力保证做到努力钻研所教内容，不断改善我的教育生活并使在我教导下的学生能够不断进步。我保证寻求和支持能提高教育和教学质量的政策并提供所有热爱教育的人一切机会去帮助他们达到至善。我决心不断努力以赶上或超过我希望培养的素质，并坚持和永远尊重一个有纪律、文明以及自由的民主生活方式。

我认识到我的努力可能会冒犯特权和有地位的人，我也认识到我将会受到怀有偏见和等级捍卫者们的反对，我还认识到我将不得不遇到那些有意使我灰心，使我丧失希望的争论。但是，我将仍然忠于这一信念——这些努力和目标的追求使我坚信它与我的职业是相称的。这一职业也是与使人民自由相称的。在这次集会的所有人面前，我庄严宣誓，我将恪守这一誓言。"

资料来源：http：//wenku.baidu.com/view/html。

全美幼教协会(NAEYC)《伦理规范和承诺声明》

(一) 对儿童的伦理道德责任

童年是整个人生中独一无二的、宝贵的阶段。幼教工作者首要的职责就是为每一个儿童在安全、健康、良好的环境下提供保育和教育，尽心尽力地支持儿童的发展和学习，尊重个人差异，帮助儿童学会生活、游戏以及合作，帮助儿童确立良好的自我意识、竞争能力、自我评价、适应力和身体素质。

1. 理想：(1)熟知儿童保育、教育的基础知识，并且通过不断的教学和培训增进对知识的理解。(2)将教学计划建立在现有有关儿童保教、儿童发展及相关学科的知识、研究以及每个儿童自身情况的基础之上。(3)认识并尊重每个孩子独特的素质、能力和发展潜力。(4)重视每个孩子的弱点以及他们对父母的依赖性。(5)创造并维持一个安全、健康的环境以促进儿童的社会性、情绪、认知和身体发展，并尊重他们的尊严和贡献。(6)利用适宜儿童的辅助设施和策略。(7)使用评估信息来理解和支持儿童的发展和学习，并确定儿童可能需要的发展。(8)在促进每个正常或残疾儿童发展的环境下，赋予每个儿童玩耍和学习的权利。(9)倡导并确保所有儿童，包括有特殊需要的儿童，能够获得所需要的支持和服务。(10)确保每一个儿童的文化、语言、种族和家庭都能在教学中得到承认和重视。(11)提供所有儿童他们所知道的语言方面的经验。包括保持使用母语以及学习英语。(12)和家庭成员们一起合作，使儿童能顺利地从家庭过渡到幼儿园。

2. 原则：(1)不能危害到儿童。不能对儿童有情感伤害的、不利于身体的、不尊重的、有辱人格的、危险的、剥削性的或恐吓性的行为。这条原则是所有原则之首。(2)应在积极的情绪和环境中照料和教育儿童，这会对儿童的文化、语言、种族和家庭结构的认知产生良好的刺激。(3)绝对不能出现损害儿童利益、给予儿童区别对待或任何对儿童的性别、种族、国别、宗教信仰、医疗状况、残疾、家庭状况、家庭成员的性取向、宗教信仰等表示不公平对待的歧视性行为。(4)要涉足所有相关知识领域（包括家庭和工作人员的决定），对于所有涉及儿童的信息进行保密。(5)使用适当的评估系统，其中包括多种信息的来源，来提供有关儿童学习和发展的信息。(6)努力确保有关决定（如注册、保留或转让特殊教育服务）是根据多种信息来源而作出的，而不是基于单一的评估（如考试成绩或单一的观察）。(7)努力与儿童建立良好人际关系，制定适应个性发展的教学策略、学习环境和课程，并与家长协商，以便使每个孩子从课程中得到益处。如果竭尽努力还不能将当前的设置满足儿童的需要或者严重损害了其他孩子的能力，则联合儿童的家人和专家来确定适当的条件和服务来使儿童得到发展。(这一原则可能不适用那些为特殊儿童提供的法律性项目)(8)熟悉虐待和忽视儿童的危害性。包括对儿童身体、语言和情感的虐待，以及对其身体、情感、教育和医疗的忽视。了解和遵守国家法律和社会保障，方能识别对儿童的虐待和忽视。(9)当有合理理由怀疑儿童受到虐待或忽视时，向适当的社区机构报告并采取后续行动，以确保必要措施的实行。在适当的情况下，父母或监护人将被告知保护行动已经被执行。(10)当其他人告知，他怀疑儿童受到了虐待或忽视，为了保护儿童，要采取协助的行动。(11)当得知一种行为或情况威胁到儿童的健康、安全或者福利时。有道德义务去保护儿童或者告知他们的父母或其他监护人。

(二) 对家庭的道德义务

家庭对于儿童的发展是至关重要的。因此，教师与幼儿和家庭间的沟通、合作对于促进儿童发展有着重要作用。

1. 理想：(1)通过继续教育和培训的方式使幼儿教育工作者保持与家庭的有效合作。(2)与家庭建立相互信任的关系。(3)欢迎并鼓励所有的家庭成员参与到教育中来。(4)倾听家长的声音，承认并增强他们对幼儿的影响力，并且向他们学习。(5)尊重每个家庭成员和他们的喜好。并努力了解每个儿童的家庭结构、文化、语言、风俗和信仰。(6)尊重家长的教育观和他们为子女作决定的权力。(7)从家长处了解儿童发展信息。并帮助他们理解幼儿教育界现有的知识理论。(8)帮助父母提高对子女的理解能力，并支持他们自身的发展。（9）通过提供与工作人员、其他家庭、社区资源和专业服务机构的互动机会来参与家庭支持网络的建设。

2. 原则：（1）不否认家长参与教室或教学计划设置的权利，除非该权利被法院否认。（2）告知家长教育原则、政策、课程、考核制度和人员资格，并解释安排教学的根据。（3）通知家长在适当的时候参与教学决策。（4）参与影响幼儿的重大家庭决定。（5）尽可能用家长能懂的语言与其沟通，语言不通时利用笔译和口译等手段进行交流。（6）当家长与教师分享儿童和家庭情况时，考虑将这些信息用来规划和实施教学计划。（7）告知家长儿童评估的性质和目的。（8）对儿童的评估信息严格保密，只在有需要时运用。（9）告知家长儿童的伤亡情况以及可能的风险，如传染性疾病可能对儿童和家庭带来的危险和可能导致的情绪压力。（10）家长应充分了解任何涉及其子女的拟议项目，并有充分的权利和机会表示赞成或不赞成。教师不允许参与任何可能妨碍儿童教育、发展或获得幸福的研究。（11）不得利用与家长的关系谋取私人利益，不得为了工作而介入家庭关系。（12）提出书面措施以保护儿童的隐私，这些措施对所有人都是有效的。向家长以外的人披露幼儿的记录、个人计划等信息必须得到家庭的同意（虐待或忽视案件除外）。（13）所有的个人信息以及家庭访问记录都要尊重和保护家庭的隐私。尽管如此，当儿童的利益受到威胁时，保护儿童的机构和法律是能够共享这些信息的。（14）在家长之间有冲突的情况下，公开地对他们进行工作并向他们提供观察儿童的情况，帮助他们作出明智的决定。教师要避免成为家庭中任何一方的辩护者。（15）对社区资源十分熟悉，跟进每个家庭项目，给予家长专业的支持。

（三）对同事的道德责任

在一个充满爱心与合作的工作场所中，保持和发展积极的人际关系，个人尊严得到尊重，专业满意度得到提升。在核心价值观的基础上。教师的首要责任是与同事建立和保持支持工作以及满足专业需要的良好人际关系。同样理想也适用于在工作场所与儿童和其他成年人打交道。

1. 对同事的责任

（1）理想：①与同事建立并保持相互尊重、相互信任、保护隐私、协同合作的关系。②与同事分享资源，确保为儿童提供最好的保育与教育。③帮助同事满足专业需要以及专业发展的需要。④承认同事的专业成就。

（2）原则：①承认同事在教学中和面对儿童、家长时间作出的成绩，不参与损害集体名誉的行动。②当关注一个专业工作者时，首先让他／她知道自己被关注以表尊重，然后以保密的方式尝试解决在关注中发现的问题。③陈述对同事个性和专业操守的意见以第一手资料为基础，绝不道听途说。④绝不对同事的性别、种族、国籍、宗教或党派信仰、年龄、婚姻状况或家庭情况、残疾、以及性取向有任何歧视性的行为。

2. 对雇主的责任

（1）理想：①尽可能发挥自己的能力促进教学质量的提升。②除非是违反了法律、旨在保护儿童的法规或者本守则的规定，否则在工作中绝不做任何损坏自身机构名誉的事情。

（2）原则：①遵循所有计划政策。当计划政策不能实行时，努力通过组织内部的影响来做有建设性的活动。②每一个教师都要以一个组织的名义说话和行动，必须承担以组织名义和个人名义所讲之话的责任。③不得违反法律、旨在保护儿童的法规，并且按照本守则采取适当行动。④如果有同事的行为有问题但并不涉及儿童的利益，可以自行解决这个问题。但若提醒后，情况没有得到改善或危害到了儿童，应向有关部门报告该同事的不道德或不称职行为。⑤当对影响儿童保育教育质量的环境或条件担忧时，应通知教育管理人员，在必要时候将通知有关部门。

3. 对雇员的责任

（1）理想：①相互尊重、合作协助、提高自身的能力、保证大家的福利、维护他人的隐私和自尊。②建立和维护客户的信任。使得工作人员的发言和行事能最大程度地利于儿童和家庭。③努力确保充分的待遇和公平的赔偿（青少年儿童工作者的工资和福利）。④鼓励和支持员工的职业技能和知识不断发展。

（2）原则：①利用教育、培训、经验和专业知识来制订有关的教学计划和决定。②提供安全和有利的工作条件，使工作人员获得荣誉和自信，并且通过书面陈述、建设性的反馈和持续的专业发展进行公平的绩效评价。③保持并不断改善综合的、书面的员工政策。这些政策应该向包括新员工在内的所有人员发布，便于他们查阅。④告知员工是否达到计划预期目的，并在必要时帮助他们改进。⑤根据所有适用的法律法规以正当的理由解雇雇员。告知被解雇雇员其被解雇的理由。当记录中被解雇的理由遭到质疑，为员工提供审查。⑥在事实和基于儿童福利的基础上对员工作出评估。⑦在个人工作胜任力、成绩评估、照顾和教育儿童之工作能力的基础上，作出解雇、留用、退休和晋升等决定。⑧绝不以性别、民族、血统、宗教或党派信仰、年龄、婚姻状况或家庭结构、残疾、以及性取向为理由决定解雇、留用、退休或晋升员工。⑨对员工的工作业绩作保密处理，并尊重个人隐私权，绝不外泄。

（四）对社区和社会的道德义务

对于社区的责任就是提供能够满足家庭需要的教育计划、与专业机构和责任人员协同合作，并且协助社区发展未来计划。就个体教师而言，真诚地为儿童提供最好的教育计划和服务。对于整个教师集体来说，提倡儿童利益最大化的教育计划。这一节中的理想与原则既有针对个别幼儿工作者也有针对幼儿工作者集体的。

1. 理想（个人）：为社区提供高质量的早期幼儿保育和教育的计划与建议。

2. 理想（集体）：(1)在专业人员和机构中推广合作，力图在解决儿童、家庭和幼教工作者的健康、教育和福利问题中提倡跨学科合作。(2)在教育和研究中学习，宣传为儿童建立一个安全健康、充满关怀、衣食充足、没有暴力的和谐世界。(3)在教育研究中，始终为创造优质教育去奋斗。(4)全力确保一个适当的、包括多元信息的、带给儿童幸福的评估系统。(5)增进对儿童的了解，为争取更大的儿童权利和福利以及社会对儿童的责任而努力。(6)支持推广儿童和家庭福利的法律和政策。努力改善他们的状况。与他人和组织的合作参与政策法律的制订。(7)进一步发展儿童保育和教育，并加强对其承诺，实现在本守则中该领域的核心价值观。

3. 原则（个人）：(1)公开、诚实地与各界对所提供服务的性质和程度进行沟通。(2)申请、接受、从事适合专业的工作岗位，绝不提供不具专业水准之服务。(3)对雇佣之人的专业资格仔细审核，并为其推荐合适的岗位。(4)在已有的知识基础和活动计划基础上努力做到客观准确。(5)对评估策略有详尽的了解,能对家庭作出详细解释以便他们运用。(6)熟悉保护儿童的法律、法规并密切留意其执行状况。(7)当一种习惯危害到了儿童的健康和福利时,有道德义务去告知其父母或监护人。(8)在教育计划中不得有违反保护儿童的法律法规的活动。(9)当有证据显示一项教育计划违反了保护儿童的法律法规时,要报告能够作出补救的有关部门。(10)当一个计划违反了或要求其雇员违反本守则时,在允许的情况下、在对有关证据作出评估后,披露该计划。

4. 原则(集体):(1)当法律或政策不利于儿童的时候,有责任去努力改变这些法律或政策。(2)当有证据表明,旨在保护儿童利益的机构没有履行其义务时,有责任把这些问题报告给有关部门或披露给公众。(3)当一个儿童保护机构没能为受虐或受忽视儿童提供足够的保护时,有责任去改善这一状况。

资料来源:http://www.gxyesf.com/Item/693.aspx。

加拿大安大略省《教师职业道德标准》

(2006年修订版)

导　言

教师职业道德标准是教师职业实践的一个理想图景。教师职业的核心是对学生及其学习的高度负责。

安大略省注册教师,在其高度信任的职责中,在与学生、家长、监护人、同事、教育合作者、其他专业人员、环境和公众的关系中,表现出责任感。

教师职业道德标准的目的是:

· 激励教师维护和提升教师职业的荣耀与尊严

· 识别教师职业中的道德责任和义务

· 指导教师职业中的道德决定和行为

· 提升公众对教师职业的信任和信心

教师职业道德标准

关爱——道德标准中的关爱包含有热情、认可、兴趣和帮助学生挖掘潜力的洞察力。教师应当通过积极的言传身教、专业的判断和实践中对学生的感同身受，从而表现出对于学生健康与学习的关注、奉献和承诺。

信任——道德标准中的信任具体说来就是公平、开放与诚信。教师与学生、同事、家长、监护人以及公众的职业关系应当是以互相信任为基础上。

尊重——道德标准中尊重的本质是公平公正，教师要尊重学生的人性尊严、心理健全和智能发展。在教师的教育实践中，教师应当塑造表现出对精神和文化价值、社会正义、个人隐私、自由、民主和环境的尊敬。

正直——道德标准中正直的具体表现是诚实、可靠、德行，同时使正直进一步体现在教师的职业奉献和责任中。

教师职业实践教学标准

教师职业实践标准明确了在安大略省任职的教师应具备的知识、能力和价值观。这些标准阐明了大众对教师职业的期望，也是指导在安大略省任职的教师的日常教学行为的准则。

该标准包括五个原则：

1. 对于学生和学生学习的奉献（Commitment to students and student learning）——教师无私奉献于他们对于学生的关爱和承诺，尊重学生，公平对待学生，对影响到学生个体学习的因素要比较敏感，教师也应教育学生积极发展成为对加拿大社会有贡献的国民。

2. 学习团体的领导作用（Leadership in learning communities）——教师促进并参与到合作的、安全的、支持的学习团体中，要认识到教师的共同职责以及增进学生成功中起到主导作用，还应在这些学习团体中维持道德标准的原则。

3. 专业知识（Professional knowledge）——教师应当致力于去和当代的专业知识与时俱进，同时将这些专业知识付诸实践。教师要理解和反映出学生发展、学习理论、教学法、课程标准、道德标准、教育研究、相关政策法规，从而在实践中通告职业判断。

4. 职业实践教学（Professional practice）——教师要应用职业知识和经验到促进学生学习中去，他们使用适当的教学法、自我评估、评价方法、资源、技术在计划和反馈学生个体和团体的各种需求，通过持续的询问、对话和反响提高教学专业实践。

5. 持续的专业学习（Ongoing professional learning）——教师认识到持续的职业专业学习是有效实践和学生学习中缺一不可的，专业实践和自我主动学习是在经验、研究、协作和知识中展示的。

关于教学实践的一些信条

教学应当是由这些信条所指导的。

教学和学生学习是密不可分的。

对教学工作存在着专业知识和教学技能的一个转变。

教学和领导必须与安大略省的民主社会的不同特性相对应。

大学教师应当通过合作实践和专业的相互作用来促进自身的专业知识发展。

教学是一个高度上下连贯和多空间的专业。

持续、自主的专业学习对于教师职业化是缺一不可并且深植于其中的。

大学教师的知识、实践和领导职责将随着教师度过教学生涯的不同阶段而逐渐演变发展。

教师专业身份和标准

教师的职业道德标准和实践标准为大学教师提供了指导性的要求，这些要求能够培养出一个强劲的集中的专业身份。

大学教师应当努力成为：

引领学生成功和热爱学习的关怀备至的榜样以及人生导师。

行使责任并且消息灵通的职业判断的道德决策者。

认识到自身学习进步密切影响着学生学习的自主学习者。

擅长批判和创造性思维的思考者，致力于改进和提高教学职业实践。

在学习团体中合作的伙伴和领导者。

调查并且深入改良教学实践的沉思的和博学的实践者。

在安大的教室和校园内尊重公平和多样性地积极应对各种情况的教学领导者。

资料来源：http://www.jyb.cn/xwzx/gjjy/gjgc/t20080709_176925.htm。

俄罗斯师德规范

1. 在对待教师职业上

（1）自觉地把选择教师职业看作是不仅对个人而且对社会都是一件重要的事情。

（2）根据自己对教育专业的兴趣选择教师职业。

（3）把教师的活动看作是个人为社会服务的形式。

2. 在对待学生上

（1）对学生的态度不单单带有正式的（事务上的）性质，而且带有人道的（友好的）性质。

（2）把学生作为一个人来对待，尊重和支持他们的最高贵的品质，尽力促进他们发展。

（3）要经常研究儿童和他们的内心世界，以便能够正确地解决每个学生的问题。

（4）要能够耐心地对待儿童的不正确行为、意见和信念，善于说服他们，耐心地说明他们的错误。

（5）不仅要对学生提出要求，而且要使学生正确地理解这些要求，要经常提高控制自己情绪的能力。

3. 在对待学生集体上

（1）采用一切方法促进学生集体的发展和巩固。

（2）要善于重视学生的意见。

（3）要和集体主义的各种虚伪形式和个人主义作不协调的斗争。

4. 在对待学生家长上
（1）要意识到自己对学生家长所担负的对其子女进行教育和教学的道德责任。
（2）积极地、经常地与学生家长保持联系。
（3）帮助提高家长在孩子心目中的威信，善于发现家长最可贵的品质并让孩子看到这些品质。
（4）委婉地、有根据地向家长提出必要的要求。
（5）努力使家长的教育观点完善起来。
（6）耐心地听取学生家长对教师的批评意见。

5. 在对待同事上
（1）要关心自己所属的教师集体。
（2）相互之间要团结一致，同错误倾向作斗争。
（3）不允许对有才能的教师抱嫉妒和恶意的态度。
（4）不允许靠着自己在教育上的贡献而要求给自己特权或者特殊条件。
（5）不允许对缺乏经验和能力的教师持不尊敬的自高自大的态度。

6. 在对待学校领导上
（1）意识到自己作为集体中的一员应对学校领导所担负的个人责任。
（2）在工作中要自愿服从学校领导的意志。
（3）同阿谀奉承、拍马讨好、冷淡漠然的现象以及和学校领导的不正确行为作不协调的斗争。

7. 在对待社会上
（1）要使学生树立起对科学和技术的肯定态度，促进社会的科学技术的进步。
（2）发展学生作为一个公民的积极性，促进关系的形成。
（3）促使学生在思想和行为上确立良好的道德。

资料来源：联合国教科文组织：《美、日、俄师德规范简介》，《内蒙古教育》1998年第4期。

德国师德标准

在德国，教师原则上均为国家公务员。所以德国的师德规范涉及教师作为公务员的政治义务和作为教师的职业义务。

（一）德国师德的具体要求

1. 教师作为国家公务员要承担的义务：

第一，国家政治方面的义务：

忠诚的义务；宣誓的义务；无党派的义务；政治活动的温和和节制的义务；禁止罢工。

第二，职位工作的义务：

尽职的义务；正常的工作时间；加班；缺勤；附加工作；无私的义务；服从的义务；保密的义务；善待公民的义务。

第三，行为义务：

公务员的工作关系和忠诚关系同时产生工作以外私人范围的义务。

2. 从教师职业的具体服务要求看：

教师作为国家公务员，对教学及托付给他们的学生负有直接的教育责任；

教师的职务要求他们在自我责任和教育自由的基础上，对学生进行教育、教学、咨询和评价；

教师为履行其任务，须同学生的监护人进行充满信任的合作；

教师通过执行法律规定、管理条例、教育大纲和教学计划以及学校督导部门的具体文件规定等开展教育教学活动；

教师在教育教学工作中要保持政治中立；

教师应该在教学范围内促使学生得到发展。

（二）独特的教师培养模式及道德教育的理念

1. 好教师的标准：

（1）应具有健康的体魄，能胜任繁忙的教育和教学任务；

（2）具有敬业精神，热爱自己的职业，热爱自己的学生；

（3）具有人道主义精神，对学生笑口常开；

（4）热爱自己执教的学科，因自己的执教学科而感到欢欣鼓舞，了解它的重要性和意义；

（5）对自己的执教学科很有自信心，很有把握，了解它的难点、关系、系统、方法等；

（6）懂得学习，了解每个人都有自己的学习方式和风格；

（7）具有民主精神，不仅认识到在教师之间，在学生之间也要讲民主；

（8）具有良好师德，具有教师的责任感和使命感；

资料来源：http://www.szxn.com/sites/system/。

《英国教师专业标准框架》
2007 年英国师资培训署颁布

现行英国教师专业标准

（一）框架

1. 五个层级

教师专业标准共分 5 个级别：

合格教师（Qualified teacher）

核心教师（Core teacher）

熟练教师（Post‐threshhold teacher）

优秀教师（Excellent teacher）

高级技能教师（Advancedskills teacher）

2. 三个维度与三级指标

标准分为三个维度的一级指标：

专业品质（Professional Attributes）

专业知识与理解（Professinal Knowledge and Understanding）

专业技能（Professional Skills）

英国教师的专业要求

（二）内容

1. 专业品质（Professional Attributes）

即专业素质、专业素养，主要内容是学生观、教学观、教育信念、专业发展的认识。

2. 专业知识和理解（Professinal Knowledge and Understanding）

成绩与多样化：理解学习成绩的影响因素、进行全纳教育、提供个性化教学服务等要求。

学科知识：对所任学科知识、不断拓展的要求，能引领学生不断拓展知识，利用专业网络进一步拓展、加深知识理解。

课程：了解课程外围框架，有广泛的课程和创新专业知识，知道如何评估课程实施。

身心健康：知道学生身心健康的法律、政策规定，了解相关知识，预防各年龄阶段可能出现的问题，清晰预防程序等。

读写、计算和信息交流技术：知道如何利用这些知识去帮助教学，评估、反馈教学情况。

评估和监督：对相关评价的了解，知道如何使用反馈调整教学，知道如何使用报告和评价信息资源。

教学：拥有工作知识、了解教学、学习和行为管理策略，并能满足学生需求。

3. 专业技能（Professional Skills）

团队工作：能在团队中工作，进行设立目标、管理学习、评价、教学等，在学校领导下紧密合作。

学习环境：通过建立积极的纪律框架、学习理想等营造有意义的学习环境，使用行为管理技能和策略，提高学生的自我控制和独立能力。

计划和教学：从短期、中期、长期来计划和教授课程，对教学的各种具体要求。

评价、监督和反馈：计划、设立和评估测试、家庭作业、课外作业等提高学生的学习；合理使用观察、评估、监督和记录策略，及时提供给学生、同事和家长，能合理诊断学习，引领学生反思。

资料来源：www. education. gov. uk。

澳大利亚塔斯马尼亚州教师守则

注册委员会 2006 年 2 月颁布

本专业伦理规范是一份关于伦理承诺、实践和志向的声明，这些责任、实践和志向巩固了塔斯马尼亚州教学专业的同一性，并借此专业反映这种同一性的不断进步的表达。

它表达的是一直内含于并指导着塔斯马尼亚州教师专业行为的伦理承诺。

伦理规范的实际应用，在行为规范中已有表述。

塔斯马尼亚州教学专业成员，矢志于遵守如下原则：

➡ 尊严
➡ 尊重
➡ 正直
➡ 同情
➡ 公正

教师奉行尊严原则，维护包括本人、学生、同事及家长在内的所有人的内在价值。

教师奉行尊重原则，对所有人的感情、权利和传统予以应得之重视，并在相互尊重与信任的基础上建立各种关系。

教师奉行正直原则，公平而负责地行动，并诚实、可靠且负责任地对待专业相关义务。

教师奉行同情原则，觉识他人之情感与观点，虚心接纳，并予以富有同情心的回应。

教师奉行公正原则，公平、合理并忠诚地对待个体福利、社区及共同利益。

资料来源：http://zhidao.baidu.com。

新西兰《注册教师职业道德规范》

新西兰的注册执业教师必须在促进学生的学习过程中，充分照顾到学生的能力、文化背景、性别、年龄和发展阶段，努力为学生提供最高水平的专业服务。

这项复杂的专业工作是教师在与同行、学生及其家长（监护人）和家人，以及更广泛的社会成员的合作中完成的。

教师的专业互动必须依据以下四条基本原则：

自主性：尊重并保护他人的权利；

公正性：分享权力，防止权力被滥用；

求善：善对他人，把对他人的伤害降到最低；

求真：诚实对待他人和自己。

一 对学生的责任

注册教师最主要的专业职责是为学生负责。教师要培养所有学生的思考能力和独立行为能力，并努力鼓励学生对民主社会的基本价值观有明智的理解和认同。

教师应该努力做到：

a）以最有利于学生为前提，建立并保持专业的师生关系；

b）让自己的专业实践建立在以下基础之上：不断的专业学习，有关课程内容和教学法的最佳获知，对所教学生的尽可能了解；

c）向学生呈现教学内容时，做到来源可靠，观点平衡；

d）鼓励学生对重大社会问题进行批判思考；

e）服务于不同学生的不同学习需要；

f）促进学生在身体、情感、社交、智力、精神等方面的发展；

g）对在专业服务过程中获得的有关学生的信息要依法保密。

二 对学生家长/监护人及家人的责任

教师应该认识到,他们与学生的家长/监护人及家人是合作关系,应鼓励他们积极地参与孩子的教育中。教师应该认识到,他们拥有就孩子的福利和进步情况向教师进行咨询的权利,尊重法律许可下的家长权力,尽管教师的专业决定必须总是以什么对学生最有利为依据。

a) 让他们参与有关孩子的照看与教育的决策;
b) 与他们建立开诚布公、相互尊重的关系;
c) 尊重他们的隐私权;
d) 尊重他们获得有关孩子信息的权利,除非出现对孩子不利的情况。

三 对社会的责任

公众赋予了教师信任和责任,同时,在最广泛的意义上,也期望能够与教师一起为学生的人生做好准备。

为了履行自己对社会的责任,教师应该努力做到:

a) 积极支持有关促进人人机会平等的政策和计划;
b) 平等合作,把学校建设成为民主典范;
c) 传授广为社会接受的积极的价值观,并以身作则,鼓励学生学以致用,并批判地理解它们的重大意义。

四 对本职业的责任

鉴于教学职业的服务质量对国家及其国民有着重大的影响,教师应该尽其所能地维持、提高职业标准,努力营造一个鼓励运用专业判断的氛围,并为吸引值得信任的人从教创造条件。

为了履行自己对教学职业的职责,教师应该努力做到:

a) 通过负责任的、合乎操守的实践促进教学职业的利益;
b) 将自己视为学习者,不断致力于专业发展;
c) 在作关于资格与能力的陈述时说实话;
d) 为合理教育政策的制定和实施贡献力量;
e) 为营造一个开放、善于反思的职业文化贡献力量;

f) 尊重同事和助手，与他们平等合作，共同促进学生的学习；

g) 为新教师的入职提供帮助；

h) 尊重同事的隐私权，除非法律要求或有足够说服力，不得泄露同事隐私；

i) 如有同事的行为严重违背本规范，须举报。

资料来源：新西兰教师委员会官方网站，http://www.npypjy.com/newsInfo.aspx?pkId=3498。

《师道纲领》（韩国）

大韩教育联合会 1982.4 制定，

1982.5.15（教师节）宣布

国家的主人是国民，因而培养有主人公意识的国民教育是国家的重大课题。

为了继承和发展我们民族悠久历史和灿烂的文化，与先进国家并肩，对增进人类福祉作出主导的贡献，我们要通过教育致力于作为文化国民的意识改革和能应对未来社会创意有自主意识人才的培养。

为了这个我们教育者要拥有作为国家发展和民族中兴带头人的使命感和自信，通过教育最大化开发国民个人的能力，并致力于为个人的自我实现和国力的增强、民族的繁荣付出热情。

要牢记教育者的品行和言行不仅左右学生的成长发展，而且在国民伦理建立中也会起到关键性作用的事实，进而甘愿奉献在以仁爱和奉献、正直和诚实、清廉和品格、律法和秩序为根基的师徒确立上。

要意识到我们这样的意念唯有在教职职位的所有教育者带着共同体意识共同努力才能有所成就。因此我们宣告我们要实践我们的行动指标"师道纲领"而成为国民的师表的决心。

第1章 教师和学生

教师的主任务是培养出拥有高尚人格和自主精神的学生，让其成为能服务国家和社会，有能力的国民。所以，

1. 我们爱学生并尊重其人格。
2. 我们不以学生的身心发达或家庭背景而区别学生，只会公正地指导。
3. 我们尊重学生的个性，根据他们的个人差异和需要作指导。
4. 我们要让学生认识到职业的尊贵，指导他们选择符合其能力的职业。
5. 我们为学生树立远大的理想，并为实现其理想而精进而师道同行。

第2章 教师的资格

教师要像教师，要成为学生的镜子，成为国民的师表。所以，
1. 我们要拥有稳固的教育观和自信从事教育工作。
2. 我们要健全言行，清廉生活，因而能得到学生和社会的尊敬。
3. 我们要建立温馨的家庭，遵守国法，成为社会的楷模。
4. 我们不利用学生家长的经济或社会地位，也不为其左右。
5. 我们为了自我提高，会致力于专业知识和专业化技术的操练。

第3章 教师的责任

教师要尽职尽责地致力于学生的教育。所以，
1. 我们要作为社会的一员，履行所有的责任和任务。
2. 我们要致力于教材研究的教育资料开发，并全力以赴于课程设计上。
3. 我们要意识到生活指导的重要性，致力于培养学生成为正直的人。
4. 我们要正确地评价教育成果，并充分利用到教育中。
5. 我们积极参与为了学生和成人所开设的正规教课以外的活动。

第4章 教育者和团体

教育者为了其地位的向上和福利的增进，组织教职员团体并积极参与因而发挥团结的力量。所以，
1. 我们要通过教职员团体，持续推进教育者的地位和工作条件的改善。

2. 我们要通过教职员团体的活动，加快教育者的素质向上和教权的确立。

3. 我们不参与有极端或偏离党政的活动，不把教育看作保护措施。

4. 教职员团体要为了教育的革新和国家的发展，与其他职能团体或社会团体作连带合作。

第 5 章 教师和社会

教师为了帮助学生成长发展应与家长合作，成为学校和社会相互作用的原动力及国家发展的先驱。所以，

1. 我们要告知家长学校的方针和学生的成长状况，并把家长的正当意见反映在学校教育上。

2. 我们要正确掌握社会的实情，为提高地域社会的生活和文化向上而服务。

3. 我们要把社会要求反映在教育计划里，让社会广泛认识学校的教育活动。

4. 我们为了国民的终身教育要广泛合作并成为其核心。

5. 我们要拥有坚定的国家观和健康的价值观，在国民意识改革中作出带头作用，进而成为国家发展的带头人。

资料来源：http://mall.cnki.net/magazine/article/TJJK200903019.htm。

日本《伦理纲要》

1952 年日本教师联合大会通过

纲要规定：

1. 教师要肩负起日本社会的使命，与青少年一起生活；

2. 教师要为教育机会的均等而斗争；

3. 教师要捍卫和平；

4. 教师要站在科学真理的立场上行动；

5. 教师不容许自身的自由遭受侵犯；

6. 教师要同家长一道与社会的颓废现象作斗争，创造新文化；

7. 教师是劳动者；

8. 教师要维护生活权益；

9. 教师要团结一致。

资料来源：http://www.sansilw.com/article/201005284197.html。

香港教育专业守则

一九九〇年十月公布

一　对专业的义务

一个专业教育工作者：

1. 应对自己有严格的要求，凡是可以促进学生身心成长的活动，都应该努力不懈地改进，以满足社会对专业的期望。

2. 应坚持专业自主是教育专业履行其社会职责的必要条件，并致力于创造有利于专业自主的工作环境。

3. 应努力保持教育专业的荣誉、尊严与情操，努力维护专业的团结，和衷共济。

4. 应透过各种学习途径不断提高专业才能，充实对教育及世界发展的认识。

5. 应不断促进公众对专业的认识，以维持崇高的专业形象及有效的公共关系。

6. 应尽其所能提供专业服务，努力提高专业水平，执行专业判断。

7. 应努力把教育建成富理想、具成果的专业，以吸引更多贤能。

8. 应努力增进不同文化之间的了解与尊重，促进不同种族之间的和睦相处。

9. 应致力于维持及开拓专业内的沟通渠道，以保障专业的健康发展。

10. 不应从事有损专业形象的工作。

11. 不应为谋取个人私利而作宣传。

12. 不应接受可导致影响专业判断的酬金、礼物或其他利益。

13. 以专业工作者身份发言时，应首先声明发言的资格、发言的身份和发言的实质代表性，若发言涉及某方面的利益，须澄清发言者与受益者的关系。

二 对学生的义务

专业教育工作者应努力让学生认识到，他们是未来社会的栋梁。因此引导学生发掘自己的潜能，激励学生的探究精神，鼓励学生确立有意义的人生目标。

一个专业教育工作者：

1. 应以教育学生为首要职责。
2. 应以学生的德、智、体、群、美五育发展为己任。
3. 应对自己的教学质量负责。
4. 应尽力分担改善学习环境的责任。
5. 应根据学生的个别情况及学习能力，尽量因材施教。
6. 对学生的期望，应以学生的兴趣、需要及能力为依据。
7. 在教学过程中，应关心学生的安全。
8. 应给予学生公平的学习机会。
9. 应与学生建立互相信任、互相尊重的关系。
10. 任何时候都以公平、体谅的态度对待学生。
11. 不应因种族、肤色、信仰、宗教、政见、性别、家庭背景或身心缺陷等原因而歧视学生。
12. 应帮助学生认识自己的价值，建立自尊。
13. 与学生讨论问题时，应尽量保持客观。
14. 应鼓励学生独立思考，作出理性的判断。
15. 评论学生时应具建设性。
16. 应避免使学生难堪或受到羞辱。
17. 应致力培养学生精益求精的精神。
18. 应培养学生民主精神，教育学生尊重他人。
19. 应鼓励学生尊重老师，不作恶意批评。
20. 应确保有关学生表现的报告具真实性和客观性。
21. 非因专业或法律上的需要，不应泄露学生的数据。

22. 不应利用与学生的专业关系以谋私利。

23. 不应将专业性的教学工作交付非专业人士执行，有需要时应寻求其他专业的协助。

在执行专业职务中若发现有儿童被虐待，应向当局举报。

三 对同事的义务

成功的教育，有赖各级各类教育工作者的合作。因此，一个专业教育工作者：

1. 应视同事为专业工作者，不因地位、职能、性别、种族、肤色、国籍、信仰、宗教或政见而加以歧视。

2. 应以学生利益为重，与同事忠诚合作。

3. 应支持同事执行专业责任，鼓励其发展潜能。

4. 应与同事分享种种观点与资料，以利于专业发展。

5. 应尊重学校行政当局的合法权力。

6. 对于有违良知的行政政策和措施，应首先循专业内的途径提出异议。

7. 作为行政人员，应尊重同事的专业地位，给同事以充分的机会对校政提出意见。

8. 在作出决策时，应使有关同事有充分参与讨论的机会。

9. 应致力于建立同事间的融洽关系，减少误会；指导工作时，应客观而具建设性。

10. 对某一同事作出报告时，应容许该同事知道报告内容。

11. 对其他同事作推荐或证明时，应以公正、真实为原则。

12. 不应破坏学生对同事的信任及尊敬。

13. 不应恶意损害同事的专业信誉与事业前途。

14. 不应故意使同事难堪或受到羞辱。在批评同事时，应谨慎地避免伤害其自尊。

15. 应以公正原则处理对同事的投诉。匿名投诉应不受处理。

除非事前知会对方，不应对同事的专业活动作批评。

四　对雇主的义务

一个专业教育工作者：

1. 应遵守合约和承诺。
2. 不应因私利而忽略正职。
3. 应尽其所能提供专业服务。
4. 应积极促进学校/服务机构政策的改善。

应贯彻执行有利于教育的学校政策和指示。

五　对家长/监护人的义务

一个专业教育工作者应认识到教育学生是学校与家长的共同责任，因此：

1. 应尊重家长有询问、被咨询及获知子女情况的权利。
2. 应与学生家长建立友善合作的关系。
3. 应与家长交流对学生成长有帮助的资料及心得。
4. 应尊重家长对其子女教育上合乎情理的要求。
5. 应如实向家长反映其子女的学行表现。

应尊重每个学生家长背景上的特殊性及应对所获悉的家庭私隐保密。
应协助家长维护其子女在人身上、学业上的权利。

六　对公众的义务

一个专业教育工作者：

1. 应尊重法律及社会接受的行为准则。
2. 应与公众合作，共同了解学生目前及未来的教育需要。
3. 应以身作则履行公民的义务。
4. 应积极支持及推广公民教育。
5. 应关注小区建设及参与小区活动。
6. 应注意时事，关心社会问题，并致力于维护良好的社会风气。
7. 当公众意见分歧时，应教导学生尊重不同的立场和观点。
8. 应把尊重人权的教育视为要务。
9. 应致力于培养学生的自由、和平、平等、理性、民主等意识。

资料来源：http://cpc.edb.org.hk/Chinese/download.pdf。

全国教师自律公约（台湾）

壹　前言

台湾社会环境急速变迁，学校教育面临巨大的挑战，教师与学校、教师与学生和家长以及教师与社会之关系正在演变中，传统上对教师的角色期待已无法完全适合现代社会的要求。再加上近几十年，教育的目标以升学及就业为导向，教育上其他价值被忽略，造成教师角色功利化，教师专业尊严逐渐沦丧，教师专业能力受到质疑，教师形象亟待重建。

全国教师会于八十八年二月一日成立，依据教师法第二十七条规定，应订定全国教师自律公约，为全国教师专业伦理之规准，从引领及规范教师工作守则中，朝维护教师专业尊严及专业自主方向，重新形塑教师之形象。

贰　教师专业守则

以下事项，教师应引以为念，以建立教师专业形象：

一、教师应以公义、良善为基本信念，传授学生知识，培养其健全人格及独立思考能力。

二、教师应维护学生学习权益，以公平、平等的态度对待学生，尽自己的专业知能教导每一个学生。

三、教师对其授课内容及教材应充分准备妥当，并依教育原理及专业原则指导学生。

四、教师主动关心学生，并与学生及家长沟通联系。

五、教师应时常研讨新的教学方法及知能，充实教学内涵。

六、教师应以身作则，遵守法令与学校章则，维护社会公平正义，倡导良善社会风气，关心校务发展及社会公共事务。

七、教师应为学习者，时时探索新知，圆满自己的人格，并应该关怀他人及社会。

参 教师自律守则

以下事项，教师应引以为念，以建立教师专业形象：

一、教师对其学校学生有教学辅导及成绩评量之权责。基于教育理念不受不当因素之干扰以及不当利益回避原则，

但，

1. 教师应聘担任指导公立机关学校办理之学生课外社团，不在此限。

2. 教师应聘担任指导非营利事业组织向主管机关教育行政机关报备核准之学生学习活动，不在此限。

3. 教师应聘担任指导营利事业组织及未经教育主管机关核准之非营利事业办理之学生学习活动，教师不得担任其学校之指导教师。

教师不应向其学校学生要求补习。

二、教师之言行对学生有重大示范指导及默化作用，基于社会良善价值的建立以及教师的教育目标之达成，除维护公众利益或自身安全等特殊情形外，教师不应在言语及行为上对学生有暴力之情形发生。

三、为维持教育及教师角色在社会中之价值，教师不得利用职权教导或要求学生支持特定政党（候选人）或信奉特定宗教。

四、为维持校园师生伦理，教师与其学校学生不应发展违反伦理之情感爱恋关系。

五、教师不得利用职务媒介、推销、收取不当利益。

六、教师不应收受学生或家长异常的馈赠，教师对学生或家长金钱礼物之回报，应表达婉谢之意。

资料来源：http://wenku.baidu.com/view/3f2852ed4afe04a1b071de63.html。

全国教师公约

常道直

我国各种行业，向来有其"行规"，其内容大致包括同业者间所应遵守之一般规约，如有违犯，致侵害同行者之正当权益时，得由同行公议，予以相应惩罚。这种规约含有职业道德条规之意味。在欧美各国，各种专

业界中，医药、建筑、工作、法律等亦各有其规。美国各州教育工作人员中亦有此种业规存在的，约居六之五。所谓"教育专业道德规约"（Ethical Code of the Teaching Profession），乃是指示教师们在各种关系及活动中所常信守之德义的和专业的原则。因为这些原则，系全体教育界共同意志之集体的表现，所以亦可以称为"教师公约"。

教师公约之产生，一方面在于提高教师们对于国家民族之责任心，以及对于教育力量之自信心；另一方面也是为了增进自身利益之合理的保障。这种公约之必要性乃存在于教育事业之本质中，教师们是受了国家托付，负有传递民族教化，陶冶未成熟分子之重任。从事这种工作者，要以为国家民族服务为最高鹄的，与一般营求个人利得之职业大异其趣。笔者常说教育工作之本质，要求提高工作者之自尊心与责任心之最高度；单纯按时办公，计分授课，绝不足以完成这种任务。

课程标准只能提示某种教材之分量和组织，教师服务规程只能涉及教师言动之显著方面；至于教师之观念、理想、态度、精神等，对于被教育者之生活上具有最深切之影响者，则非课程标准，或服务规程之规定所能奏效。这些需从涵养一种崇高纯洁之专业意识（Professional Consciousness）入手。教师公约可视为启发并巩固这种专业意识的有效手段之一。

教师服务规程与教师公约不同。前者乃由行政官厅以法令形式所规定关于教师职务上一切行为之准则；后者则由教师全体自行草创，用资共同遵循之生活信条。两者相互补充作用，但有时不免限于重复。简而言之，凡涉及一般法制者，属前者之范围。值兹国民精神总动员开展中，适逢"教师节"来临，谨提出创建全国教师公约，以为教师精神总动员之枢轴。这种公约之内容自不应由任何个人之独断而产出。以下仅提几个要点，以供起草这种公约时之参考。

一 项目一班

教师公约必须依据健全的教育哲学与正确的教育科学，以简明有力的词语，条列教师对于国家、民族、儿童、家长、同工、行政人员，以及一般社会之关系；并提示应付此种问题所应持之态度，与所当根据之理想。美国全国教育联合会（National Education Association of the United States）于1924年设置专业道德委员会（Commits on Ethics of the Teaching Profession），参加者达一百五十人；对于各州教师联会与其他专业团体之规约，并及全国教师及教育行政人员所认为切要之德义原则，加以详尽研究，于1929年提出最后报告，内容分为三部分，即（1）对于学童之关系；（2）对于专业界之关系；（3）对于本业成员之关系。此项编制虽然不尽适合我国需要，但亦足供参考之用。

二 产出程序

教师公约产出之程序，须为由下而上者，不可为自上而下的，方不致流为具文。所谓由下而上者，即是以教师们之最基层的组织，为草创、讨论及批判这种规约之单位。类如现行小学规程第八十五条规所定各校之小学教育研究会。自是推而上之，经由县、市及省之组织，而达于全国。同时全国性质之教育学术团体，在公约制定程序中，应居于辅佐与统整之地位，根据学理和实际的研究，提供一个教师公约草案，以利工作进行。这种方式容许每位教师对于教育业规之产出，均有直接参与之机会，不但可以使其对于逐条逐语得以深切了解，而且使之认识这种公约乃出于教师们之集体的意志，绝非限制他们自由的外来的桎梏。

三 制裁方式

为了保持公约之尊严性，对于违背约章而未达到触犯国家法令之程度者，应由合法之教师团体予以相当之制裁，以维同业自治之纪律。至于评判背约事件之机关之组织，以及制裁之方式，则尚待全国教育界从长计议。

资料来源：常道直：《全国教师公约》，《教育制度改进论》，民国36年版影印版。

《教师道德律》

陶愚川

一 教师和学生及学生家庭的关系

1. 教师应该常和学生接触，熟悉他们的个性，了解他们的困难，以便因材施教。

2. 教师应该时时访问学生的家长，探讨关于学生的一切家业和行为上的问题。

3. 教师对于学生，不应该有所偏爱，无论贫富亲疏贵贱，应一律看待。

4. 教师对于身心上有缺陷的学生，应该会同心理学家、校医和训育人员耐心矫治。

5. 教师应该以身作则，感化学生。

6. 教师在校外或在家中遇到有拂意之事时，不应该以学生为发泄气愤的对象。

二　教师和国家社会的关系

1. 教师应该参与社会服务，劳动服务，不应自命清高，遗世独立。

2. 教师遇到社会上有什么不公道不合理的事情时，应该据理力争，但不应罢课怠教，以影响学生学业。

3. 教师对于政府的各种设施，应积极协助，随时贡献意见。

4. 教师应该时时将个人在教学过程中所得到的经验以及所感到的困难，报告社会，借以引起社会人士对于教育事业之重视，备作政府改进之参考。

5. 教师对于种种和自身有关系的商业机关如书局、文具仪器公司等，应断绝瓜葛，不应徇私徇情，以得不正当之收入。

三　教师对于同事间的关系

1. 教师对同事，应互相合作，保持亲切之友谊，不应以派别或所出身学校之不同，而有所隔阂或歧视。

2. 教师对于校务有改进意见时，应先与校长商谈，不应越级控诉，或鼓励学生做破坏学校秩序之举动。

3. 教师对于其他同事担任之功课，应予以尊重，不应仅着眼于自身所担任之课目，令学生做过分之预备，因而分散学生对于其他课程之注意。

4. 教师应该度德量力，不应专着眼于薪金之多寡而请求校方增加钟点，教其所不宜于教的功课。

5. 教师对于新进的同事，应该负责指导，使他们的行为能合乎正轨，不应作恶意的批评及谩骂，打断他们从事教育事业的兴趣。

6. 教师对于校方一切有关学生幸福的设施，应尽力协助，不得托故推诿。

四 教师自身应有的修养

1. 教师对所教的功课，应有确切的准备，并应常常阅读各种有价值的书报杂志，使自己的思想、见解能适应社会之潮流。

2. 教师应该参加各种有关自身职业的研究及学术团体，借作进修之助。

3. 教师应该认定自己的责任，不仅是教书，还是要教学生做人，所以对自己的行为应常加检点，再做学生的模范。

4. 教师于接受聘约前，应慎重考虑，是否能实践聘约中所述各点，接受后即应切实履行，不应敷衍，或托故辞职，请人庖代。

5. 教师应有"职业的自觉"，认定教育事业为国家百年大计，做教师为一种高尚而荣誉的职业，不应视之为一种达到其他目的的手段。

原载《教与学》1939年；转引自萧承慎：《教学法三讲》，福建教育出版社2009年版，第160页。